mit typischen Beispielen

Felsküste

Unterwasserwelt

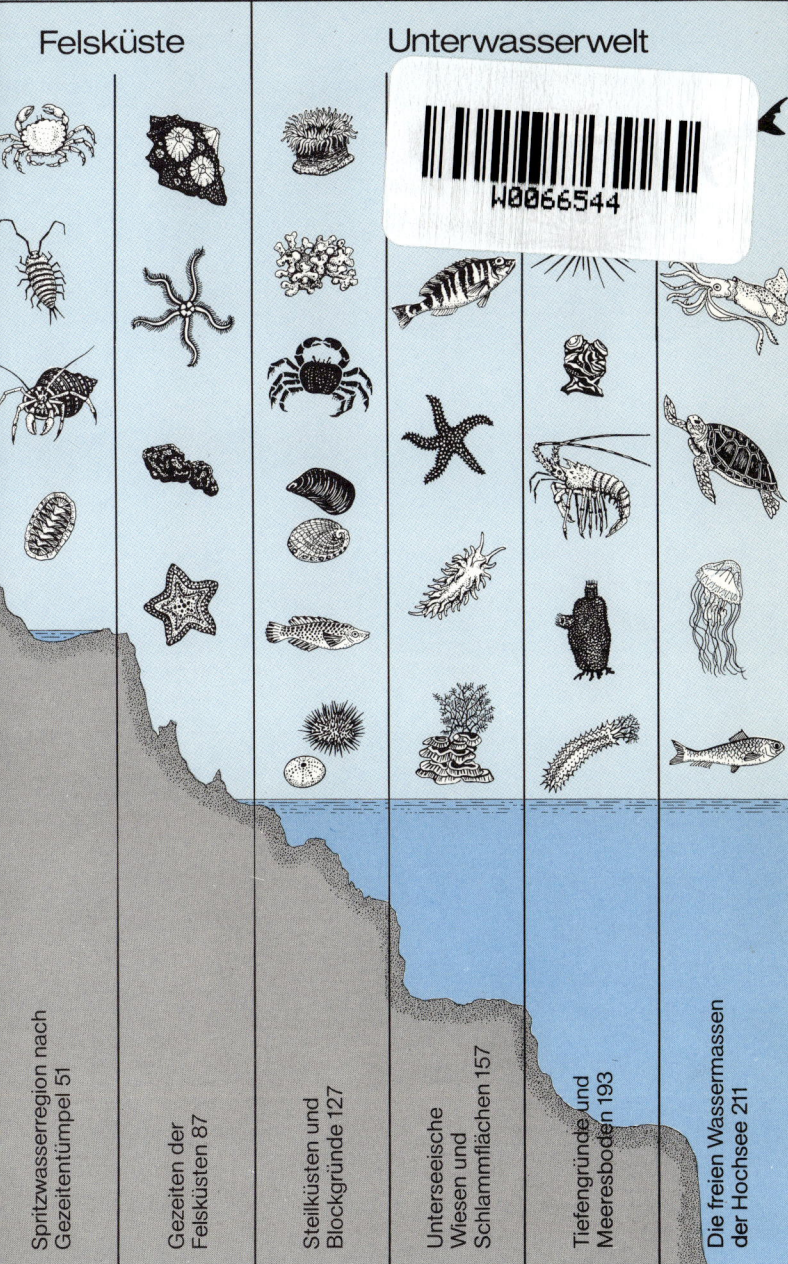

Spritzwasserregion nach
Gezeitentümpel 51

Gezeiten der
Felsküsten 87

Steilküsten und
Blockgründe 127

Unterseeische
Wiesen und
Schlammflächen 157

Tiefengründe und
Meeresboden 193

Die freien Wassermassen
der Hochsee 211

Nachtigall
Tiere und Pflanzen
an Mittelmeerküsten

BLV Bestimmungsbücher

BLV Naturführer

Weitere BLV Naturbücher

BLV Bestimmungsbuch

Tiere und Pflanzen an Mittelmeerküsten

in ihren Lebensräumen –
vom Küstenstreifen bis zum offenen Meer

Prof. Dr. Werner Nachtigall

BLV Verlagsgesellschaft
München Wien Zürich

Wenn nicht anders vermerkt, gehören die Texte der
Artbeschreibungen der Reihenfolge nach zu den
Bildern oben links, oben rechts, unten links, unten
rechts. Oder: oben, Mitte, unten.

Bildnachweis

Barthel: 217 u; Debelius (JKAN): 215 M; Eisen-
beiss: 25 or; Eisenreich: 181 or; Goemann: 199 o;
König: 35 ur, 57 u, 155 o, 197 M, 199 u, 203 or;
Kuiter (JKAN): 221 o; Mees: 103 M, 103 u, 137 ol,
179 u; Pott: 17 or; Reiserer (JKAN): 217 o; Sauer:
153 or, 173 ur, 219 o; Schur: 237; Spingler: 149 u,
157, 189, 193, 197 u, 205, 209, 213, 243; Steitz: 139
Alle übrigen Aufnahmen stammen vom Autor.
Titelfotos: W. Nachtigall; oben links: W. Eisenreich
Zeichnungen: auf den Seiten 62, 235, 239 vom Autor,
auf dem Vorsatz Barbara von Damnitz

CIP-Kurztitelaufnahme der Deutschen Bibliothek

Nachtigall, Werner:
Tiere und Pflanzen an Mittelmeerküsten: in
ihren Lebensräumen – vom Küstenstreifen bis zum
offenen Meer / Werner Nachtigall. – München;
Wien; Zürich: BLV Verlagsgesellschaft, 1983.
  (BLV Bestimmungsbuch; 32)
  ISBN 3-405-12697-5

NE: GT

BLV Bestimmungsbuch 32

Satz und Druck: Georg Appl, Wemding
Farbreproduktionen: Eurocrom, Treviso
Buchbinder: Conzella, Urban Meister, München

Printed in Germany · ISBN 3-405-12697-5

Inhaltsverzeichnis

Einführung

Wenn man auf den Küstenfelsen steht und das unendliche Blau vor sich ausgebreitet sieht, wenn sich bei einer Dampferfahrt von Horizont zu Horizont eine eintönige Wellenlandschaft erstreckt, wird man sicher den Eindruck haben, daß das Meer einen sehr eintönigen und gleichförmigen Lebensraum darstellt. Das stimmt in gewisser Weise für die reine Hochsee. Ungeheuer vielseitig und biologisch interessant ist dagegen die Küstenregion. Strand ist allerdings nicht gleich Strand. Zwischen einem Sandstrand und einem steilen Felsabfall gibt es ein breites Spektrum an ökologischen Umweltfaktoren und speziell angepaßten Tier- und Pflanzenformen. Allgemein kann man diesen Großraum in vier Abschnitte gliedern: die Übergangszone – der landnahe Unterwasserbereich – der Tiefenbereich – die freien Wassermassen.

Dazu kommen die landeinwärts sich anschließenden Lebensbereiche: Sandstrand und Küstenfelsen, die Kleinbuschformation der Garrigue und schließlich die hartlaubige Macchia.

Ich möchte diejenigen Lebenszonen und Biotope ausführlicher besprechen, die der Beobachtung leicht zugänglich sind. Ansonsten stelle ich – etwa bei der Besprechung der freien Wassermassen – ausgewählte, typische oder in irgendeiner Weise bedeutsame Formen vor, insbesondere auch solche, die man in Schauaquarien, Museumsvitrinen und auf Fischmärkten finden kann. Dabei setze ich lediglich eine gewisse Neugierde des Lesers voraus sowie einen Hang zum Beobachten. Das Buch wendet sich also in erster Linie an die interessierten Laien. Ich lasse deshalb im allgemeinen alles weg, was man nur sehr selten einmal zu Gesicht bekommen wird.

Jeder größere Abschnitt dieses Buchs ist in gleicher Weise gegliedert: Nach einer allgemeinen (bewußt persönlich gehaltenen) Einführung werden typische Tiere und Pflanzen vorgestellt, manchmal in »Beobachtungsgruppen« zusammengefaßt. Abschließend faßt eine ökologisch orientierte Schlußbetrachtung wichtige Gesichtspunkte des Biotops zusammen.

Eine kleine Besonderheit des Buchs mag darin liegen, daß die einzelnen Kapitel in ihren Erstentwürfen stets an Ort und Stelle im Gelände geschrieben wurden; erst die Feinausarbeitung erfolgte im Vergleich mit der notwendigen Fachliteratur am Schreibtisch. Manche Beschreibung mag damit lebendiger geworden sein, weil sie sich auf eigene Beobachtungen bezieht. Ich mußte auswählen, habe mich aber immer bemüht, schwerpunktmäßig Typisches, leicht Beobachtbares und Interessantes herauszusuchen und zu kombinieren.

Die Fotos mit blauem Untergrund sind an lebenden Exemplaren an Ort und Stelle mit einer Fotoküvetten-Einrichtung (S. 235) aufgenommen. Die Bilder mit purpurroten Filzpapier als Untergrund zeigen Trockenpräparate von Muscheln, Schnecken und Krebstieren, von denen man eher die toten Schalen und Panzer finden wird, als lebende Tiere. Bild und Text mögen zum Beobachten und Fotografieren anregen. Überhaupt war mir der Gesichtspunkt des Anregens in diesem Buch mindestens ebenso wichtig wie der Aspekt der Wissensvermittlung.

Saarbrücken, im Frühjahr 1983   Werner Nachtigall

Macchia

Im Gegensatz zu den Folgekapiteln gibt dieser erste Abschnitt nur eine ganz kurze Übersicht. Die Macchia gehört nicht mehr eigentlich zur Küstenregion, auf die sich dieses Buch bezieht. Doch hat sie der Mittelmeerurlauber an vielen Stellen vor Augen, wenn er vom Strand ins Hinterland blickt. Eine kurze Charakterisierung erscheint deshalb angebracht.

Für die heutige Bewaldung der höher gelegenen Küstenfelsen ist die Macchia typisch. Man bezeichnet damit ein stacheliges Gestrüpp hochragender Kräuter, lediger Hartlaubgewächse und mittelgroßer Bäume, gelegentlich durchsetzt von hochragenden Schirmen einer Pinie, einer Aleppokiefer, einer Kork- oder Steineiche oder der grünen Flamme eines phönizischen Wacholders.

Doch verdankt die Macchia ihre Allgegenwart im Mittelmeergebiet im Grunde dem Menschen; sie ist eine sekundäre, anthropogen beeinflußte Vegetationsgemeinschaft. Bevor der frühmittelalterliche Mensch, ja schon der Vertreter des klassischen Altertums damit begonnen hatte, auf der Suche nach Holz für Kriegsflotten und Gebäude in einem schrankenlosen Raubbau die Mittelmeerregion ihres gewachsenen Pflanzenkleids zu berauben, bedeckten lichte Wälder die klassischen Gestade. Sie bestanden aus Nadelhölzern, immergrünen Eichen und einem Unterholz vielgestaltiger Artenfülle. Heute sind solche ursprünglichen Wälder auf weiten Strecken zurückgedrängt, und die Macchia, sozusagen eine verarmte Ersatzgesellschaft für den Wald, hat Besitz von der Landschaft

Links: Männlicher Blütenstand des Mastix-Strauches *(Pistacia lentiscus)*. Rechts: Die Steineiche *(Quercus ilex)* findet sich häufig in der Macchia.

Links: Der Mäusedorn *(Ruscus aculeatus)* trägt verbreiterte Sproßachsen, die wie Blätter ausse-hen. Rechts: Kletterwinden von *Smilax aspera* mit Dornen an Stengeln und Blättern vernetzen den Buschbestand.

ergriffen – wenn sie nicht durch Abbrennen und übertriebene Nutzung bereits zur Garrigue verkümmert ist oder einer von Wind und Wasser erodierten Fels-wüste Platz gemacht hat, wie sie uns in vielen griechischen und spanischen Küstengebirgen und im italienischen Apennin schmerzlich bewußt wird.

Der Mittelmeerurlauber wird die graugrüne Decke der Macchia immer vor Augen haben, und wenn man über die Küstenfelsen zum Strand absteigt, kommt man immer wieder durch Flecken dieser Hartlaubgesellschaft, die sich insbesondere an Taleinschnitten weit meerwärts zieht. Sie sei deshalb in aller Kürze mitbesprochen.

Typisch für die Macchia ist der ausgedehnte Bestand an Sträuchern und strauchartig wirkenden kleinen Bäumen, oft in charakteristischer Artenzusam-mensetzung, während größere Bäume seltener sind. So wird man unter den Laubbäumen immer wieder die Kermeseiche *(Quercus coccifera)* finden. Mit ihren kleinen, ledrigen, spitz gezähnten Blättern ist sie ganz unverkennbar. Sie kommt auch in den reicher ausgebildeten Garrigues in buschartigen Wuchs-formen vor (S. 17). Typisch ist weiterhin die Steineiche *(Quercus ilex)*. Sie trägt ganz »eichenunähnliche«, langgezogene und praktisch ungekerbt-ganzrandige Blätter, die auf der Unterseite bräunlich grau befilzt, auf der Oberseite glänzend dunkelgrün und glatt sind. Ihre kugelförmigen kleinen Eicheln stecken zur Hälfte in einem Becher und tragen eine häubchenartige Spitze. Früher waren die Eicheln ein beliebtes Schweinemastfutter. Von den Eichen sei noch die Korkeiche *(Quercus suber)* genannt, obwohl man diese im wesentlichen in kleinen Anpflanzungen finden wird. Der sparrig verzweigte Baum kann sehr groß werden, an die 25 Meter. Die gezähnten, ledrigen Blätter sind leicht stachelig; die Eicheln stecken in wollig behaarten Bechern. Charakteristisch ist die dicke Korkrinde, aus der der Flaschenkork gewonnen wird. Eine ältere Korkeiche kann zu diesem Zweck etwa alle 8 bis 10 Jahre geschält werden. Korkeichen kommen in der westlichen und zentralen Region des Mittelmeers vor.

Einer der zahlreichen kennzeichnenden Büsche und Sträucher der Macchia ist der Mastix-Strauch oder die Pistazie *(Pistacia lentiscus)*. Im Gegensatz zu der verwandten Art *Pistacia terebinthus,* der »Terpentinpistazie«, wirft er seine das ganze Jahr frischgrün erscheinenden Blätter im Winter nicht ab. Diese sind paarig gefiedert, und die Teilblättchen laufen in eine winzige Spitze aus. Die Abbildung zeigt einen männlichen Blütenstand – der kleine Baum ist zweihäusig –, der um die Osterzeit seine auffallend blutroten Staubbeutel reifen läßt. Die zunächst roten Beerenfrüchte der weiblichen Büsche werden im Spätsommer fast schwarz. Der Strauch liefert das »Mastix«-Klebeharz, mit dem die Maskenbildner den Schauspielern Bärte ankleben. Die bekannten Pistazienkerne, die geröstet und gesalzen so gut schmecken, stammen allerdings von einer anderen, vielfach angebauten Art, *Pistacia vera.* »Erdbeerbaum« *(Arbutus unedo)* heißt ein mit glöckchenförmigen weißen Blüten geschmücktes Hartlaubgewächs der Macchia, dessen Früchte in Größe, Form und Farbe tatsächlich etwas den kultivierten Erdbeeren ähneln, während die im ostmediterranen Gebiet heimische Art *Arbutus andrachne* kleinere, walderdbeerähnliche Früchte hat. Die Erdbeerbäume gehören zu den Heidekrautgewächsen, wie auch die mediterrane Vielblütige Heide *(Erica multiflora).* Diese nicht seltene Art im Unterwuchs der Macchia kann über 1 m hoch werden und ist damit ein wahrer Riese, verglichen mit den einheimischen Arten. Aus den fade rosafarbenen Blütenglöckchen ragen die tiefrot gefärbten Staubbeutel heraus. Noch größer wird freilich die Baumheide *(Erica arborea),* die in der westlichen und mittleren Mediterranis vorkommt und dort 3–4 m hoch werden kann. Ihre Blätter dagegen sind vergleichsweise winzig. Es gibt noch ein rundes Dutzend weiterer Heidekrautarten von Zwergstrauch- bis Baumgröße.

Wo die Macchia hoch wächst und schattig wird, kommt vor allem in Meeresnähe auch der Lorbeerbaum *(Laurus nobilis)* vor. Seine allbekannten, typisch dunkelgrün glänzenden, langgestreckten Blätter drückte man, zum Kranz gewunden, den klassischen Olympioniken als Siegerpreis aufs Haupt (heute schätzt man sie mehr als Küchengewürz). Auch die Myrte *(Myrtus communis),* die bis in unsere Tage hinein als Lieferant von Brautkränzen und Myrtensträußchen hoch geschätzt wurde, ist ein Vertreter der strauchartigen Macchiagewächse.

Macchia ist nicht gleich Macchia – Napoleon soll die korsische Macchia am Geruch erkannt haben! Auch gibt es zwischen West- und Ostmediterranis charakteristische Unterschiede. Eines aber verbindet alle Formen der Macchia: Sie ist allgegenwärtig.

Die Küstenberge mit den weit sich hinaufziehenden Macchiabeständen bilden am Mittelmeer die Kulisse für Strand und Meer, für Sonnenglast und Urlaub.

Küstengarrigue

Charakterisierung

Ostern in Griechenland – wer denkt da nicht auch an den Zauber südlicher Blütenpracht? Selbst auf Kreta ist das Wetter im ersten Aprildrittel noch etwas unbeständig; zu längerem Schnorcheln im kristallklaren Meer lädt die Wassertemperatur von 16 °C nicht gerade ein. Für entgangenes Badevergnügen entschädigt den Naturfreund ein bunter Blütenteppich. Man muß nur vom Strand auf
gewundenem Weg durch die Küstenfelsen steigen und ein wenig hochgehen,
dorthin, wo die Hänge flacher und die Humusnischen ausgedehnter werden.
Nun finden sich überall halbkugelige Zwergsträucher von Zistrosen mit auffallend großen rosaroten oder weißen Blüten, dazwischen auf hochgeschossenen
Stengeln die zauberhaften weißen Blütenstände des Affodill. Dornige, halbkugelig zusammengedrängte Kleinsträucher, wohin man schaut, dazwischen tiefblaue Zwergschwertlilien, sattrote, schwarzgenagelte Mohnblüten, rosafarbene
Thymianbüsche, gelbe Sonnenröschen. Hie und da eine violette Gladiole oder
eine verblühende Ragwurz.
Was ist das für eine Pflanzenformation der Gegensätze, die die unscheinbargraugrünen Zwergtrockensträucher mit bunten Blüten schmückt und dazwischen vergängliche Blütenpracht rasch welkender Kräuter ansiedelt – überhaucht von einem schweren Duft und beflogen von Honigbienen, Schwalbenschwänzen und den riesigen, tiefbrummenden, metallischen Holzbienen? Eine
Pflanzengesellschaft, die im Frühjahr einen Farbenrausch entfaltet?

Wo die Steigung flacher wird, geht der schüttere Felsbewuchs in eine kugelbuschartige Küstengarrigue über, wie hier an der nordkretischen Felsküste.

Kleine Kugelstände beherrschen das Felsplateau: neben rosablühenden Zistrosen *(Cistus spec.)* hellgrüne, gelbe Blütenköpfe tragende Strohblumen *(Helichrysum spec.)*, die sich gegen das blaue Meer kontrastreich abheben.

Mediterrane Zwergstrauchgesellschaften dieser Art bezeichnet man als Garrigue. Mit ungünstigeren Bodenbedingungen, geringeren Niederschlägen, stärkerer Bewaldung, häufigeren Buschbränden entwickelt sich aus der Baum- und Buschsteppe der Macchia eine solche lockere Buschformation mit kleinwüchsigen Eichen, strauchartigen Wolfsmilchgewächsen und Ginsterbüschen. In ungünstigeren Lagen, etwa in küstennahen Felsengebieten mit wenig Humusauflage, sind die Büsche besonders klein, die Zwischenräume mit nackt anstehendem oder mit Kleinkräutern bewachsenem Boden groß. Die Büsche sind dann oft nur kniehoch und nehmen die Form dichter, vielfach bedornter, halbkugeliger Polster an, so die südosteuropäische Stachelzweigige Wolfsmilch *(Euphorbia acanthothamnos)* oder die auf den ersten Blick fast gleich aussehende Becherblume *(Sarcopoterium spinosum)*. Man bezeichnet diese Formation wohl auch als »Kugelbuschgarrigue«. Im Frühjahr – und in geringerem Maße auch im Spätherbst, wenn Regenfälle die Trockenstarre des Sommers beenden – bedecken sich die Zwergsträucher mit oft auffallenden Blüten, und aus den freiliegenden Bodenflächen sprießen in verblüffend kurzer Zeit zahlreiche Arten von Wildblumen. »Garrigue« heißt diese Kleinbuschformation, die im Sommer so unwirtlich ausgedörrt erscheint, im Frühling dagegen so überaus bunt, in Frankreich nach ihrer Charakterart. Es ist die Kermeseiche, die allerdings in der eben geschilderten extremen Küstenformation der Kugelbuschgarrigue nicht mehr vorkommt. Die Provençalen nennen diesen Baum »Garoulia«. Die Spanier bezeichnen die Kleinbuschformation als »Tomillares«, die Griechen als »Phrygana«, nach dem altgriechischen Wort für Gebüsch, Reisig.

Kermeseiche *Quercus coccifera*

Dies ist der Charakterbaum der Garrigue, allerdings in ihrer reicheren, mit vielen Büschen und halbhohen Bäumen der Macchia ähnlicheren Ausführung. In der struppigen Kugelbuschgarrigue der Küstenregionen kommt die Kermeseiche kaum vor. Die Blätter sind charakteristisch klein, längsoval und viel weniger gebuchtet als die unserer einheimischen Eichen, dafür am welligen Rand kräftig und stachelig gezähnt. Auf beiden Seiten glänzen sie sattgrün; sie fühlen sich deutlich ledrig an. Selbst in den reicheren Garrigues bleibt die Kermeseiche buschartig und wird selten höher als 2 m.

Ähnliche, doch etwas größere und stärker gebuchtete Blätter mit behaarter Unterseite finden sich bei der selten gewordenen Steineiche *(Quercus ilex)*. Wie die Kermeseiche ist sie immergrün.

Zwergpalme *Chamaerops humilis*

Im Mittelmeergebiet gibt es eine Reihe größerer Palmenarten. Diese sind jedoch alle aus südlicheren Regionen eingeführt und müssen zum Großteil kultiviert werden. Einzige wildwachsende Art ist die charakteristische Zwergpalme mit ihren armlangen, kreissektorartigen Fächern und den beidseitig gezähnten Blattstielen. Die Blattfächer sind an der Spitze oft aufgefasert. Das Fasermaterial wird – vor allem in Nordafrika – gerne als Roßhaarersatz zum Ausstopfen von Polstern benutzt. Im östlichen Mittelmeergebiet ist sie nicht von Haus aus heimisch, wird aber gerne angepflanzt.

Dornginster *Calicotome villosa*

Wer einmal versucht hat, ein Stück von dieser Pflanze abzubrechen, wird feststellen, daß das fast unmöglich ist. Die langen, an der Spitze meist bräunlichen Dornen sind eisenhart und schützen den kugeligen Busch wirkungsvoll gegen Tierfraß. Spätestens im Juni ist der Busch blütenleer, und mit steigender Sommerdürre fallen meist auch die Blätter ab, so daß er tatsächlich zum unangreifbaren »Dornbusch« wird. Der fein und dicht behaarte Schmetterlingsblütler kommt vor allem in den östlichen Mittelmeerländern vor. In den westlichen Regionen herrscht die nahe verwandte Art *Calicotome spinosa* vor, die nicht oder kaum behaart und mit längeren und kräftigeren Dornen noch wehrhafter ist.

Becherblume *Sarcopoterium spinosum*

Die Küstengarrigue von Kreta wird beherrscht von einem meist nur kniehohen, sparrig-halbkugeligen Strauch, der Becherblume. Die braungrau absterbenden Ästchen verzweigen sich immer wieder gabelig und verlaufen in eine Gabel von nadelscharfen Spitzen aus. Die feinen Blättchen sind sehr langgestreckt und regelmäßig gefiedert. Dieses Rosengewächs besitzt männliche und weibliche Blüten.

Schopfige Träubelhyazinthe *Muscari comosum*

Dieses schön violettblau blühende Liliengewächs ist unverkennbar an seinen kandelaberähnlich hochgestreckten oberen Blüten. Die mittleren Blüten stehen horizontal ab, die unteren hängen abwärts. Wie bei unserer einheimischen Träubelhyazinthe bilden die Blüten ein gestauchtes, sechszipfeliges Glöckchen. Die Blätter dieser Art sind charakteristisch gerillt. Diese Träubelhyazinthe kann über 30 Zentimeter hoch werden und blüht im März/April.

Schopflavendel *Lavandula stoechas*

Wie der Rosmarin ist auch der Lavendel ein Lippenblütler. Der charakteristisch buschige Strauch mit den leicht bläulich grünen, von der Seite her eingerollten und deshalb stark länglich erscheinenden Blättern, die mit einem zarten, grauen Filz überzogen sind, ist überall im Mittelmeergebiet anzutreffen. Wenn man beobachtet, wie Bienen anfliegen, so wundert man sich, daß sie sich nicht oben in die »Blüte« setzen, sondern seitlich an den langgezogenen »Schopf«. Tatsächlich sind die kleinen Blüten unscheinbar und sitzen diesen schopfigen Ähren an. Was wie eine endständige, hellviolette Blütenkrone aussieht, sind in Wirklichkeit gefärbte Hochblätter, die die Insekten aufmerksam machen sollen. Die Pflanze blüht bis in den Juni hinein. Im Hochsommer verdorren die oberirdischen Teile. Das bekannte Lavendelöl wird nicht von dieser Art gewonnen, sondern von der speziell in Südfrankreich angebauten Art *L. spica.*

Immortelle *Helichrysum stoechas*

Die rundlichen, gelb leuchtenden Blütenköpfchen dieses Korbblütlers stehen in endständigen, schirmartigen Trauben. Die Hüllblätter der Blüten sehen durchscheinend-papierartig aus und glänzen auch nach dem Trocknen gelb. Die Blätter sind länglich, etwas eingerollt und unterseits – ebenso wie der Stengel – bläulichweiß behaart. Die Pflanze bildet mehr oder minder dichte Kleinbüsche in der Region der Felsküsten und Küstengarrigues.

Siegwurz *Gladiolus spec.*

Wilde Gladiolen kommen in Südeuropa gern in Getreidefeldern vor, wie beispielsweise die Saatgladiole *(G. segetum)* die in kräftigen Exemplaren knapp meterhoch werden kann. In den Garrigues gibt es neben der Gemeinen Gladiole *(G. communis)* auch den Illyrischen Siegwurz *(G. illyricus),* der bis 50 Zentimeter hoch werden kann und dessen rosarote Blüten nicht die Größe und die in den unteren Blättern kennzeichnende weiße Längsstreifung aufweisen, wie die des Saatsiegwurz. Die Pflanze blüht im April.

Zistrose *Cistus incanus*

Diese halbhohen, in der Küstengarrigue kaum kniehohen, kugeligen Büsche mit den kleinen, längseingerollten, stark skulpturierten Blättern und den überraschend großen, schönen Blüten gehören zu den typischsten Mittelmeergewächsen überhaupt. Es gibt an die zwanzig rot und weiß blühende Arten. Vor allem die rot blühenden, die bis zu 5 cm Durchmesser erreichen können, sind in charakteristischer Weise »zerknittert«. Die Blütezeit ist kurz und rechnet oft nur nach Stunden, höchstens nach etwas mehr als einem Tag. Doch werden die abfallenden Blüten am nächsten Tag durch neue, sich öffnende Knospen ersetzt. Diese sind charakteristisch kantig und meist bräunlich gefärbt. In den Blüten findet man häufig Rosenkäfer.

Neben und unter Zistrosenbüschen findet man manchmal einen rötlich-orangegelben Parasiten, der wie eine Miniaturartischocke aussieht: der gelbe Zistrosenschmarotzer oder Hypocist *(Cytinus hypocistis)*. Er gehört zu den Schmarotzerblumengewächsen.

Rosenkäfer *Tropinota hirta*

In den Zistrosen-Blüten finden sich sehr häufig Rosenkäfer, insbesondere die abgebildete, genannte Art, deren Verbreitungsgebiet von Europa bis Kleinasien reicht. Die Rosenkäfer öffnen beim Fliegen ihre Flügeldecken nicht, sondern ziehen vielmehr ihre Flügel aus seitlichen Spalten heraus.

Sonnenröschen *Helianthemum spec.*

Die Sonnenröschen gehören zu den Zistrosengewächsen und lieben wie die Zistrosen selbst niedere Garrigueformationen mit anstehendem Felsboden. Es gibt mehrere Dutzend, teils recht ähnlicher Arten. Das lavendelblättrige Sonnenröschen *(Helianthemum lavendulifoleum)* beispielsweise fällt durch seine an die 2 cm großen, hellgelben Blüten auf, die in verzweigten Ständen angeordnet sind. Die Blätter sind klein und langgestreckt, an beiden Seiten filzig behaart (unten heller) und wie bei vielen Gewächsen der Garrigue und der Macchia seitlich etwas eingerollt, um die Verdunstung herabzusetzen. In der Garrigue bilden die Sonnenröschen häufig kleine Kugelbüsche.

Brandkraut *Phlomis fruticosa*

Ein auffallender, kräftiger Lippenblütler, der in mehreren rosarot oder gelb blühenden Arten vorkommt. Die hier genannte ist eine der häufigsten. In den lichten Garrigues fallen die aufstrebenden, langgestreckten Triebe besonders auf. In Abständen von etwa 10 cm sind die Blüten in regelmäßigen Quirlen angeordnet, unter denen 2 längliche, gestielte, gegenständige Blätter ansetzen. An diesem charakteristischen Habitus ist die Pflanze leicht zu erkennen. Typisch ist auch die »bauchige« Gestalt der Einzelblüte, die auf eine helmförmig ausgezogene Oberlippe zurückzuführen ist. Blätter, aber auch Blüten sind mehr oder minder filzig behaart. Ihren Namen hat die Pflanze wahrscheinlich daher bekommen, daß die Blätter früher zu Lampendochten verarbeitet worden sind.

Affodill *Asphodelus fistulosus*

Aus einer faustgroßen unterirdischen Zwiebel schiebt sich dieses wunderschöne und charakteristische Liliengewächs in erstaunlich kurzer Zeit hoch. Der Affodill blüht bereits recht früh, schon im März, und ist im Frühsommer verschwunden. Um die Osterzeit gibt er den Küstengarrigues das charakteristische Gepräge. Es gibt mehrere Arten mit verzweigten oder unverzweigten Ständen weißlicher Blüten, die mit ihren sechs langgestreckten Blütenblättern und dem charakteristisch roten Mittelnerv ganz unverkennbar sind. Nahe verwandt ist die große Affodeline *(Asphodeline lutea)*. An dem rund einen Meter hohen, unverzweigten Stengel sitzen die fast kinderhandgroßen, goldgelben Blüten mit einer langgestreckten Traube. Die Kapseln der großen Früchte sehen wie grüne Schusser aus.

Mittagsschwertlilie *Gynandriris sisyrinchium*

Eine mit kaum 25 cm Durchschnittshöhe sehr kleine Irisart, die aber durch ihre leuchtend hellblauen Blüten, deren drei äußere Blütenblätter ein auffallendes, weißlichgelbes Mal tragen, recht charakteristisch ist. Die Blüten sind kurzlebig. Sie öffnen sich um die Mittagszeit und sind am Abend bereits verblüht. Kennzeichnend sind die beiden nur etwa 5 bis 6 mm dünnen, fast bandförmigen Blätter, die sich weit über den Boden schieben. Die durch ölpapierartige Hüllen feuchtigkeitsisolierte Knolle sitzt tief im Boden, so daß die Mittagsschwertlilie lange Trockenzeiten überstehen kann. Sie erblüht im März und ist bereits im Frühsommer wieder verschwunden.

Schwertwurz *Serapias spec.*

Diese zu den Orchideen gehörige Charakterform der Garrigue, von der das Foto ein knospendes Exemplar zeigt, kommt mit anderen Arten hauptsächlich in der Mittelmeerregion vor. Die hier genannte Art liebt sandige Stellen und ist somit auch auf Sandstränden heimisch. Aus unterirdischen Knollen treiben Stengel mit mehreren frischgrünen, schmal-lanzettlichen Blättern. Die rötlichen Blüten schieben sich – abgesehen von dem herabhängenden, rötlich umrandeten Labellum – nur wenig über die großen, bläulich angehauchten Tragblätter, deren Hauptadern charakteristisch violett abgestuft sind. Im zeitigen Frühjahr findet man oft mehrere Exemplare dieser seltsam papierartig-knittrig aussehenden, bis 30 cm hohen Pflanze nebeneinander stehen.

Braune Ragwurz *Ophrys fusca* ssp. *iricolor*

Von den zahlreichen Ragwurz-Orchideen der südlichen Trockenwälder und Buschsteppen sei diese charakteristische und schöne Art genannt. Ihre einzeln auf langen Stengeln stehenden Blüten ähneln Insekten und werden offensichtlich von anfliegenden Wespen-Männchen mit Insektenweibchen verwechselt. Während die Männchen zu kopulieren versuchen, kleben sie sich die Blütenstaub enthaltenden Pollinien an den Kopf. Diese übertragen sie beim Anflug auf die Narbe der nächsten Blüte und vollziehen so die Bestäubung.

Insekten

Der Größe oder Färbung, auch dem Verhalten nach bemerkenswerte Insekten und Spinnen werden jedem Mittelmeerurlauber einmal auffallen. Einige besonders charakteristische, teils auch recht häufige südliche Formen sind hier zusammengestellt. Sie sind nicht auf die Garrigue beschränkt; einige wird man auch an Küstenfelsen beobachten können, andere im Gesträuch der Wegränder, Wespenspinnen häufig auch in der Macchia. Doch wird man die schönsten Beobachtungen vor allem auch an bodengrabenden Insekten in der offenen Kugelbuschsteppe der Küstenregionen machen können.

Kreiselwespe *Bembex rostatrata*

Wo sandige Stellen in Feldwegen sind, die durch südliche Macchia führen, kann man mit einiger Wahrscheinlichkeit diese große Grabwespe beobachten. Mit heftigen, gleichzeitigen Scharrbewegungen ihrer durch Dornenreihen zu »Sandschaufeln« geformten Vorderbeine gräbt sie sich einen tiefen Gang in den Sandboden. Dann fliegt sie auf Beutefang aus. Sie jagt – wohl ausschließlich – rasch fliegende Bremsen. Mit ihnen versorgt sie laufend die sich entwickelnden Larven.

Schwalbenschwanz *Papilio machaon*

Der große, schwarzgelb gezeichnete Falter mit den blauen Hinterflügelbinden und den rötlichen Rundflecken am Hinterrand des letzten Flügelpaares entwickelt im Süden bis zu drei Generationen im Jahr. Er saugt an Blumen mit mittellangen Blütenröhren. Dabei steht er, halb mit den Beinen sich festhaltend, halb sein Körpergewicht im Rüttelflug abfangend, sekundenlang in der Luft. Der ähnliche Segelfalter *(Iphiclides podalirius)* besitzt auf gelbem Grund schwarze Flügelbinden und langausgezogene Fortsätze der Hinterflügel. Im Hangaufwind der Küstenfelsen kann man ihn beim Segeln beobachten.

Holzbiene *Xylocopa violacea*

Die wie schwarzblau glänzende Riesenhummeln aussehenden Tiere erschrecken den Urlauber beim nahen Vorbeiflug durch ihr tosendes Fluggeräusch. Sie gehören zu den größten Bienen überhaupt. Gerne fliegen sie den Affodill an. Die Holzbiene nagt in weiches Holz, etwa in abgestorbene Äste, einen Gang, so lang und dick wie ein Kochlöffelstiel. Dort legt sie ein gutes Dutzend übereinander liegender Zellen mit Pollenvorräten an, in denen sich jeweils eine Larve entwickelt.

Gemeine Zikade *Cicada plebeja*

Der plärrend-knarrende »Gesang« der Männchen (die Weibchen sind stumm) ist schwer zu orten. Auch optisch lassen sich die daumenlangen und fingerdicken Tiere, wahre Rieseninsekten, kaum ausmachen. Der lange Saugrüssel dieser Pflanzensauger reicht bis an die Mittelbeine.

Hornissenraubfliege   *Asilus crabroniformis*

Dieses große, mit seiner gelben Zeichnung »hornissenartig«-gefährlich aussehende Insekt kommt auch in unseren Breiten vor. Doch ist es kein stechender
Hautflügler, sondern eine Fliege, als die sie sich durch den Besitz von einem
Flügelpaar und einem Paar Schwingkölbchen ausweist. Von ihrem Ansitz aus –
einem erhöhten Zweig, gern auch einem Baumstubben, in unseren Breiten einem getrockneten Kuhfladen – beobachtet sie vorbeizischende kleine Insekten,
deren Richtung sie durch Kopfmitdrehen anpeilt. Ergibt die Peilung ein gutes
Resultat, so startet sie blitzschnell, verfolgt die Beute und stürzt sich auf sie mit
weit ausgebreiteten Beinen, die mit ihrem kräftigen Borstenbesatz einen richtiggehenden Fangkorb bilden. Die Beute wird dann zu einem Stein oder einem
Zweig transportiert, angestochen und ausgesogen. Diese schwarzgelbe Riesen-
fliege kann an die 3 cm lang werden.

Riesendolchwespe   *Scolia flavifrons*

Das furchterregend wirkende, blauschwarze Rieseninsekt – mit etwa 5 cm Körperlänge der größte Hautflügler Europas – zeigt auf Brust und Hinterleib gefährlich aussehende gelbe »Wespenflecken«. Die Riesendolchwespe spürt
Käferlarven im Boden auf und gräbt sich rasch zu ihrer Beute vor, die sie mit
einem Ei beschickt. Wer eine *Scolia* beim Eingraben findet, sollte sie zwecks
längerer Beobachtung mit einem Stöckchen wieder herauspulen; sie wird
sich nicht stören lassen.

Grüne Mantis   *Mantis religiosa*

Ein auffallendes, bis knapp 8 cm langes Tier, das trotzdem in der grünen Mac-
chiavegetation optisch fast verschwinden kann. Der Kopf ist dreieckig geformt,
klein, und die Mundwerkzeuge sehen recht unscheinbar aus. Trotzdem kann
die Mantis die mit ihren Raubbeinen festgehaltene Beute – beispielsweise Fliegen – mit atemberaubender Geschwindigkeit aufzehren. So verschwinden die
zentimeterlangen Beine einer großen Wiesenschnake tatsächlich innerhalb weniger Sekunden. Im Geäst bewegt sich die Mantis ganz langsam im Zeitlupen-
gang, doch kann sie ihre angepeilte Beute mit blitzschnellen Fangschlägen innerhalb von einigen wenigen Hundertstelsekunden fangen. Sie fliegt auch ganz
gut, allerdings meist nur geradlinig bis zum nächsten Busch.

Wespenspinne   *Argiope bruennichi*

Eine charakteristische, gelb-schwarz gebänderte Spinne sei als besonders auffallender Vertreter der südlichen Spinnen angeführt. Mit ausgestreckten Beinen
kann sie knapp fünf Zentimeter messen. Diese Beine sind schwarz mit stumpf-
gelben Abschnitten, der Kopf-Brust-Bereich ist auf der Oberseite silbrig behaart, der mächtige Hinterleib ist gelb mit ganz oder zum Teil durchlaufenden
schwarzen, gezackten Querbändern. Ihr großes, durch ein eingesponnenes
Zickzackband sehr auffallendes Netz baut sie mit Vorliebe im Gestrüpp von
Agavenblättern.

Zur Ökologie der Garrigue

Boden, Sonne, Wasser – die drei Voraussetzungen für das Gedeihen von Pflanzen! In der Garrigue ist der Boden meist flachgründig, oft auf Vertiefungen im anstehenden Fels beschränkt, doch häufig als Verwitterungsprodukt mineralreich. Somit bieten sich von dieser Seite her dort, wo überhaupt Erdreich ansteht, recht günstige Voraussetzungen für gutes Pflanzenwachstum. Sonne, und damit Wärme und Licht, gibt es im Süden von April bis weit in den Oktober hinein. Daneben ist auch die winterliche Durchschnittstemperatur recht hoch. Milde Winter- und heiße Sommermonate wechseln ab. Im sizilianischen Palermo sind die Mittel der Dezember- bis Februartemperaturen etwas über + 10 °C (!), im Juli und August steigen die Mittelwerte auf 25 °C. Wasser dagegen ist der begrenzende Faktor. Über das ganze Jahr betrachtet, ist es nicht einmal so rar: 749 mm Niederschläge in Palermo, sogar 1342 mm in Genua, gegenüber 964 mm in München. Doch zeigt sich ein ganz charakteristischer Unterschied in unseren Breiten: Der meiste Regen fällt in der kühlen Jahreszeit. Im Süden ist er auf den Winter beschränkt (südmediterrane Zone der Winterregen). Palermo erreicht in den Sommermonaten lediglich 38 mm an Niederschlägen – davon im Juli noch nicht einmal 1 mm! Die Kurve der monatlichen Niederschläge mit ihrem Minimum im Juni, Juli, August und ihrem Maximum von 10 mm im November, Dezember, Januar verläuft gerade spiegelbildlich zur Kurve der monatlichen Durchschnittstemperaturen. Das bedeutet: Die Sommer sind sehr heiß und trocken, Herbst und Winter sind mild und feucht.

Etwas weiter nördlich erreichen die Niederschläge ihr Maximum im Frühjahr und im Herbst (mediterrane Zone der Frühjahrs- und Herbstregen). Noch weiter nördlich, in unseren Breiten, gibt es dann – zu unserem Leidwesen – Niederschläge über das ganze Jahr verteilt.

Die Strauchgesellschaften der spanischen, französischen, mittelitalienischen und nordgriechischen Mittelmeerküsten liegen überwiegend in der Zone der Frühjahrs- und Herbstregen. Auf unsere obige Dreiteilung bezogen bedeutet das ganz einfach folgendes. Der Boden ermöglicht selbstredend ganzjähriges Pflanzenwachstum. Im Sommer ist zwar die Wärme da, jedoch kein Wasser, so daß Blühen und Wachsen für eine lange Sommerpause praktisch eingestellt wird. Die Frühjahrsregen führen dann aber zu einem fast explosionsartigen Aufblühen, und mit dem Herbstregen kommt eine zweite, wenn auch weniger intensive und artenreiche Blühperiode, obwohl die Temperatur noch nicht oder nicht mehr optimal ist. Selbst in den milden Wintern reicht die Wärme zu einem gedämpften Wachsen und Blühen – im südlichen Griechenland blühen Alpenveilchen, Narzissen und Anemonen am schönsten im Januar! Die wachsende Wärme ist also nicht der limitierende Faktor für eine Vegetationsperiodik. Diesen stellt das verfügbare Wasser dar. In den trockenheißen mediterranen Sommern ist die Vegetation ganz auf ein geschütztes Überdauern eingestellt. Dafür gibt es die vielfältigsten Anpassungserscheinungen der Trockenpflanzen (Xerophyten):

Ein Ausschnitt aus einem Kugelbusch der Becherblume, *Sarcopoterium spinosum* (S. 16), der blüht und fruchtet, zeigt die kennzeichnenden Charakteristika der Pflanzen dieser Region: Reduktion der Blattspreiten und starke Dornenbildung.

Sehr lange Wurzeln Sie reichen bis zum tiefliegenden Grundwasser und ermöglichen auch nichtxerophytischen Pflanzen mit ungeschützten, viel Wasser verdunstenden Blättern ein Gedeihen. Als Beispiel seien die Robinien (»Mimosen«) genannt.

Verkleinern der wasserverdunstenden Blattfläche Diese kann in einer Verringerung der Fläche der Fiederblättchen bestehen wie bei den Akazien, oder in der spreitenartigen Verbreiterung der Blattstiele (Akazie) oder Sprosse (Mäusedorn). Auch die Ausbildung flügelartiger Stengelfortsätze gehört hierher.

Seitliches Einrollen der Blättchen Hierbei münden die Spaltöffnungen in eine windgeschützte Höhlung hohen Wasserdampfgehalts, wodurch die Wasserverdunstung herabgesetzt wird. Beim Rosmarin läßt sich diese Erscheinung gut beobachten.

Verdickung der Blätter und Ausbildung verdunstungshemmender Überzüge Lederartige Blätter (»Hartlaub«) sind ganz typisch für viele Macchiagewächse, etwa den Stechapfel. Bei einer Reihe von Pflanzen sind Wachsüberzüge ausgebildet, harzige Schichten etwa beim Lavendel. Die Blattunterseite ist gelegentlich von einem weißlichen, verdunstungshemmenden Filz überzogen, angedeutet bei der Steineiche, kräftiger ausgebildet beim Ölbaum, sehr auffallend beim weißfilzigen Kreuzkraut der Küstenfelsen.

Wasserspeicherung in verdickten Blättern und Sprossen Dick und fleischig sind die Blätter der Fetthenne, der Agave und der die Küstenfelsen überziehenden Mittagsblumen. Die fleischigen »Blätter« der Opuntien sind in Wirklichkeit Sproßverdickungen.

Verdunstung ätherischer Öle   Die »Geruchswolken«, die manche Büsche der
Garrigue um sich herumlagern, beispielsweise Zistrosen, Mastixstrauch, Thy-
mian, Lavendel, Myrthe, scheinen auch die Wasserverdunstung günstig zu beeinflussen, das heißt zu reduzieren.

**Absterben der oberirdischen Pflanzenteile und Überdauern der Sommerdürre
in fleischigen, unterirdischen Zwiebeln**   Neben den bekannten Zwiebelge-
wächsen der Tulpen, Hyazinthen und Krokusse gehören beispielsweise der Affodill, die Zwergschwertlilie und die Meerzwiebel zu dieser Gruppe. Da die
Nährstoffe in der Zwiebel gehäuft vorliegen und der Sproß schon vorgefertigt
ist, kann das Austreiben sehr rasch geschehen. So kommt es, daß sich mit dem
Einsetzen der ersten Regen die unscheinbar stumpfbraune, sommerdürre Kugelbuschgarrigue praktisch über Nacht mit einem Meer von Blüten schmückt.

Die Ragwurz *Ophrys bombyliflora* nahe besehen ist eine der schönsten Blumen der Garrigue
und erscheint nach den Frühjahrsregen schon früh im März. Im April blüht sie bereits ab.

Sandstrand

Charakterisierung

Kilometerlange weiße Strände, und diese dann möglichst menschenleer – dieses Wunschziel des Meerurlaubers habe ich einmal auf Ceylon am Indischen Ozean gefunden, in einem Naturschutzpark. Am Mittelmeer gibt es das nicht mehr. In der Hauptreisezeit ist jeder Flecken belagert, Kulturschutt auch, wohin man schaut. Und trotzdem finden sich selbst an öden und schuttbeladenen Stränden Pflanzen und Tiere, die sich zäh behaupten.

Da öffnen auf einem sandigen Schuttfeld, keine 20 m von der Küstenlinie entfernt, die Pankrazlilien ihre großen, zartweißen Blütenkelche – hinfällig, und doch für einige Stunden ein zauberhafter Anblick, der so gar nicht zur Umgebung eines Schuttplatzes passen will. Daneben die Blüten der rosafarbenen, weißgestreiften Strandwinde, deren harte, efeuartige Blätter halb im Sand verschüttet liegen, und deren Früchte von dickfleischigen Ausläufern bröckeln.

Strandpflanzen wie die Pankrazlilie (S. 34) durchbrechen die oft glühendheiße Sandschicht.

Pillendreher *(Ateuchius semipunctatus)* bewegt Dungkugel: ein Museumspräparat.

Das stachelige, blau-grüne Blattwerk der Stranddistel mit den blauen Blüten-köpfchen, die violettblütigen Strandlevkojen, die riesigen, weißen Blütenstände der Meerzwiebeln oder auch Orchideen wie das Warzenknabenkraut und der auch auf sandigen Stellen der Garrigue zu findende, violettliche Zungen-Schwertwurz – es gibt schon manche unerwarteten Blütentupfer in der so le-bensfeindlich erscheinenden Sandregion mit ihrer heiß-trockenen Oberschicht und den oft von salzigem Wasser durchsetzten tieferen Lagen.

Wie kommt es, daß sich Blütenpflanzen hier halten können, daneben auch eine ganze Armada von sandangepaßten Gräsern, wie das putzige Hasenschwänz-chen? Auffallend ist, daß die deutschen Namen dieser Pflanzen fast regelmäßig mit »Strand…« beginnen: ein Hinweis darauf, daß diese Pflanzen wohl über-wiegend oder ausschließlich hier vorkommen und damit an diesen Extrem-standort offensichtlich speziell angepaßt sind.

Auch nach Kleintieren der Landfauna wird man nicht ganz umsonst Ausschau halten. Neben den obligaten Strandfliegen finden sich fingernagelgroße, schwarzgefärbte Strandkäfer, und auch die Pillendreher kann man gelegentlich beobachten, wenn sie ihre Dungkugeln scheinbar mühsam über den Sand rol-len. Raubfliegen streichen vom Strandgehölz aus herüber, und von den Küsten-felsen aus verirrt sich auch einmal ein Segelfalter oder einer der langrüßligen Schwärmer hierher.

Mit dem Auge des Biologen betrachtet ist der Sandstrand eine ganz eigentüm-liche Welt, lebensfeindlich zwar und doch von speziell angepaßten Organismen regelmäßig bewohnt. Ort eines unsichtbaren Kampfes von Salzwasser und Süß-wasser (gelegentlich schieben sich Schilfbestände weit hinaus, sicheres Zeichen für aussüßende Grundwasserströme), oben trockenheiß, unten dauerfeucht.

Pankrazlilie *Pancratium maritimum*

Aus heißtrockenem Dünensand erheben sich lange, in sich verwundene, blau-
grüne Blätter. Im Hochsommer schiebt sich ein drehrunder Blütenschaft an die
50 cm hoch, an dessen Ende die langgestreckten, weißlichen Blütenknospen in
einer Dolde sitzen. Die Blüten öffnen sich im allgemeinen nur für einen Tag. Sie
können fast handgroß werden und sehen mit ihrem zarten, weißen Gewebe
erstaunlich fremdartig aus in dieser von dickblättrigen und stacheligen pflanzlichen Anpassungserscheinungen beherrschten Umgebung. Die sechs Blütenblätter sind lanzettlich schmal; dazwischen befindet sich eine sogenannte
Nebenkrone, die in zwölf verzwirbelte Spitzen ausgezogen ist.

Stranddistel *Eryngium maritimum*

Diese Pflanze ist ganz unverkennbar, in Blatt wie Blüte. Die blaugrün überhauchten, großen Blätter sind vielfach zerlappt und gebuchtet, und jeder Lap-
pen endet in einer außerordentlich harten Spitze. Die Blätter können halbmeterlang werden. Die Blütenköpfchen sind von einem strahligen Kranz soge-
nannter Hüllblätter umgeben, die in sehr kräftige, lange Dornenspitzen auslau-
fen und ebenfalls blaugrün überhaucht sind. Jede Einzelblüte wird von zarten,
zugespitzten Spreublättern überragt. Die Abbildung zeigt zwei bereits abge-
blühte Blütenstände.

Strandschneckenklee *Medicago marina*

Auch ohne Blüten – dieser Schmetterlingsblütler blüht tiefgelb – ist die Pflanze
leicht anzusprechen. Sowohl die niederliegend-kriechenden Teile als auch die
aufstrebenden Stengel mit den dreizähligen, an der Spitze gezähnten Blättchen
sind über und über weißwollig behaart. Kein Sandstrand, keine Düne der Mittelmeerregion ohne diesen Schneckenklee, der noch mehr als zwei Dutzend
südliche Verwandte hat. Bekannter als die Pflanze selbst sind ihre Früchte:
Sie bilden eine flache, kleinfingernagelgroße, knapp dreiwindige Spirale, die auf
einer Seite zwei auffallende Stachelreihen trägt und in der Mitte ein Loch
freiläßt. Diese kleinen Früchte werden vom Wind oft zu Zehntausenden in
Sandvertiefungen zusammengeweht.

Strandwinde *Calystegia soldanella*

Dieses Windengewächs blüht vom späten Frühling bis in den Herbst hinein mit
zartrosa, weißstreifigen großen Trichterblüten. Aber auch außerhalb der Blüh-
saison kann man die Pflanze an ihren Blättern leicht ansprechen, die – oft halb
im Sand verborgen liegend – langgezogen-nierenförmige Gestalt haben, oben
dunkel- und unten hellgrün sind und charakteristische fleischig-brüchige Konsistenz haben. Sie sehen ähnlich aus wie junge Efeublätter. Auch diese Pflanze ist
nicht auf die Mittelmeerregion beschränkt, sondern findet sich beispielsweise
auch an der Nordseeküste.

Strandlevkoje *Matthiola spec.*

Dieser Kreuzblütler mit den rosaroten, in der Mitte etwas helleren vierstrahligen Blüten und den ganz charakteristischen schmalen, langgefiederten Blättern, deren Längsachsen und Seitfiedern sich deutlich nach oben einrollen, ist eine charakteristische Pflanze der Sandküsten in der mediterranen Region. Sie kommt aber auch auf sandigen Stellen der Garrigue sowie ähnlichen Standorten weiter von der Küste entfernt vor und blüht den ganzen Sommer durch. Die Pflanze ist – insbesondere in der Blattregion – fein weißwollig behaart.

Hasenschwänzchen *Lagurus ovatus*

Dieses charakteristische Gras, das an den Sandküsten ebenso zu Hause ist wie an sandigen Wegrändern, auch an den Übergangsstellen der Küstengarrigue zur Felsregion, ist an seinem Blütenstand leicht anzusprechen. Er ist gedrungen-eiförmig; die Ährchen sind seidig dicht behaart, und die Grannen weisen weniger nach der Seite als nach oben und überragen den Blütenstand etwa um dessen halbe Länge. Die relativ breiten, weichbehaarten Blätter umgreifen den Stengel mit einer langen, anliegenden Scheide.

Meersenf *Cakile maritima*

Dieser Kreuzblütler mit den dickfleischigen Blättern bevölkert die Sandküsten. Seine Blüten sind weißlich bis hellblau, und er blüht im Hochsommer. Die gesamte Pflanze ist eigentümlich dickfleischig und brüchig. Interessant sind die Früchte, die wie Pfeilspitzen aussehen. Zwischen Frucht und Stengel befindet sich eine etwas eingezogene, präformierte Bruchstelle, an der die Früchte schließlich abbrechen. Sie besitzen ein luftgefülltes Gewebe, so daß sie bei Überflutung nicht untergehen, an der Wasseroberfläche mitgeführt und an einer anderen Stelle wieder abgelagert werden. Die Pflanze verträgt starken Salzgehalt und keimt rasch. Sie ist nur einjährig.

Strandball

Nicht selten findet man pingpongballgroße oder noch etwas größere, leicht flachgedrückte Gebilde am Strand, die aus filzigen Fasern zusammengewoben sind. Die Fasern stammen von den Wurzelstöcken des großen Neptunsgrases *(Posidonia oceanica,* S. 159). Diese werden abgetrieben, von der Strömung an den Strand getragen und vom Wellenschlag verfilzt. Wo solche Strandbälle gefunden werden, sind sicher ausgedehnte Seegraswiesen vor der Küste ausgebildet. Der mittelalterliche Mensch konnte sich die Herkunft dieser seltsamen Gebilde nicht erklären und sagte ihnen Zauberkräfte nach.

Zur Ökologie des Sandstrandes

Wie eingangs charakterisiert, bestimmen eine Reihe spezieller ökologischer Gegebenheiten die Lebensbedingungen am Sandstrand. Pflanzen und Tiere müssen zunächst mit einer im Sommer sehr heißen und völlig trockenen Oberschicht zurechtkommen. Die unteren Schichten sind zwar stets feucht, doch kann das Wasser im Sandlückensystem süß, brackig oder salzig sein; meist herrscht hoher Salzgehalt vor. Sonne, Küstenwind und die staubtrockene Sandoberschicht, die Flüssiges »wie Streusand« aufsaugt, führen dazu, daß die strandbewohnenden Lebewesen viel Wasser verlieren. Der Verlust muß möglichst klein gehalten werden, und der trotzdem eintretende Realverlust muß durch Neuaufnahme von Wasser ausgeglichen werden, wenn Pflanzen nicht welken, Tiere nicht verdursten sollen. Zwei Prinzipien sind dabei nötig: Schutz vor Wasserverlust und Zugang zu Frischwasser.
Die Strandkäfer besitzen einen dicken Chitinpanzer, der wirkungsvoll vor Wasserverlust schützt. Zur Wasseraufnahme haben gerade Trockengebiete bewohnende Insekten vielfältige Mechanismen und Verhaltensweisen ausgebildet. Noch extremere Biotope als die Strandkäfer, die beispielsweise den Tauüberzug der frühen Morgenstunden auflecken, finden Käfer der Namib-Wüste vor, in der es oft jahrelang überhaupt nicht regnet. Diese bauen sich Gräben, in de-

Mit ihren dicken Chitanpanzer sind die Strandkäfer, – hier ein mediterraner Vertreter der Dunkelkäfer (Tenebrionidae) – gut gegen Austrocknung geschützt.

An den Blattunterseiten trägt das Weißfilzige Greiskraut *(Senecio bicolor)* einen verdunstungshemmenden Belag aus dichtverfilzten Haaren.

nen die Feuchtigkeit des darüberstreichenden Morgennebels kondensiert, und
schlecken dann den Niederschlag auf. Manche stellen sich schräg in die Nebel-
schwaden, so daß das am Körper kondensierende Wasser direkt zu den Mundwerkzeugen herabrinnt.
Die Pflanzen der Sandstrände lösen das Wasserproblem auf unterschiedliche
Weise. Manche Pflanzenteile sind nur kurze Zeit funktionsfähig und verdorren
nach wenigen Stunden, so die Blütenstände der Pankrazlilien. Sie sind deshalb
nicht speziell auf geringe Wasserverdunstung angelegt. Andere besitzen ver-
dunstungshemmende, silbrige Behaarung, wie der Strandschneckenklee oder
die drüsige Strandlevkoje. Häufig sind auch Wachsüberzüge, die den Blättern
bisweilen eine charakteristisch blaugrüne Färbung geben, so dem sparrig-sta-
cheligen Blattwerk der allgegenwärtigen Stranddistel. Schließlich lassen sich
Sukkulenzerscheinungen beobachten, Wasserspeicherung in fleischig-saftigen
Teilen von Stengeln und Blättern. Ein gutes Beispiel sind die etwas fleischigen
Blätter der Strandwinde, die beim Zusammenfalten knackig brechen.
Den trotz der Anpassungserscheinungen unvermeidlichen Wasserverlust müssen auch die Strandpflanzen aus Bodenwasser decken, das bei diesem Biotop
allerdings meist schwierig zu erreichen und zu nutzen ist. Unter Sanddünen
kann Grundwasser erst in großer Tiefe anzutreffen sein, was ein langes, bisweilen mehrere Meter langes, tiefgründiges Wurzelwerk nötig macht. Ein Extrem
stellt der dünenbewohnende, tiefwurzelnde Wegerich, *Plantago macrorhiza,*
dar. Sein Artname bedeutet »der Großwurzelige«. Aber auch Strandhafer ist als

Tiefenwurzler bekannt. Diese raschwüchsige Art verträgt zudem Sandbedek-kung, zumal sie mit unterirdischen Ausläufern auch bei relativ rascher Windverfrachtung des Sandes mit den wandernden Kleindünen »Schritt hält«.

Weiter ist es für eine Pflanze umso schwieriger, das Bodenwasser über die feinen Wurzelhaare aufzunehmen und in die Wassergefäße der Wurzel zu überführen, je salziger dieses ist. Der Zellsaft muß dann einen besonders hohen »osmotischen Wert« haben, der nach Atmosphären gemessen wird. Extrem angepaßte Pflanzen, die reine Salzsteppen zu besiedeln vermögen, müssen bei der Wasseraufnahme Saugspannungen von weit mehr als 100 atm entwickeln!

Über unterirdische Ausläufer kriechen die Strandgräser mit der Düne. Mit ihrem Wurzelwerk verfestigen sie sie.

Felsküste

Charakterisierung

Wo die Felsküsten steil zum Meer hin abfallen, hat die Macchia nur mehr wenig Chancen. Der Mangel an Humus auf der einen Seite, der mit Meeresnähe zunehmende Salzgehalt auf der anderen führt nicht nur zu einer Ausdünnung der Pflanzendecke. Auch die Artenzusammensetzung ändert sich. Pflanzen, die sich in flachen Felsspalten mit wenig Humus halten können, Arten, die Mechanismen gegen die Austrocknungsgefahr der sommerlichen Dürreperioden entwickelt haben und schließlich hochspezialisierte Formen, die salzhaltige Gischt tolerieren, herrschen vor.

Campingplätze sind nicht jedermanns Sache, doch gibt es einige mit paradiesischen Ecken. Ein von Ölbäumen eingerahmter ruhiger Stellplatz für das Reisemobil, die stabile, südliche Großwetterlage und ein unkonventionelles Leben unter Verzicht auf unnötigen Komfort versprechen Urlaubserholung. Von einem der schönstgelegenen derartigen Plätze Italiens, am Capo di Sorrento, steigt man aus der Ölbaumregion durch schattige Macchiawäldchen über eine Reihe von Stegen, die der Steilküste eingepaßt sind, abwärts zum Meer. Auch im heißesten August ist der Küstenfelsen nicht tot. Am Wegeknick eine riesige Baumwolfsmilch. Sie hat in der Sommerhitze ihre Blätter abgeworfen und reduziert so die Verdunstung. Auf den Treppengeländern das schwirrende Volk hornissenähnlich, gefährlich aussehender, doch harmloser Raubfliegen und Schnabelschwebfliegen. Im Hangaufwind gleitende Segelfalter. Hie und da das Rascheln einer Eidechse.

Jäher Übergang von der Felsvegetation zur fast pflanzenlosen Abbruchskante.

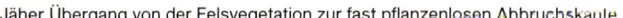

Äußerste Ausläufer der Küstengarrigue und Übergang zur Felsvegetation an der nordkretischen Felsküste.

In Küstennähe steht das weißfilzige Greiskraut blütenlos da, ist aber an seinen tiefgelappten, unterseits dicht weißfilzigen Blättern leicht zu erkennen. In den zwischengelegenen Macchiaflecken der Bacheinschnitte hängen hakige *Smilax*-Ranken von den Bäumen, und die Sonne malt ihre zitternden Lichtkringel auf den Boden. Weiter oben stehen Stechginster- und Mastixbüsche am Wegesrand, und die abenteuerlich aufragenden Fruchtstände des Riesenfenchel rekken ihre Drahtfinger in den azurblauen Himmel. Unten an den Küstenfelsen der dickblättrige Meerfenchel. Immortellen, verschiedene Hornkleearten und der hochragende Strauchschneckenklee vervollständigen das Bild.
In anderen Küstenregionen können Mittagsblumen mit ihrem fleischigen Grüngewirr und den großen, violetten Blüten felsauf, felsab das nackte Gestein überziehen, wieder anderswo sind Grasnelken das vorherrschende Element. Opuntien und angepflanzte Agaven stehen an den Felsrändern. Von weitem grüßen die hochragenden Baumlavateren mit ihren bunten Riesenblättern, die oft auch im Sommer große, hellviolettfarbene und mit dunkelvioletten Malen versehene Blüten tragen. Auch der Strauchwermut mit seinen aluminiumartig schillernden Blättchen kann bestandsbildend die Küstenfelsen überziehen. In bäumchenartigen Wuchsformen überzieht der Strauchschneckenklee manche Küstenfelsen, der wegen seines dekorativen Aussehens gerne auch in Gärten angepflanzt wird. Hier hält sich somit trotz Hitze und Salzgischt, Bodenarmut und Wassermangel eine erstaunlich vielfältige, widerstandsfähige Vegetation.

Mittagsblume *Carpobrotus edulis*

Diese zu den Eiskrautgewächsen gehörende, sehr auffällige Pflanze, die mit ihrem blaugrünlichen, fleischig-wasserhaltigen, dreieckig-zugespitzten Blattgewirr die Küstenfelsen überzieht, kommt eigentlich aus Südafrika. Sie hat sich überall am Mittelmeer eingebürgert. Die auffälligen Blüten werden mehr als handgroß, sind meist leuchtend karminrot, und haben die Eigentümlichkeit, sich erst um die Mittagszeit zu öffnen. Die Pflanze blüht vom Frühjahr bis in den Hochsommer hinein. Da sie hübsch aussieht und Mauern dekorativ überzieht, wird sie auch in Gärten angepflanzt. Es gibt noch andere, ähnliche, kleinblütigere Arten.

Strauchschneckenklee *Medicago arborea*

Dieser mittelgroße Strauch sieht auf den ersten Blick einem Ginsterbusch ähnlich, doch gehört er zu den Schneckenklee-Arten, von denen auf S. 34 ein Strandvertreter vorgestellt worden ist. Er stellt in der Gattung die einzige Art dar, die derartig hohe, buschförmige Wuchsformen erreicht. Die jungen Blätter sind unterseits zart behaart. Die goldgelben Schmetterlingsblüten stehen in köpfchenartigen Trauben. Ebenso charakteristisch wie bei der vorhergenannten *Medicago*-Art, nur größer, sind die Früchte. Die Abbildung zeigt sie im beginnenden Reifezustand. Sie bilden eine mehr als zentimetergroße, flache Spirale von etwa 1,5 Umgängen und lassen in der Mitte ein Loch frei.

Baumwolfsmilch *Euphorbia dendroides*

2 bis 3 m kann dieser kugelige Busch hoch werden, somit das größte Wolfsmilchgewächs des Mittelmeerraumes. Vom Herbst bis zum Frühling ist er zart begrünt, doch bereits ab Mai wirft er seine lanzettförmigen Blätter ab und sieht dann im Sommer aus wie verdorrt (Abb.). Leicht erkenntlich ist er aber auch in diesem Zustand an der Verzweigung seiner Äste. An den Enden hängen meistens noch getrocknete Blattbüschel.

Strandnelke *Limonium sinuatum*

Eine der hübschesten Küstenpflanzen, die sich auf Sand ebenso hält wie im Steingewirr der Küstenfelsen, ist dieser Vertreter der Strandnelkengewächse, den man auch als Widerstoß bezeichnet. Die grundständigen Blätter sind löwenzahnartig geformt; die Stengel sind deutlich geflügelt und tragen an den Flügelsäumen rauhe Haare und Stacheln. Die hellviolett-weißlichen Blüten sind neben einem grünblättrigen noch von einem papierartig-knittrigen, blaugefärbten Kelch umgeben, der seine Farbe behält, wenn der Rest der Pflanze bereits verwelkt ist. Es gibt eine ganze Reihe weiterer *Limonium*-Arten.

Widerstoß *Limonium spec.*

Die nur wenige Millimeter dicken Stengel dieser Pflanze erscheinen wie aus Draht hin und hergeknickt. Am Stengel sitzen kleine Blätter, die kleine, grundständige Rosetten bilden. Die blaßrosa Blüten sind zart, stehen in länglichen Rispen und fallen leicht ab. An Küstenklippen findet man dieses sparrige, drahtige Stengelwerk bisweilen aus den kleinsten Steinritzen herauswachsen, wo man kaum Humus vermutet. Diese »Strandnelke« gehört zu den äußersten Vorposten der Landpflanzen in der salzgichtumsprühten Küstenregion. Es gibt viele Arten dieser Gattung.

Echter Feigenkaktus *Opuntia ficus-indica*

Feigenkakteen sind von Kolumbus aus Amerika eingeführt worden. Heute wachsen sie wild und finden sich oft an der Übergangskante der Küstenfelsen zu der anschließenden Garrigue-Formation. Die großen, fleischigen Stengelglieder sind flachgedrückt und mit unangenehmen Dornen und Haaren büschelig besetzt. Diese Stacheln, nicht die großen, fleischigen Keulengebilde, stellen hier die eigentlichen Blätter dar! Die Blüten stehen an den Kanten der Stengelglieder, wobei die Blütenblätter ringförmig um die Mittelachse angeordnet sind. Die Früchte sind erst grün und werden dann rot-orange. Das Fruchtfleisch ist genießbar, doch schmeckt es nicht sehr gut, enthält viele Kerne und ist erst nach Abschälen der stacheligen Außenhaut zugänglich.

Amerikanische Agave *Agave americana*

Auch diese Pflanze wurde aus Amerika eingeführt und kommt heute – angepflanzt oder verwildert – in der gesamten Mittelmeerregion vor. Die dickfleischigen, bläulich angehauchten Blätter mit den seitlichen Dornen und dem langen, endständigen Dornfortsatz bilden eine mächtige Rosette, die mannshoch werden kann. Die Pflanze blüht nur einmal, frühestens nach 10 Jahren. Im Hochsommer treibt sie ihren meterhohen Blütenstand empor, und zwar in verblüffend kurzer Zeit. Danach stirbt sie ab.

Malcolmie *Malcolmia flexuosa*

Aus den kleinsten, mit etwas Humus gefüllten Ritzen der Kretischen Küstenfelsen treiben diese eigentümlichen Kreuzblütler mit den plattgedrückten, bohnenförmigen Blättern, die leicht eingerollt und fleischig sind, auseinanderstehend behaart und rötlich gefärbt. Sie glänzen lackartig. Die vierzählige Blüte ist außen zartviolett gefärbt, innen weiß und am Übergang zum Kelch sattgelb. Die Blütenblätter sind an der Außenseite herzförmig gebuchtet. An steil abfallenden Felsabschnitten in Meeresnähe gibt es bisweilen keine andere Pflanze als diese speziell angepaßte Art.

Zur Ökologie der Küstenfelsen

Während in den oberen Regionen Bedingungen herrschen, die denen in der Macchia und Garrigue ähnlich sein können, finden sich in den Regionen der Küstenfelsen nahe der Meereslinie besonders ungünstige Umweltbedingungen. Humus ist praktisch nicht mehr vorhanden. Pflanzen wurzeln in den allerkleinsten Felsritzen, auf winzigen Ansammlungen von Verwitterungsschutt, mitunter sogar dort, wo das Meer mit gelegentlichen Sturmfluten Breschen und Löcher geschlagen hat. Die unbarmherzige Sonne des Südsommers läßt die Oberflächentemperatur der Felsen leicht auf 40 bis 50° Celsius steigen. Zudem ist durch die oft hochspritzende Gischt die Luft sehr reich an feinen Wassertröpfchen. Und wo diese niederschlagen und verdunsten, bleibt ein Teppich feinster Salzkristalle. Diese werden vom Regen ausgewaschen und bilden sich wieder neu. So pendelt nicht nur die Temperatur, sondern auch der Salzgehalt an der Gesteinsoberfläche im ewigen Rhythmus zwischen extremen Werten hin und her.

Nur wenige Pflanzen halten diese harten Bedingungen aus. Zu ihnen gehört der Meerfenchel, der mit seinen fleischig-dicken, lanzettlichen Blättern zudem wirkungsvolle Wasserspeicher entwickelt hat (Abb. S. 49). Typisch für diesen Extrembiotop ist ferner der Widerstoß, ein Vertreter der Gattung *Limonium,* von

Rechts: Mit seinem fleischigen, wasserspeichernden Blattwerk vermag der Meerfenchel *(Crithmum maritimum)* in kleinsten Felsritzen zu gedeihen. – Unten: An der Übergangszone zum nackten Fels finden sich immer wieder Geröll- und Sandtaschen, in denen dickblättrige, niederwüchsige Pflanzen gedeihen können, wie diese kleine Composite.

dem winzige Büsche noch in kleinsten Felsspalten wachsen: Auch er ist angepaßt an Humusarmut, Wassermangel, Salz, Gischt und glühende Hitze.
Auch die großblütigen Malvengewächse der Lavateren sind salzresistent. Wind
und Salz vertragen andere Pflanzen zwar auch, wie beispielsweise die Tama-
risken. Doch brauchen diese tiefere Böden und gehen ein, wenn es zu wenig
Wasser gibt. So bleiben in Meeresnähe nur wenige, kleinwüchsige und hochspezialisierte Felsbewohner als zähe Boten der Landflora.

Wie eine Drahtplastik sieht die sommers blattlose Baumwolfsmilch *(Euphorbia dendroides)* aus.

Spritzwasserregion
und Gezeitentümpel

Charakterisierung

Ich sitze auf einem flachen Felsen und betrachte bei geringem Wellengang die Wassergrenze. Die Welt wird immer bunter, je tiefer man den Blick gleiten läßt. Die dunklen Uferfelsen mit den Streuzuckerüberzügen der *Chthamalus*-Seepocken sind am Übergang zur Wasserwelt von den flachen, knallweißen oder zart stumpfvioletten, schüsselflechtenartigen Krusten der *Lithophyllum*-Steinalgen gefleckt. Dazwischen schieben sich Grünalgen und die millimeterhohen, flächigen, ockerfarben-grünlich marmorierten Weichbeläge der Bohrschwämme. Überall die Kegelgehäuse der *Patella*-Napfschnecken und die schwarz gestrichelten Häuser der *Monodonta*-Turbanschnecken. Kleine Kolonien von *Mytilus*-Miesmuscheln und gelegentlich eine eingezogene rote Pferdeaktinie an der Wasserlinie. Da und dort läßt eine *Anemonia*-Wachsrose ihre grünlich bleichen, an den Spitzen bunt gefärbten Tentakel in den Wellen flottieren. Kleine *Clibanarius*-Einsiedlerkrebse ziehen ihre Schneckenhäuser durch die Tümpel und sammeln sich in Mengen auf den trockenfallenden Felsstümpfen.

Wo das Wasser auf Felsplateaus ausläuft und flache Tümpel bildet, überall das zarte Grün der kleinen Büschel des *Ulva*-Meersalats und der *Enteromorpha*-Darmalgen, durchzogen von den langgestreckten, dunkelgrünen Wattebäuschen der *Cladophora*-Zweigalgen. Über der Niederwasserlinie hängen unscheinbare, dunkelbraun angetrocknete Gallertfetzen von Braunalgen herab,

Lithophyllum-Steinalgen (S. 107) und Grünalgen, am Übergang zur Niederwasserlinie.

Oben: Dies mit dem Untergrund verbackene Gehäuse gehört zu einer festsitzenden Meeres-schnecke. Köcher von Röhrenwürmern können ganz ähnlich aussehen.

Unten: In einem trockengefallenen Tümpel hat sich eine Pferdeaktinie, *Actinia equina* (S. 101) abgekugelt.

und die wellenüberspülten Felskuppen sind dicht besiedelt von den sich über-
lappenden Fächerbüscheln des violettlichen Korallenmooses, das bis tief unter
die Wasserlinie vorherrscht und das Bild der Brandungsfelsen so entscheidend
prägt. Auf den Korallenmoosfächerwäldern ungezählte kugelige, stumpfgrüne,
an den Rändern bräunlich erscheinende Wattebüschel der Felsen-Braunalge
(Ectocarpus siliculosus), die den knapp unter der Wasseroberfläche liegenden
Felsplatten die charakteristische goldbräunliche Tönung geben. Hie und da ein
faustgroßes »Heidekrautbüschel« der starrigen *Cystoseira* und Flachbänder anderer, gabelig verzweigter Braunalgen. Weiter unten im Wasser immer wieder
die gelbgrünen Schrumpelbällchen der gebuchteten Braunalge *Colpomenia* und
verschwimmende grünliche Flecken von *Ulva-* und *Enteromorpha*-Grünalgen.
Da und dort ein Steinseeigel *(Paracentrotus lividus)* eingenischt in die Kalkfelsen. Flugs huscht eine grünlich marmorierte *Pachygrapsus*-Rennkrabbe aus
einer Felsspalte und verschwindet im Aufwuchs unter Wasser.

Das ist das Bild der Felszone im Brandungsbereich, wo sich Land und Meer
treffen und die ersten paar Dezimeter sonnendurchfluteter Wasserwelt von
Aufwuchs und Leben strotzen. Weiter unten, schon in einem Meter Tiefe, verlieren sich die starken, bräunlichen, violetten und sattgrünen Farben und machen einem fahlen hellgrünlichen Schimmer Platz. Hier beginnen bereits die
Steingründe der oberen Küstenzone. Ganz anders als die eingangs erwähnten

Im rückflutenden Wasser eines Ebbetümpels eine rötlich-grünliche Wachsrose, *Anemonia sulcata* (S. 81) und Darmalgen der Gattung *Enteromorpha* (S. 83).

Die im nassen Zustand rötlichbraunen Blattlappentange der Art *Taonia atomaria* trocknen rasch zu unscheinbaren Gallertfetzen ein.

Sternseepocken der Gattung *Chthamalus* sind die weiter in Wassernähe zu finden hochragenden Pyramidenstümpfe der Gattung *Balanus* gebaut. Oft sind die Gehäusegrenzen gar nicht mehr wahrnehmbar, und die einzelnen nahezu kreisrunden Öffnungen scheinen sich dann wahllos aus einer Grundmasse zu erheben, die aus hartem, strukturiertem Kalk besteht. Wie hart diese Strukturen sind, weiß jeder, der sich daran schon einmal die Zehen aufgerissen hat. Solchermaßen gepanzert trotzen die Seepocken der allerstärksten Brandung. Seepocken sind extrem umgewandelte Krebstiere – Rankenfüßler.

Stark umgewandelt sind auch die Turbanschnecken. Es lohnt sich, eine *Monodonta* beim Auskriechen zu beobachten, nachdem man sie auf den Rücken gedreht hat. Der zarte, durchscheinende Deckel erscheint konzentrisch gestreift, da sich beim Wachsen außen immer neue Schichten kreisförmig angelagert haben. Nach dem Aufkippen dieses Schalenverschlusses kommt der Weichkörper unglaublich weit heraus, bis er – im wörtlichsten Sinne – »Fuß gefaßt« hat. Mit einem Ruck wird dann die Schale in die deckende Position nachgezogen, und ab geht die Post mit erstaunlichen Geschwindigkeiten bis 1 mm/Sek.

In unermeßlicher Vielfalt bedecken seit Myriaden von Generationen solche und ähnliche Lebensgemeinschaften die Felsküsten der Weltmeere – unverändert seit Jahrmillionen. Und dabei fragt man sich: Wieviele Jahre braucht ein Steinseeigel, um sich eine zentimetertiefe Nische im Kalkgestein auszuhöhlen? Oder: Wieviele hunderttausende Generationen durchlief ein früher Stachelhäuter, bis er sich zur Art »*Paracentrotus lividus*« ausdifferenziert hat?

Krebstiere der Gezeitentümpel und der obersten Wasserschichten

Beim Umdrehen halb überspülter Gesteinsbrocken oder beim Beobachten der Gezeitentümpel findet man am Mittelmeer etwa ein Dutzend häufigere Krebstiere. Fangen lassen sie sich nicht leicht; entweder rutschen sie blitzartig seitlich in eine Gesteinsspalte weg, graben sie sich rasch in den schlammigen Untergrund ein und verschwinden in selbstverfertigten Gängen, oder sie schnellen rückwärts durchs Wasser. Auch die festsitzenden Seepocken sind im übrigen Krebstiere!

Sternseepocke *Chthamalus stellatus*

Wie mit einem dichten, grauweißen Schleier sind die Felsen der oberen Spritzwasserzone mit diesen Seepocken überzogen. Sie sind sehr flach gebaut, breiter als hoch. Ihre Larven schwimmen frei herum. Sie neigen dazu, sich alle in gleichem ökologischem Milieu festzusetzen, eben in der obersten, vom Wellenschlag der Brandung und vom Spritzwasser gerade noch umspülten und erreichten Felsenzone, die frei von sonstigem Aufwuchs ist. Einmal festgeheftet, lösen sie die Verbindung zeitlebens nicht mehr. So kommen die äußerlich kolonieartigen, in Wirklichkeit aber aus lauter eng benachbarten Einzelindividuen bestehenden Seepockenteppiche zustande. Die Öffnung des aus sechs flach gegeneinander geneigten und miteinander verschmolzenen Platten bestehenden Gehäuses vermag das Tier mit fugenlos eingepaßten, kleinen Deckplatten absolut dicht zu schließen. Mit dem kleinen Wasservorrat im Inneren kann es tage-, ja wochenlange Trockenperioden überdauern und hält stärkster Sonneneinstrahlung stand.

Strandassel *Ligia italica*

Asseln sind Krebstiere, die mit umgewandelten Kiemen – die allerdings stets feucht gehalten werden müssen – Luftsauerstoff atmen. Mit dieser Methode haben sie das Land erobert. Die meisten Asseln lieben allerdings feuchte Regionen oder kommen nur dann gerne aus ihren Erdritzen und Verstecken unter Steinen, wenn die Luft nicht zu warm und zu trocken ist. So bevorzugt auch *Ligia* die feuchtkühlen Morgen- und Abendstunden. Dann allerdings bevölkern die Klippenasseln oft in Scharen die Küstenfelsen und Ufermauern. Die etwa zentimeterlangen, längsovalen, flinken Tiere mit den charakteristischen, gegabelten Schwanzanhängen und den etwa körperlangen (zweiten) Antennen kommen bis zur Wasserlinie vor. Vor der steigenden Flut weichen sie in höhere Regionen aus. Die Abb. zeigt *Ligia oceanica,* die der aufgeführten Art sehr ähnlich ist.

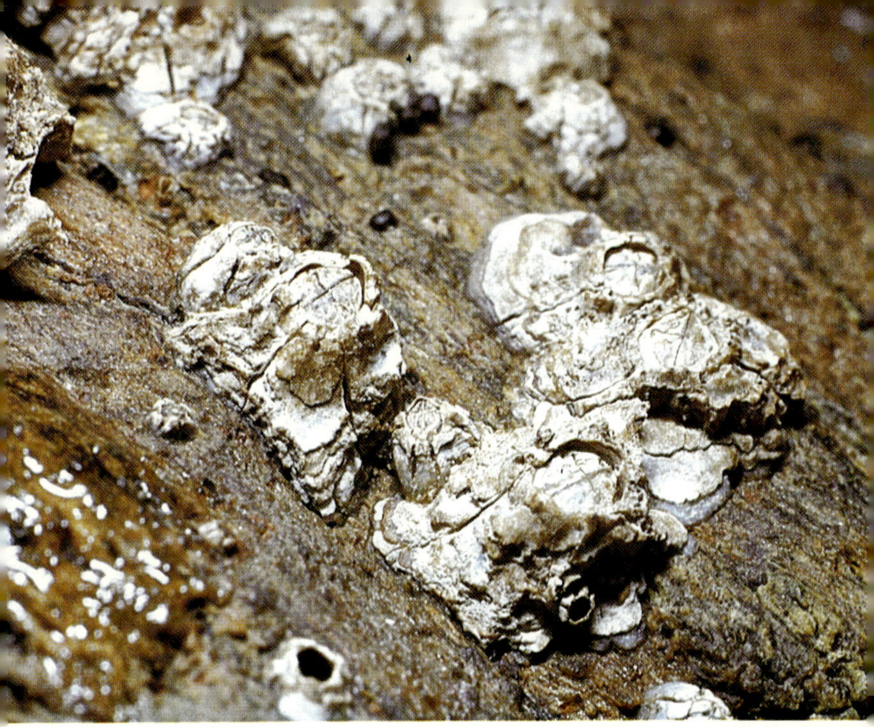

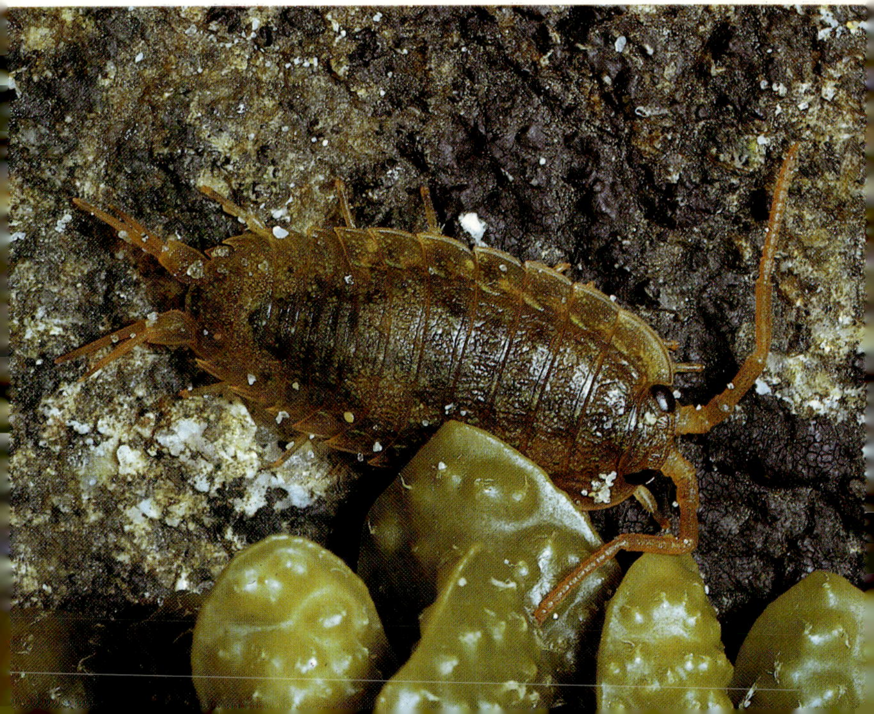

Felsküsten-Einsiedlerkrebse *Clibanarius misanthropus*

Vor allem in Turbanschnecken-Gehäusen findet sich diese zu den kleinsten Einsiedlerkrebsen gehörende Art häufig an der oberen Küstenzone und in Gezeitentümpeln. Bei jeder kleinsten Störung zieht sich der Einsiedler in sein Gehäuse zurück, streckt aber bald wieder Fühler und Beine heraus und transportiert seine Muschel ruckweise voran. Klopft man diese vorsichtig auf, so ist unschwer zu erkennen, warum der Krebs eines schützenden Gehäuses bedarf: Sein hinterer, sackförmiger Körperabschnitt ist vollkommen ungepanzert, ist zarthäutig (Abb. oben). In seiner geschnirkelten Form ist er genau an das Lumen des Schneckengehäuses angepaßt. Die vorderen Beinpaare sitzen sinnvollerweise alle so in der Brustregion an, daß sie schräg nach vorne weisen; sie müssen ja aus dem Gehäuse ragen können (Abb. unten). Eine Seitstellung kann hier nichts nutzen. Das erste Paar trägt die Greifscheren zur Nahrungsaufnahme und Verteidigung. Bei unserer Art sind sie links und rechts gleich groß, etwa 4–5 mm lang. Die langgestreckten zweiten und dritten Beine enden in Gliedern mit harten, spitzen Greifklauen. Sie dienen der Verankerung und Fortbewegung. Das vierte und fünfte Beinpaar schließlich ist klein und endet jeweils in einem breiten, seitlich stark beborsteten Glied. So besitzt unser Einsiedler fünf Brustbeinpaare und weist sich damit als echter zehnfüßiger Krebs (»Decapode«) aus. Am Ende des weichen Hinterleibs sitzt ein kräftiger, harter Hakenapparat (der umgewandelte Endfächer), mit dem der Krebs sich im Schneckenhaus verankert. Will man ihn zu rasch herausziehen, so zerreißt er eher, als daß er losläßt. Das mit Sinnesorganen für mechanische und chemische Reize besetzte erste Antennenpaar ist mehr als doppelt so lang wie das zweite und in steter tastender Bewegung; die Augen sind langgestielt: Anpassungen an eine Prüfung des weiteren Vorfelds.

Die Einsiedler fressen, was sie überwältigen können, versammeln sich gerne auch an Aas. Die vorliegende Art ist mit Fleisch- und Fischstückchen gut über längere Zeit im Meerwasseraquarium zu halten. Antennenpaare und Augenstiel sowie Beinspitzen sind rot gefleckt; der Körper ist bräunlich-grün; die Extremitäten weisen rötliche und bläuliche Flecke auf.

Wenn der Einsiedler wächst – und das geschieht ausnahmslos kurz nach der Häutung, solange der neue Panzer noch nicht erhärtet ist – muß er umziehen. Er sucht sich dazu eine neue, etwas größere Schneckenschale, die er ausgiebig betastet und reinigt. Der eigentliche Umzug geschieht dann vergleichsweise blitzschnell, oft in wenigen Sekunden. Dies sind die gefährlichsten Situationen, denn der ungeschützte Hinterleib ist eine begehrte Beute für Krabben, selbst für Artgenossen. Wenn man den Einsiedler vorsichtig aus seinem Gehäuse zieht oder klopft, und in einer flachen Wanne – z. B. der umgekehrten Taucherbrille – daneben setzt, wird er augenblicklich wieder im Rückwärtsgang einschliefen. Man kann ihm auch unterschiedlich große Schalen zur Auswahl bieten und zusehen, wie er sie durch Betasten prüft. Füllt man sie boshafterweise vorher mit Sand, so kann man den Krebs vor dem Einzug beim Hausputz beobachten. Mehrere nackte Einsiedler streiten sich gelegentlich um das beste Gehäuse: eine Arena im kleinen!

Maulwurfskrebs *Upogebia spec.*

Auf Schlammgrund oder dort, wo Sand, Schlick und Zerreibsel von Muschel-schalen die Gezeitentümpel 10 oder 15 cm hoch ausfüllen, sieht man regelmä-ßig runde Löcher von Bleistift- bis Pfenniggröße im sandigen Grund. Oft liegt davor ein »Auswurfberg« von Sand und grauschwarzem Schlick. Gelegentlich strudelt eine Wasserfontäne mit feinen Schwebeteilchen heraus, ein Zeichen, daß da unten am Grund jemand bläst. Nun werfen wir ein Steinchen, besser noch einen kleinen, zappelnden Einsiedlerkrebs hinein. Sieh an, bald wird der Eindringling hochgehoben und von zwei ruppig behaarten, etwa gleichgroßen Scherenbeinen vorsichtig am Rand verstaut. Der Röhrenbauer ist also ein Krebstier. Er kommt aber tagsüber nie ganz heraus. Nur mit einem entschlossen hinter dem »Schiebeberg« eingestochenen Messer oder flachgeklopften Zelt-hering kann man ihn einmal herausheben: den kleinfingerlangen Maulwurf-krebs, von dem es im Mittelmeer drei Arten gibt. Sein Kopfbruststück läuft nach vorne schmäler aus: eine gute Anpassung an die grabende Lebensweise. Weitere Anpassungen: Das Schwanzende wird nach unten eingeschlagen (günstig für das Rückwärtskriechen in den engen Röhren!), und die Scherenbeine sowie die ersten Gangbeine sind abgeplattete Sandschaufeln. Hat man einen Maulwurfskrebs glücklich herausgepult, so ist man über die Größe des füllhalterdicken Tieres erstaunt: 5 bis 6 cm. Auffallend ist die starke, seitständige Be-haarung und Bewimperung der Scherenbeine und der vorderen, leicht abge-flachten Laufbeine sowie des außerordentlich verbreiterten und abgeplatteten Hinterleibsendes und der untergeschlagen getragenen Schwanzflosse. Man kann sich wohl vorstellen, wozu der Maulwurfskrebs diese Einrichtungen nötig hat: zum Sandschieben beim Graben, zum Auswärtsstrudeln des sandhaltigen Wassers. Mit den ruderblattartigen Hinterbeinen kann er wohl auch einen Wasserstrom in seiner Röhre fabrizieren, mit dem immer neues, sauerstoff-reiches Oberflächenwasser nachkommt.

Die Kiemen sitzen seitlich an der Brustregion. Ihre feinen Blättchen dürfen nicht verschmutzen. Sie sind denn auch von zwei dünnen und ein wenig ab-klappbaren halbelliptischen Schalen umhüllt und können mit den Sandwänden nicht in Berührung kommen. Langgestreckt wie der ganze Krebs sind seine Scheren, die sich durch ein langes, fingerförmiges oberes Glied und ein kur-zes zartweißes unteres auszeichnen. Damit kann der Maulwurfskrebs dann wie mit einer Chirurgenzange kleine Gegenstände erfassen. Mit dem riesigen Schwimmfächer am Hinterleibsende kann er sich bei Gefahr nach unten kata-pultieren; blitzartig verschwindet er so in seinem Loch. Insgesamt also eine vor-zügliche Übereinstimmung zwischen Körperbau und Lebensweise, wie man sie gerade bei stark abgewandelten Formen immer wieder besonders gut studieren kann.

Außer den weiß-grünlichen *Upogebia*-Arten mit ihren gleichgroßen Scheren gibt es noch eine weitere grabende, mehr rötlich gefärbte Krebsart, die auch als »Maulwurf« bezeichnet wird: *Callianassa subterranea.* Ihre Scheren sind sehr unterschiedlich groß und kräftig.

Große Felsgarnele *Leander squilla*

In den flachen Tümpeln, die das nur etwa 30–40 cm absinkende Niedrigwasser der Ebbe auf umspülten Flachfelsen zurückläßt, bemerkt man eine Vielzahl kleiner, fast durchsichtiger Garnelen. Die größte, die Sägegarnele *(Leander serratus),* erreicht mindestens 5 cm reine Körperlänge, ist aber nicht die häufigste. Sie verbirgt sich tagsüber gerne unter Steinen. 2–3 cm große Exemplare der genannten Art oder anderer Arten der gleichen Gattung wird man dagegen regelmäßig umherschwimmen sehen. Mit den Händen sind diese kleinen Garnelen schwer zu fangen, da sie durch äußerst rasches Unterschlagen des gespreizten Schwanzfächers blitzschnell rückwärts davonschießen können. So springen sie auch leicht aus Schüsseln und Beobachtungsschalen heraus (mit 30facher Erdbeschleunigung(!), wie wir gemessen haben). Sonst sind sie durch eine eigenartige Fortbewegungsweise gekennzeichnet: halb laufen sie, halb gleiten sie geradeaus oder seitwärts dahin. Ihr Körper ist an vielen Stellen durchsichtig oder doch durchscheinend. Auffallend sind nur die dunklen Augen und die feinen rötlichen oder bläulichen Streifen und Flecken an Rumpf und Extremitäten. Man wird nicht müde, diesen scheinbar mühelos dahinschwebenden, gläsernen Garnelen zuzusehen. Brustbeine, Mundbeine und Mundwerkzeuge entsprechen dem Bauplan der höheren Krebse und sind prinzipiell in gleicher Anzahl vorhanden wie beispielsweise bei den Krabben (vergl. Rennkrabbe, S. 65), nur entsprechend der unterschiedlichen Lebensweise und Nahrungsaufnahme in ganz andersartiger Ausgestaltung. Doch tragen bezeichnenderweise bei den Garnelen die beiden vorderen Brustbeine feine Scheren, und nicht nur das erstere eine kräftige Zange. Die ersten Antennen sind mehr als körperlang. Der Hinterleib ist ausgestreckt, und seine mit feinen Fächerhaaren besetzten zweiästigen Beine schlagen frei. Das geschieht so rasch, daß man die Bewegungen mit dem Auge gar nicht verfolgen kann. Mit diesen feinen Rudern schwimmen die Garnelen scheinbar mühelos und schwebend voran und zur Seite. Bei den Weibchen hängen an den Hinterleibsbeinen die Eier, so daß sie beim Schlagen stets mit frischem Wasser umspült werden.

Umzeichnung von drei Zeitlupen-Filmbildchen des »Schnickssprungs« einer Felsgarnele. Der Bildabstand beträgt ungefähr 1/150 Sekunde.

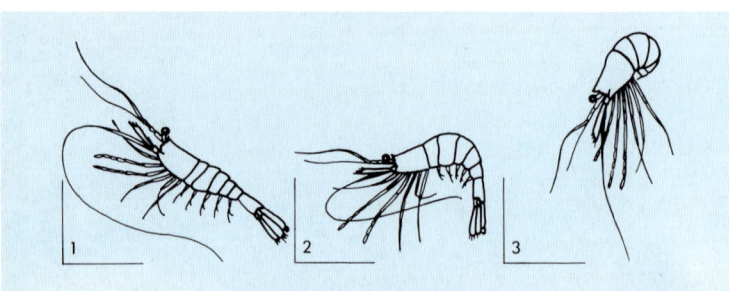

Rennkrabbe *Tachygrapsus marmoratus*

Die »Marmorierte« trägt ihren Namen mit Recht. In stoßweisem, seitlichem Lauf schiebt sie sich vorsichtig aus Ritzen und Spalten am Rand der Gezeitentümpel heraus, bei Störung geradezu unwahrscheinlich rasch über offenes Gelände rennend, um wieder in einer Spalte zu verschwinden. *Tachygrapsus* kann das Wasser verlassen und einige Zeit an Land verbringen, solange die Kiemen nicht austrocknen. Kaum pfenniggroß sind die kleinsten Exemplare, während die größten gerade auf einer Kinderhand Platz finden. Grünlich-bräunlich ist die Grundfärbung, mit »körperauflösender« Tarnung kräftig fleckenartiger Marmorierung auf den Beinen und einer feineren Querstreifung vorne am schildförmigen Kopfbruststück, die weiter hinten in Flecke und Punkte übergeht. Der Rückenschild scheint auf den ersten Blick quadratisch, ist aber leicht trapezförmig, hinten etwas schmäler als vorne. In Ebbetümpeln finden sich regelmäßig größere abgestorbene Exemplare oder Häutungsrückstände, eine gute Möglichkeit, den äußeren Bau eines solchen Krebstiers einmal etwas genauer anzusehen.

Krabben sind zehnfüßige Krebse, deren Hinterleib charakteristischerweise auf die Bauchseite umgeschlagen ist. Augen und erste Antennen können in Nischen eingelegt werden, ebenso die Mundwerkzeuge. Wenn man einen solchen Krabbenrumpf zwischen den Fingern dreht, so fühlt er sich ganz glatt und homogen an, obwohl außer Augen, Antennen und Mundwerkzeugen noch die Beinansatzstellen und die Hinterleibssegmente in Rumpfnischen eingelegt sind. An weitgehend verwitterten Exemplaren sieht man diese vielfältigen Vertiefungen sehr deutlich. Sehen wir uns die Beine an: Die recht flachen vier hintersten Paare enden in kräftigen, spitzen Haken. Das sind die Laufbeine; die eine Seite zieht, die andere schiebt beim Seitwärtslaufen. Das vorderste Brustbeinpaar trägt die Scheren. Grundsätzlich weist ein Bein sechs Glieder auf. Durch unterschiedliche Kontraktion der im Rumpf und in den einzelnen Gliedern sitzenden Muskeln können die Beinspitzen in alle nur denkbaren Raumrichtungen bewegt werden.

Nach vorne schließen sich drei Paare kleiner, umgewandelter Extremitäten an, die bei der Nahrungsaufnahme Verwendung finden (»Mundbeine«), und die man mit einer Nadel oder einem Dorn aus ihren Vertiefungen klappen kann. Es sind mehr oder minder flache Gebilde, deren Zusammenspiel man verfolgen kann, wenn man eine Krabbe bei der Nahrungsaufnahme beobachtet. Schließlich besitzen alle Krabben drei Paar eigentliche Mundwerkzeuge, ein Kaukieferpaar (Mandibel) und zwei Kieferpaare zum Zureichen und Halten der Nahrung (Maxillen). An bereits weitgehend zersetzten Exemplaren lassen sich alle diese mit Augen und Antennen insgesamt acht Paare beweglicher Teile leicht aus dem Verband lösen, und man bekommt, auch ohne jedes beim Namen nennen zu können, einen Eindruck von ihrer faszinierend ausgeklügelt erscheinenden räumlichen Lagerung.

Den Hinterleib kann man mit dem Fingernagel abklappen und nach unten biegen. Es erscheinen dann die verborgen liegenden Paare feiner, zweiästiger Abdominalbeine. Ist der Hinterleib spitz, so haben wir ein Männchen vor uns.

Strandkrabbe *Carcinus maenas*

Das ist eine der häufigsten Krabben, die besonders auch an Hafenmauern und Hauswänden hochsteigt und nicht eben scheu ist. Ihr Kopfbruststück ist vorne leicht gerundet und trägt an jeder Seite fünf nach vorne gezogene Fortsätze. Die Grundfärbung ist ein schmutziges Grün oder Gelblichgrün. Die Spitzen der Scheren und der Laufbeine sind braun. Die Laufbeine sehen gleichartig aus und sind – abgesehen von den drei letzten Gliedern der hintersten Beine, die seitlich beborstet aussehen – glatt. Auf Fischmärkten werden diese Krabben bisweilen körbeweise billig angeboten.

Graue Steinkrabbe *Xantho hydrophilus*

Diese grünlich-graue, etwa 4 cm große, besonders »in die Breite gezogene« Krabbe hebt sich in der Färbung kaum vom Schlickgrund der Gezeitentümpel ab und kommt auch ungern ans Licht. Beim Steinedrehen wird man sie regelmäßig finden. Kennzeichnend sind die kleinen, hinteren Laufbeinpaare und die vergleichsweise kräftigen Scherenbeine, von denen das rechte besonders massiv ist. Die Scherenregion ist als charakteristisches Merkmal meist dunkelgrau bis schwarz gefärbt.

Gelbe Krabbe *Eriphia spinifrons*

Dies ist die größte Krabbe, die man beim Umdrehen von Steinen oder in Nischen direkt unter dem Wasser liegender Felsen finden kann. Sie wird insgesamt bis 10 cm breit. Abends wird sie munter. Die Grundfärbung ist charakteristisch schmutzig-gelbgrau. Die Beine, auch die Scherenglieder, sind kräftig beborstet.

Schwimmkrabben *Portunus spec.*

Gelegentlich wird sich auch eine der acht mittelmeerischen Schwimmkrabbenarten in den flachen Buchten finden, die direkten Zugang zum freien Wasser haben. Die Schwimmkrabben sind unverkennbar durch ihr ruderartig umgestaltetes, stark abgeflachtes und randständig bewimpertes hinterstes Brustbeinpaar. Normalerweise laufen sie mit den übrigen Beinen seitwärts, wie alle Krabben. Mit wirbelnden, blitzschnellen Bewegungen der hinteren Schwimmbeine können sie sich aber auch kurzfristig mit unerwartet hoher Geschwindigkeit durchs Wasser propellern. Wie sie das machen, ist biomechanisch noch ganz unbekannt. Man kann aber vermuten, daß die Schwimmbeine Auftriebskräfte senkrecht zur Bewegungsrichtung erzeugen, tatsächlich wie ein echter Propeller.

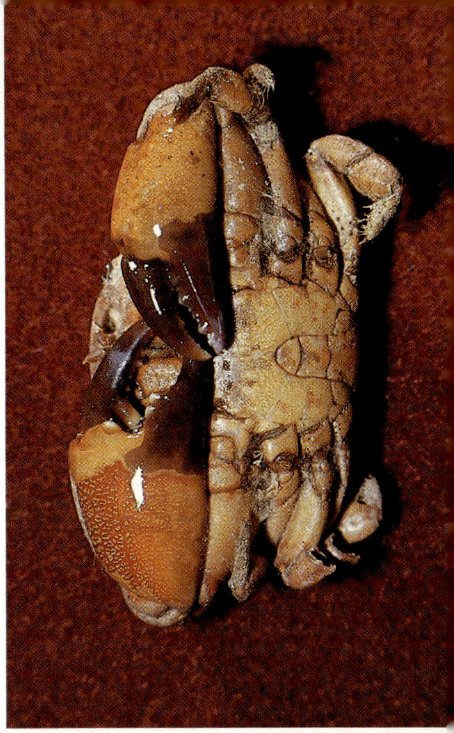

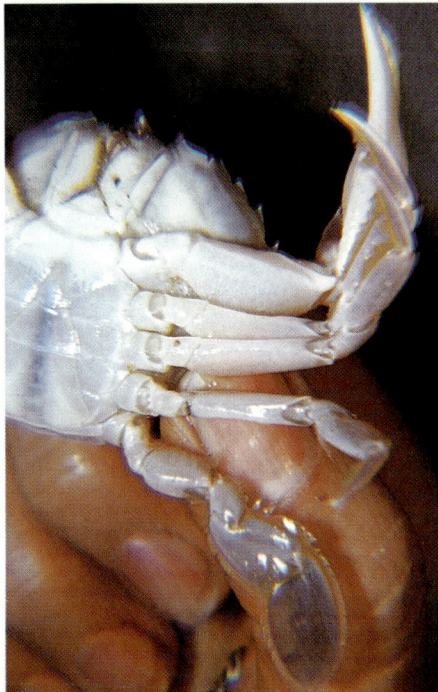

Graues Porzellankrebschen *Porcellana platycheles*

Das Graue Porzellankrebschen ist eines der unscheinbarsten Krebstiere, die man beim Umdrehen von Steinen in der Spritzwasserzone finden kann. Höchstens markstückgroß und unauffällig grau gefärbt, fällt es oft erst durch seine Bewegung auf. Die Scherenglieder sind vergleichsweise sehr groß, flach und außen stark beborstet. Sie werden – wie das ganze Tier – fest an den Untergrund angelegt. Das Krebschen sitzt meist längere Zeit unbeweglich unter Steinen und strudelt sich mit den Mundwerkzeugen Wasser herbei, von dessen Schwebestoffen es sich nährt.

Schwarzes Porzellankrebschen *Porcellana longicornis*

Viel kleiner als das Graue und durch seine unbehaarten, langgestreckten Scherenglieder gekennzeichnet ist das Schwarze Porzellankrebschen. Beim Steinedrehen im Flachwasser wird man es sicher finden. Es kommt auch in etwas tieferen Regionen vor.

Mittlerer Springkrebs *Galathea intermedia*

Das ohne Schere bis 1 cm lange, orangerot und gelblich quergestreifte, auf den Extremitäten gefleckte Krebschen mit seinem untergeschlagenen Hinterleib sieht fast wie ein Miniaturflußkrebs aus und findet sich nicht selten beim Steinewälzen dicht unter der Wasseroberfläche. In Pflanzenbeständen dagegen geht es tiefer hinunter. Es gibt mehrere, kleine bis mittelgroße Arten, die sämtlich ähnlich bunt erscheinen und ihren Hinterleib fast nach Garnelenart unter dem Kopfbruststück eingebogen tragen. Wie der deutsche Gattungsnahme besagt, können sie gut springen.

Seesterne der Ebbe- und Gezeitenregion

Von den drei seesternartigen Klassen der Stachelhäuter – Seesterne, Schlangensterne, Haarsterne – wird man Vertreter der beiden ersteren unter Steinen und in Felsnischen der obersten Brandungszone, ja selbst in Gezeitentümpeln finden. Alle zeichnen sich durch eine fünfstrahlige Symmetrie aus. Bei den Seesternen sind die fünf Arme nur in langsamem Schneckentempo beweglich, die Schlangensterne kriechen damit behende wie ein Regenwurm. Die Haarsterne schließlich können mit ihren gefiederten Doppelarmen rasch auf- und abschlagen und so im Wasser herumtanzen. Die folgenden Arten wird man immer wieder zu Gesicht bekommen.

Seesterne der Ebbe- und Gezeitenregion

Einführender Text s. S. 68

Fünfeckstern *Asterina gibbosa*

Der kleine, bis 5 cm messende, schmutzig-gelbliche oder -grünliche, schwach gekerbte Seestern sieht wie ein Weihnachtsplätzchen aus. Er ist ein Zwitter. Beim Umdrehen von Steinen wird man ihn im Flachwasser sicher finden, auch an Hafenmauern kann man ihn kriechen sehen.

Purpurseestern *Echinaster sepositus*

Der charakteristisch tiefrote (der deutsche Name Purpur- ist sehr irreführend) Seestern ist ganz unverkennbar. Er erreicht an die 20 cm Spannweite und ist auffallend tief gelappt, so daß seine zentrale »Scheibe« recht klein erscheint. Direkt an die Oberfläche kommt er selten, doch kann man ihn bereits in hüfttiefem Wasser über Steingrund finden und wird ihn, seiner auffallenden Farbe wegen, eher entdecken als manche häufigere Art. Bitte zurücksetzen und nicht an Land vertrocknen lassen! Seine schöne Farbe behält er nicht auf Dauer.

Zerbrechlicher Schlangenstern *Ophiothrix fragilis*

Nicht selten steigt der überraschend bewegliche, kleine Seestern mit den einige Zentimeter langen, kräftig bestachelten Armen in die Region der Wasser-Luft-Grenze und verirrt sich dann auch in Gezeitentümpel. In der Färbung äußerst variabel besitzt er eine bräunlich-graue bis grünliche Grundfarbe. Charakteristisch ist, daß sich die kleine Rumpfscheibe (Durchmesser unter einem Zentimeter) zwischen den Armen etwas vorbuckelt, so daß sie wie ein fünfstrahliger Miniaturstern aussieht. Mit schlängelnden Bewegungen der fünf Arme vermag er überraschend behende und rasch zu kriechen. Da er sich mit seinen Saugfüßchen auch an senkrechten, glatten Wänden bewegen kann, entweicht er immer wieder aus Fanggefäßen und kann selbst einige Meter über Land wandern, bis er wieder Wasser findet.

Brauner Schlangenstern *Ophioderma longicauda*

Die dunkel bräunlich-grünlichen, bisweilen ringelig gefleckten runden Arme können über 10 cm lang werden. Der weiche Rumpf ist vergleichsweise klein (Durchmesser 2,5 cm) und besitzt eine lederartig gekörnte Oberfläche. Diese große Form klettert nicht selten aus den Gesteinsgründen der oberen Küstenzone die Felswände hoch und versteckt sich im flachsten Wasser unter Steinen. Die Abbildung zeigt ihn im Schattenriß.

Schnecken an überspülten Felswänden und in Gezeitentümpeln

Einige Schnecken wird man mit Sicherheit finden, häufig in großen Individuenzahl: so die großen Napf- und Turbanschnecken, aber auch die winzigen Zwergstrandschnecken, die zu Mengen in den Felsritzen liegen, so daß es aussieht, als ob dort eine Schrotpatrone ausgelaufen wäre. Andere sind in lebendem Zustand seltener zu finden; ihre Häuser werden aber von den kleinen Einsiedlerkrebsen immer wieder aufgesucht und aus den Algengründen in die Spritzwasserregion hochverfrachtet, wo sie dann in Mengen herumliegen.

Napfschnecke *Patella coerulea*

Keine Felsküste, an der die bis zu 4 cm großen, unregelmäßig ovalen Schnecken mit den pyramidenförmigen Gehäusen nicht zu hunderten den Ufersaum besiedeln. Ähnlich wie bei den *Chthamalus*-Seepocken ist die Gehäuseform so beschaffen, daß auch die stärkste Brandung keine Angriffsfläche findet. Die Schnecken sind aber auch außerhalb des Wassers zu finden, an Steinen, die bei Ebbe trocken fallen. Scheinbar unbeweglich sitzen sie da, wie anzementiert. Kommt allerdings die Flut, so lösen sie sich von ihrem angestammten Platz und wandern langsam umher. Besonders abends beginnen sie mit ihren Ausflügen. An den Rändern flacher Gezeitentümpel kann man sie auch tagsüber wandern sehen, wenn man sich auf den Bauch legt und geduldig beobachtet. Ihren Schalenpanzer heben sie dabei einen knappen Millimeter vom Boden ab; rings herum ist dann ein zarter, mit weißen Spitzen besetzter Gewebesaum zu sehen. Mit dem tastenden Finger kann man sie eine Spur verschieben; sofort saugen sie sich aber fest. Wenn man allerdings ein vorsichtig seitlich angesetztes Messer mit einem Ruck unterschiebt, kann man sie ohne weiteres abheben. Bei einem festgesaugten Tier dagegen braucht man sehr beachtliche Kräfte, um es los zu bekommen – wenn nicht vorher die Messerklinge kaputt geht. Auf den Rücken gedreht enthüllt die Schnecke ihren Haltemechanismus: ein mehrere Quadratzentimeter großer Saugfuß, der fast die gesamte untere Schalenöffnung ausfüllt. Der stets unter der Schale verborgen bleibende Kopf mit den Fühlern und der raspelzungenbewehrte ovale Mund kennzeichnet das Tier als Schnecke.

Napfschnecke *Patella lusitanica*

Diese charakteristische und auffallende Schnecke besitzt eine steilere Schale und ist etwas größer als die vorher genannte Art. Die Abb. unten links zeigt die Schaleninnenseiten.

Schlitzschnecke *Diodora apertura*

Der frühere Gattungsname *Fissurella* (»die Schnecke mit dem kleinen Spalt«) nahm auf diese morphologische Eigentümlichkeit Bezug. Die Schnecke auf der Abb. unten rechts hat sich links an der Glaswand der Fotoküvette festgesaugt; der Mantelrand ist abgehoben.

Turbanschnecke *Monodonta turbinata*

In ihrer Schalenform ähnelt die Turbanschnecke den allbekannten kleinen Landschnecken. Wie bei diesen gibt es neben genabelten auch ungenabelte Arten, beispielsweise die bis knapp 2 cm große und bis weit in die Spritzzone hochsteigende *Monodonta turbinata*. Diese größere Art ist auf schmutzig-grünlichem Untergrund unregelmäßig-spiralig schwarz gefleckt und an dieser charakteristischen Färbung leicht zu erkennen. Sie besitzt einen kreisrunden, hornigen Deckel, mit dem sie die Schale verschließt, wenn sich der Weichkörper ganz zurückgezogen hat. Leere *Monodonta*-Gehäuse finden sich in den Spritzwassertümpeln kaum. Fast stets beherbergen sie einen kleinen Einsiedlerkrebs als Untermieter.

Kreiselschnecke *Gibbula spec.*

Es gibt eine Reihe ähnlicher Arten, die sich durch mittlere Größe, meist undeutlich getrennte Umgänge sowie zarte, strichelförmige Zeichnungen auszeichnen. Kreiselschnecken sind somit ähnlich gefärbt wie die Turbanschnecken, doch etwas kleiner; ihre Unterseite ist flacher. In jedem Andenkengeschäft kann man mehr oder minder schön mit Muscheln und Schnecken beklebte Vasen und Figuren oder aus Schneckenhäusern zusammengefädelte Halsketten kaufen. Die kleinen, rundlichen »Perlmuttschnecken« sind dabei stets bunte Kreiselschnecken *(Gibbula adriatica)*, von deren Schalen man die Außenschicht abpoliert hat.

Zwergstrandschnecke *Littorina neritoides*

In Massen finden sich diese kaum mehr als halbzentimeterlangen, dunkelbraun bis bläulich-grünlichen Schnecken mit der angedeuteten Spiralbänderung oberhalb der Gezeitenzone an und in Gesteinsspalten. Der letzte Umgang ist auslandend-bauchig. Bisweilen sieht es aus, als hätte man etwas zu kleine Erbsen ausgestreut. Kräftige Sonneneinstrahlung kann den Tieren in Ruhestellung wenig anhaben. Wenn es feuchter wird, kommen sie heraus und weiden den feinen Algenbewuchs (meist Blaualgen) der spritzwasserumspülten Felsen ab.

Dreieckswurmschnecke *Vermetus triqueter*

Es gibt auch festgewachsene Schnecken. Gerade an den Rändern nicht zu flacher, brandungsnaher Felsentümpel, besonders aber an der Unterkante der Steinalgentrottoirs der obersten Wasserzone, findet man immer wieder ihre etwa markstückgroßen, sehr unregelmäßig-flachgeschnirkelten Gehäuse. Sie sind oben ganz leicht gekielt und erscheinen deshalb im Querschnitt angedeutet dreieckig, daher der Artname *triqueter*.

Schneckengehäuse von Einsiedlerkrebsen

Auf den Buckeln algenüberwachsener, bei Ebbe eben noch von den Wellen um-
spülter Steine sammelt sich oft in engster Nachbarschaft eine bunte Gesell-
schaft von Dutzenden von Einsiedlerkrebsen, die in rundlichen oder langgestreckten kleinen Schneckengehäusen hausen. Solange sie lebten, hatten sich
die Schnecken meist in der Brandungszone oder oberen Küstenzone aufgehal-
ten. Von den Einsiedlern – häufig *Clibanarius misanthropus* (Abb. S. 59) – werden die Schalen dann weiter nach oben bis an die Luftgrenze verfrachtet. Man
findet so die charakteristischen Wasserschnecken viel leichter und häufiger als
beim Schnorcheln und Beobachten ihres eigentlichen Lebensraums. Es sind immer wieder die gleichen Arten, manchmal in vorzüglichem Erhaltungszustand,
häufig aber abgeschliffen oder von Steinalgen überwachsen. Es lohnt sich, einmal zwei Dutzend gleichartiger Schneckenhäuser nebeneinanderzulegen, um
ihre Variation und ihren Erhaltungszustand zu vergleichen. Die häufigsten
Schneckengehäuse sind die folgenden: Turbanschnecke (*Monodonta turbinata,*
S. 75) Kreiselschnecken (*Gibbula spec.* S. 75) und die auf S. 76 bis 79 abgebildeten Arten, nämlich Stachelschnecke *(Ocenebra erinacea),* Täubchenschnecke
(Columbella rustica), Netzreusenschnecke *(Nassa reticulata),* Kegelschnecke
(Conus mediterraneus) sowie die Nadelschnecken *Cerithium vulgatum* und *Cerithium rupestre.* Seltener ist die schöne Spritzkreiselschnecke *(Ziziphinus granu-
latus).*

Stachelschnecke *(Ocenebra erinacea).* Das Bild zeigt einige kleinere, teils abgeschliffene
Gehäuse unterschiedlichen Erhaltungszustands.

Oben: Täubchenschnecke *(Columbella rustica)*. Die rund 2 cm langen Gehäuse mit schmal aus-gezogener seitlicher Mündung sind glatt und bräunlich-rötlich marmoriert.

Unten: Netzreusenschnecke *(Nassa reticulata)*. Die bis zu 3 cm langen Schnecken mit hell-weißlicher, weit ausgeschlagener Mündung tragen ein kräftiges Riefenmuster.

Kegelschnecke *Conus mediterraneus*

Die Gattung *Conus* wird in der Literatur kennzeichnenderweise als »doppeltkegelförmig« beschrieben. Die seitliche Mündung ist stets sehr schmal und lang ausgezogen. Sie trägt bei der vorliegenden, außen auf gelblich-weißem Grund schön bräunlich genetzten Art eine Reihe weißer Zähnchen. Die hübschen Gehäuse werden etwa 2,5 cm lang. (Das abgebildete Tier ist mit violetten Steinalgen bewachsen.) Die größeren Arten der tropischen Meere sind des Sammlers Stolz und werden bisweilen horrent hoch bezahlt. Ihre Beutetiere lähmen diese Schnecken durch Stiche giftgefüllter Stilette. Die großen Südseeformen sollen auch dem Menschen gefährlich werden.

Spitzkreiselschnecke *Zizyphinus granulatus*

In Form und Größe ähnelt das Gehäuse den *Monodonta*- und *Gibbula*-Arten, nur ist es spitzer ausgezogen und trägt auf gelblich, oft grünlich, bisweilen auch bläulich-rot angehauchtem Untergrund zarte weinrote Flecken in unregelmäßigen Längsreihen. Die Oberfläche ist fein gekörnelt. Lebende derartige Schnecken wird man beim Schnorcheln selten sehen; sie kommen meist in den tieferen Regionen vor.

Nadelschnecke *Cerithium vulgatum*

Größere Einsiedlerkrebse leben oft in diesem ganz charakteristischen spitzkegeligen, bis 5 cm langen, kräftig skulpturiertem Gehäuse mit seinem herumlaufenden Spiralband dunkler Noppen und Wülste. Häufig sind diese Schnecken so sehr mit Aufwuchs – Steinalgen, Moostierchen, Seepocken – bewachsen, daß von dem zart bräunlich genetzten Untergrund wenig mehr zu sehen ist. Lebend wird man diese Schnecken erst in größerer Tiefe antreffen. Beim Auskriechen schiebt das Tier seinen Gehäusedeckel vor sich her.

Kleine Nadelschnecke *Cerithium rupestre*

Diese der letztgenannten Art nahe verwandte, etwa halb so große Art findet sich regelmäßig knapp unterhalb der Wasserlinie. Ihre Schale wird ebenfalls gerne von Einsiedlern bewohnt. Sie ist bauchiger und dicker genoppt als ihr größerer Verwandter.

Sonstige Tiere im Spritzwasserbereich

Auffallend sind neben Seepocken und Moostierchen besonders die massenhaft
vorkommenden Gehäuse einiger festsitzender Würmer sowie die charakteristischen wächsern-grünlichen Klebearme der Wachsrosen, festsitzender Hohltiere.

Posthörnchenwurm *Spirorbis spec.*

Myriaden von winzig kleinen »Schneckenschalen« – 1 bis 3 mm große Flachge-
bilde mit kaum einem einzigen Umgang – bevölkern Felsbrocken, Steine,
Schneckenhäuser und Algen in den Gezeitentümpeln. Was wie ein Miniatur-
schneckenhaus aussieht, ist tatsächlich das Gehäuse eines festsitzenden, vielborstigen Wurmes. Der gut gewählte Gattungsname *Spirorbis* bedeutet »Kreis-
spirale«. Auf den »Blättern« der hier abgebildeten Kriechsproßalge (*Caulerpa
prolifera*) sind einige dieser hellen, punktförmigen »Schneckenschalen« zu
sehen.

Dreieckswurm *Potamoceros triqueter*

Wie *Spirorbis* gehört auch dieser festsitzende, vielborstige Wurm zu den Verfer-
tigern harter Kalkröhren auf Steinen und Felsen. Ausgetrocknet sind sie
schneeweiß. In unregelmäßig wechselnden Schlangenlinien schmiegen sie sich
dem Untergrund an und werden im Verlauf des Wachstums ihres Erbauers immer dicker, bis einige Millimeter. Im Querschnitt sind sie charakteristischerweise dreieckig, mit scharfen Kanten oder flügelartigen Säumen. Der Wurm streckt
das Vorderende mit der Tentakelkrone heraus und siebt das Wasser nach feinen
Schweborganismen durch. Diese ist in der Mitte der Küvettenaufnahme (oben
rechts) zu sehen. Der Stein ist noch mit violetten Steinalgen (S. 90) und mit Seepocken (S. 90) bewachsen, deren Fangreusen eben das Wasser durchseihen. In
der Abbildung unten links sind getrocknete Kalkröhren auf einer Miesmuschel
(S. 95) abgebildet.

Wachsrose *Anemonia sulcata*

Sie ist die häufigste Seeanemone des Mittelmeers. Sie bedeckt bisweilen in
Mengen die Wände größerer Spalten in flachen Blockgründen, kaum 1 bis 2 m
unter Wasser, steigt aber auch bis in die Brandungszone auf. Regelmäßig ist sie
auch in sehr flachen Gezeitentümpeln zu finden. Dort, nahe dem Licht, sind die
Enden ihrer Fangarme zauberhaft bläulich oder rötlich angehaucht (S. 54). Da
die Tentakel charakteristischerweise nicht einziehbar sind, sehen die Wachsrosen im flachsten Tümpelwasser mit ihren ausgebreiteten Kronen wie abgestorben aus. Steckt man aber die Finger in die Armwildnis, so merkt man, daß sie
sehr wohl leben. Ausgestattet mit tausenden von Nesselzellen gehören die
Wachsrosen zu den Nesseltieren (Cnidaria), den Hauptvertretern der Hohltiere
(Coelenterata). *Anemonia sulcata* kann auch Beutetiere fangen und verzehren,
die größer sind als sie selbst.

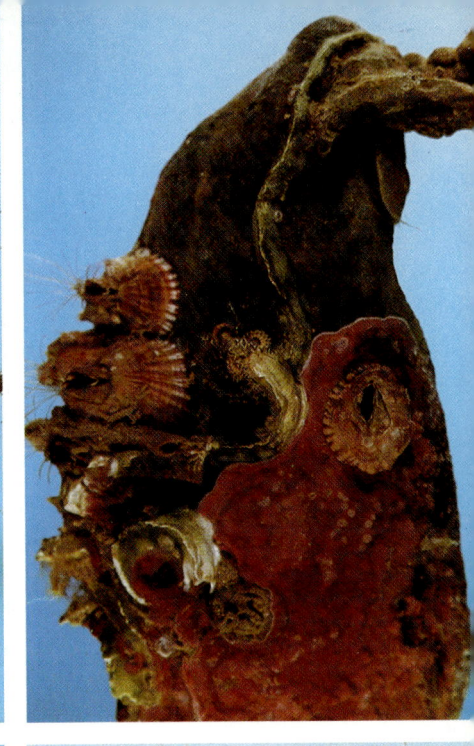

Algen in den Gezeitentümpeln und im Ebbebereich

Es gibt bereits in den obersten Wasserschichten eine Vielzahl von Algen, die allerdings meist unauffällig klein sind. Genannt sind hier nur vier charakteristische Arten, die man auf jeden Fall finden wird.

Krustenbildende Steinalgen *Fosliella farinosa*

Von den Schneckengehäusen, mit denen die kleinen Einsiedlerkrebse in den Gezeitentümpeln herumkriechen, sind unweigerlich einige mit steinartig harten, runzeligen Aufwüchsen überzogen (S. 79). Flechtenartig über- und ineinandergeschoben bilden sie schmutzig violette, an den gewellten Rändern eher zartviolett oder weißlich angehauchte Krusten. Beim näheren Hinsehen findet man die winzig kleinen, aber auch bis handtellergroßen flechtenähnlichen Strukturen auch auf Muscheln und praktisch auf jedem Stein (S. 81) sowie an jeder Felswand unter Wasser. An der Luft bleichen sie zunächst schimmelartig hell punktiert und dann stumpf-grauweiß aus.

Meersalat *Ulva lactuca*

Die hellgrünen, im abgestorbenen Zustand knallweiß antrocknenden Grünalgen, die aussehen wie zerknittertes und zerrissenes grünes Seidenpapier, bevölkern in kleinen Exemplaren bereits die Gezeitentümpel. An den abfallenden Kanten der Felsgründe, stets nahe der Oberfläche wachsend, erst recht aber im leicht verschmutzten Wasser der Hafenbuchten werden sie größer und sehen dann tatsächlich aus wie im Meer wachsender Kopfsalat. Die zerbrechlich erscheinenden Gebilde sind in Wirklichkeit recht widerstandsfähig.

Darmtang *Enteromorpha linza*

Zusammen mit kleineren Exemplaren des Meersalats wächst diese Pflanze recht regelmäßig an den Rändern größerer Gezeitentümpel und in der Brandungszone. Im Gegensatz zu dem, was der deutsche Name ausdrückt, handelt es sich hier nicht um einen Tang (Tange sind Braunalgen), sondern um eine chlorophyllhaltige Grünalge. Sie bildet bis etwa 10 cm lange grüne Schläuche, deren Durchmesser im Rahmen einiger Millimeter wechselt.

Zweigalge *Cladophora prolifera*   (Abb. S. 105)

Diese zu den Grünalgen gehörende Pflanze bildet dunkelgrüne, struppig-verfilzte Fadenmassen, die sich wie Wattepolster zwischen dem hellgrünen *Ulva*- und *Enteromorpha*-Bewuchs hinziehen. Die Einzelfäden sind nur ungefähr einen Zehntel Millimeter dick und verzweigt, an den Enden aufgekringelt und zu unentwirrbaren Knäueln verfilzt.

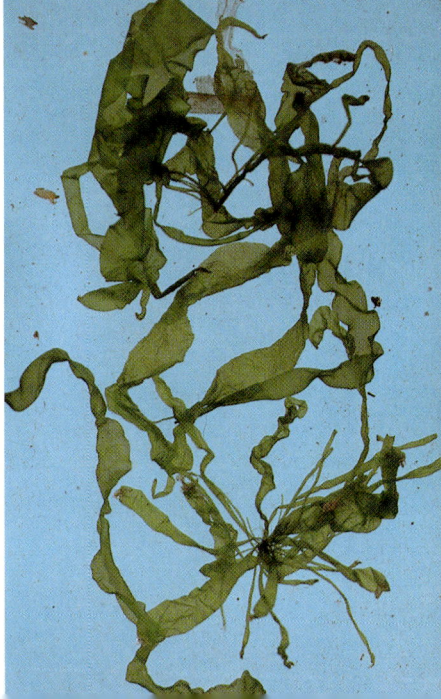

Zur Ökologie der Spritzwasserregion und der Gezeitentümpel

Dieser höchstgelegene Biotop der Meeresküsten stellt einen in jeder Richtung extremen Lebensraum dar. Ökologisch bestimmende Faktoren sind Trockenheit, Wärme und Salzgehalt. Bei Ruhigwasser trocknen die Felsen der Spritzwasserregion unter der glühenden Sonne – Oberflächentemperaturen von 50° und mehr werden an einzelnen Stellen leicht erreicht – vollkommen aus.

Das gleiche geschieht mit den ganz seichten Tümpelchen in flachen Felsmulden. Hier hinterläßt das verdunstende Wasser eine milchig weiße Salzkruste. In den etwas tieferen Tümpeln steigt der Gehalt an Salzen; an den flachen Rändern blühen sie flockig aus. Die Temperaturen steigen in den knöcheltiefen Flachgewässern leicht auf Werte über 30°, insbesondere, wenn der Untergrund dunkel ist. Andererseits werden die Felsen bei unruhiger See vollständig überspült oder doch benetzt. Die Tümpelchen werden durchgeschwemmt. Wenn es heftig regnet, süßen sie rasch aus. In der Nacht kann es bereits im Frühherbst empfindlich abkühlen.

Organismen, die einen solchen Biotop besiedeln, müssen also zumindest in der Lage sein, extreme Gegensätze zu ertragen, einen raschen Wechsel auszuhalten zwischen Luft und Wasser, trocken und feucht, glühendheiß und kühl, hochsalzig und brackig.

Es existieren eine ganze Reihe von Anpassungserscheinungen bei Lebewesen, die solche Extrembiotope besiedeln. Viele sind physiologischer Art. Sie beziehen sich beispielsweise auf den Gehalt der Körperflüssigkeiten an lebenswichtigen Salzen oder auf den Bau und die spezielle Funktion der Nieren. Man sieht

Fangarm einer Wachsrose (S. 81) in schwacher mikroskopischer Vergrößerung. Die feinen Punkte stellen Nesselkapsel-Batterien dar.

Sternseepocken (S.57) und Napfschnecken (S.73) an einem vollkommen ausgetrockneten, glühendheißen Küstenfelsen.

sie den Tieren von außen nicht an. Andere äußern sich im Bau und in speziellen Verhaltensweisen. Seepocken und Napfschnecken sind mehr oder minder orts-fest. Sie können sich auch dann nicht verkriechen, wenn die See einmal mit donnernder Brandung die Spritzzone überrollt. Ihre typischen, flach-kegelför-migen Gehäuse ermöglichen zum einen eine große Anheftungsfläche und bie-ten zum andern den Wellen nur geringen Widerstand. Wenn sich die Strandas-sel *(Ligia)* tagsüber in Spalten und Höhlungen versteckt, so begibt sie sich damit in einen vollständig anderen Kleinbiotop. Nur Zentimeter neben einer brand-heißen, vollständig ausgetrockneten Oberflächenstelle kann in einer Ritze eine um 20°C geringere Temperatur herrschen, und die Luft kann mit Feuchtigkeit gesättigt sein wie in einem Treibhaus. Für die Asseln, deren feuchte Kiemen nie austrocknen dürfen, sind die Gesteinsspalten ideale Ruheplätze. Die Gehäuse-schnecken leben in feuchtigkeitsundurchlässigen Schalen und tragen sozusagen ihr Feuchtemilieu mit sich herum. Wenn es heiß wird, ziehen sich die kleinen *Littorina*-Strandschnecken mit den Schalenöffnungen spaltfrei an das Gestein. Ganz ähnlich verhalten sich die großen *Patella*-Napfschnecken, die dann mit ihren schmutzig-grauen, trockenen Schalen wie Teile des Felses aussehen. Die großen, überraschend schnell kriechenden *Monodonta*-Turbanschnecken wan-dern in tiefere Feuchtregionen ab oder schließen die Gehäuse mit ihren hornar-tigen Abschlußdeckeln. Die *Chthamalus*-Seepocken schließen die Öffnung ih-res Kalkgehäuses mit Schalenstücken aus Kalksubstanz hermetisch ab, die von Muskeln aufs feinste eingepaßt werden können. So behalten sie »einen Teil des Ozeans« eingeschlossen und können überleben, bis sie wieder einmal umspült werden. Dazu kommt ihre physiologische Fähigkeit, Hitze zu ertragen und mit geringem Gasaustausch zurechtzukommen. Die *Tachygrapsus*-Rennkrabben steigen aus der Brandungszone und den tieferen Tümpeln nur kurzfristig ans trockenwarme Land und verschwinden wieder im Wasser, sobald ihre Kiemen auszutrocknen beginnen.

Ein typischer, tennisballgroßer Miniatur-Gezeitentümpel. An den Rändern kriechen Zwerg-strandschnecken, *Littorina neritoides* (S. 75). An den Wänden wachsen kleine Exemplare der Grünalge, *Codium bursa*, des »Meerballs«.

Wenn die Tümpel trocken fallen, ziehen sich die *Upogebia*-Maulwurfskrebse in tiefere Regionen ihrer Röhren zurück. 5 bis 10 cm unter der heißen Sandober-fläche findet sich noch überraschend kühles Seewasser, wie man mit dem son-dierenden Zeigefinger leicht feststellen kann. In den kleinen Gezeitentümpeln und in größeren, bei Ebbe abgeschlossenen Wasserbecken spielt sich ein reges Leben ab, und zwar in drei Etagen. Während die Garnelen das freie Wasser durchschweben, kriechen die Napf- und Turbanschnecken und die Einsiedler-krebse an Wänden und Böden herum, und die Maulwurfskrebse wühlen im Schlick. Auch drei Arten von Nahrung gibt es: festgewachsene Kleinalgen, die Schnecken abweiden, feine Schwebeteilchen, die die Röhrenwürmer einstru-deln und schließlich größere tierische Kost – lebende und abgestorbene –, über die sich die Krebse und Krabben hermachen, aber auch manche Schnecken und die Wachsrosen. Zum Nahrungserwerb existieren demgemäß (neben an-deren) ebenfalls drei wichtige Grundmechanismen: Raspelzungen bei den Schnecken, bewimperte Tentakelkronen bei den festsitzenden Röhrenwürmern und Greif- und Reißzangen bei den Krebstieren. Spezielle Fang- und Festhal-teapparate stellen die Nesselkapseln der Seeanemonen dar. Das sind »explo-dierende« Zellen, die beim Ausschleudern einen Fangfaden hinter sich herzie-hen, sich wie Schrapnells in die Beutetiere einbohren.

**Gezeitenzone
der Felsküsten**

Charakterisierung

Gezeitenzone, Brandungsbereich – das klingt nach tosender Naturgewalt und Lebensfeindlichkeit. Erstaunlicherweise aber gibt es kaum einen marinen Lebensraum, der dichter besiedelt ist. Gerade dieser Übergangsbereich vom Land zum Meer und die paar Dezimeter, die direkt unter dem Niedrigwasserspiegel liegen, strotzen vor Organismen. Kein Quadratzentimeter nackter Felswand bleibt frei. In Etagen wachsen Pflanzen und Tiere über- und durcheinander, nicht so sehr in großer Artenfülle als in unermeßlich großer Individuenzahl typischer Formen. Die Besiedelung sieht etwas unterschiedlich aus, ob man nun flache Felsen betrachtet, die gemächlich ins Meer abtauchen oder Wände, die senkrecht abfallen. Auf den vielfach überspülten Platten halten sich speziell Algen und Tange in ausgedehnteren Beständen. Sonst ist die Biologie der Brandungszone an Felsküsten recht einheitlich. Beim Schnorcheln hat man gerade an den steil abfallenden Felsblöcken das ganze biologische Bilderbuch vor Augen. Es lohnt sich, bei Ruhigwasser nahe davor zu flottieren, mit leichten Flossen- und Handbewegungen die Strömungen auszugleichen und ein kleines Areal unter- bzw. oberhalb der Wasserlinie lange zu beobachten und aufmerksam abzusuchen. Nur so wird man Einzelheiten sehen und kleinere Formen zu Gesicht bekommen oder biologische Verhaltensweisen beobachten können.

Das von einem Brandungsfelsen herabhängende Gewirr von *Cystoseira*-Braunalgen ist im nächsten Moment wieder von einer Brandungswelle übertost.

Oben: Flacher Übergang gezackter Felsplatten ins Meer: Felsküste bei Piran, Istrien.

Unten: Steiles Abstauchen ins tiefe Wasser: Felsküste bei Collioure, Südfrankreich.

Niedere Tiere in der Brandungsregion

Gemeine Seepocke *Balanus improvisus*

Die Gattung *Balanus* findet man im Brandungsbereich, insbesondere knapp unter der Ebbelinie. Sie ist oft vergesellschaftet mit Miesmuscheln, auf deren Schalen sie sich ebenso ansiedelt wie auf Steingrund. Bei angewitterten Kalkpanzern auf angespülten Muschelschalen kann man sehr gut die Bauweise studieren (Abb. oben). Sechs Panzerplatten neigen sich zu einem hoch gereckten Pyramidenstumpf gegeneinander. An den Seiten sind sie kunstvoll ineinander gefalzt und miteinander verwachsen, aber die Trennungsnähte sind fast stets noch gut erkennbar. Der Weichkörper und die kleineren, beweglichen Verschlußplatten für die gezackte »Krateröffnung« sind herausgewittert. Mit einem alten Messer läßt sich der Panzer unter leichtem Druck, aber stetig sägend, quer auseinanderschneiden. An solchen Präparaten oder an zufälligen Verwitterungsstellen zeigt sich, daß die Panzerplatten doppelwandig sind und besonders im Anheftungsbereich innen durch Kalklamellen abgeschottet und verstrebt sind (Abb. unten) Sehr leicht und materialsparend und dabei extrem druckfest sind diese Gehäuse! Ein gutes Beispiel für einen biologischen Leichtbau, der in der »Sandwichbauweise« der Technik sein Gegenstück hat.

Wenn man einen guten Einstieg findet, kann man – im Wasser stehend oder hockend – mit der Taucherbrille auf etwa 15 cm an den Aufwuchs herangehen. Der Schnorchel ermöglicht ungestörtes Atmen; gegen leichte Wellenbewegung stemmt man sich mit ausgebreiteten Armen vom Felsen ab. So sieht man viel mehr Kleingetier als beim freien Schnorcheln und bemerkt Einzelheiten, die beim Flossenschwimmen notwendigerweise verlorengehen. Dieser Tip aus der Trickkiste der Praxis ist für den Beobachter Gold wert, so simpel er ist.

Aus den *Balanus*-Pyramiden wird man günstigenfalls alle paar Sekunden einen feinen Schatten huschen und wieder verschwinden sehen: die ausgelegten und blitzschnell wieder eingeholten Rankenfüße (S. 81, oben rechts). Mit ihnen seiht die Seepocke das Wasser durch, und sie haben der Unterklasse den Namen Rankenfüßler (Cirripedia) gegeben, zu denen die Seepocken gehören. Bricht man eine Miesmuschel mit aufsitzenden Seepocken ab und bringt sie in ein Gefäß – etwa der umgekehrten Taucherbrille – an Land, so fahren die Tiere eine Zeitlang in ihrer Nahrungsaufnahme fort. Einige Tropfen Milch, Tusche oder Tinte über den Öffnungen zeigen auf verblüffende Weise das periodische Ausstoßen einer Wasserfontäne, das zum Bewegungszyklus gehört. Jede Seepocke bläst alle paar Sekunden einen richtig gehenden Rauchring! Eine etwas größere Kolonie pustet in jedem Augenblick Dutzende von Wasserstrahlen hoch. Bei Stillwasser kann so die gesamte anliegende Wasserschicht in kurzer Zeit »durchgeblasen« werden, eine dem beobachtenden Schnorchler sicher ungewohnte Vorstellung.

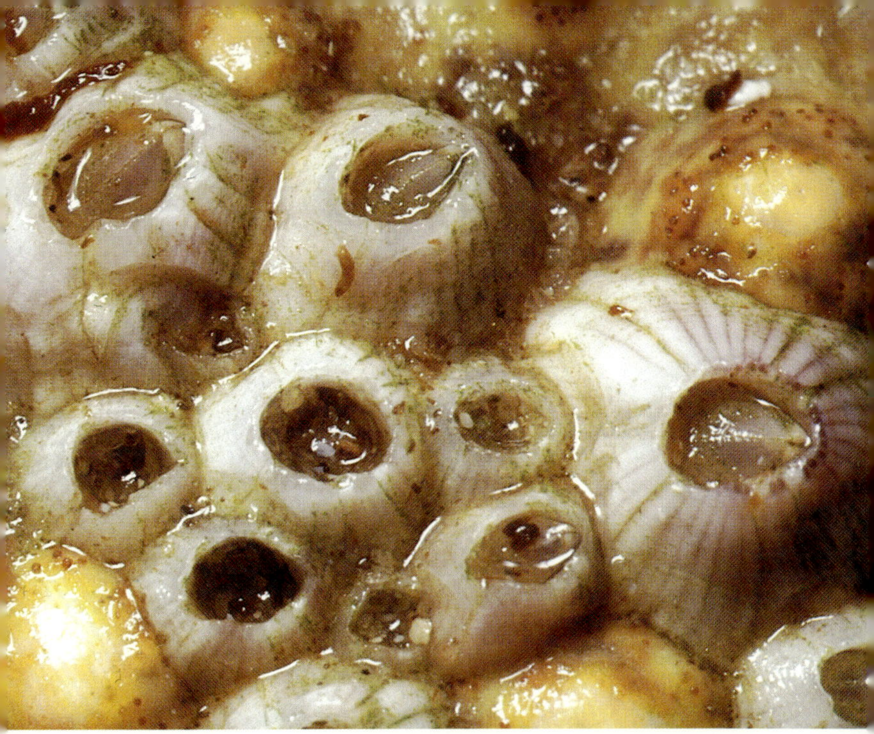

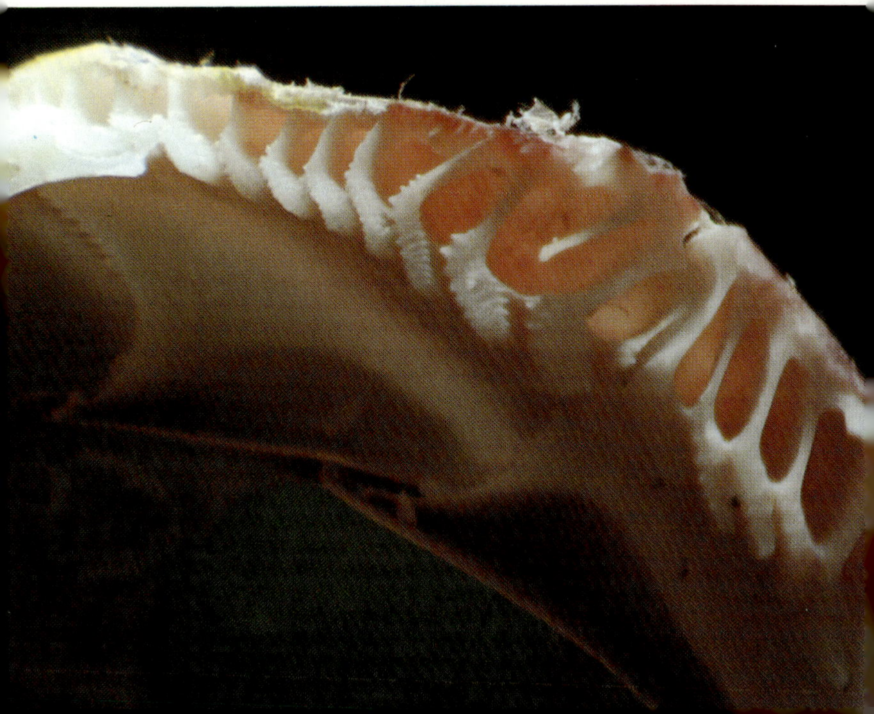

Bohrschwamm   *Cliona celata*

Bohrschwämme überziehen Kalkfelsen ebenso wie kalkhaltige Muschel- und Seepockenschalen mit großen und verschiedenartig gefärbten Krusten, oder sie leben im Inneren des siebartig durchzogenen Substrats, aus dem sie mit kleinen, rötlich-gelben und stecknadelkopfgroßen Papillen herauslugen (oben links). Ihr äußerlich wenig sichtbares Zerstörungswerk vollführen diese so unscheinbaren, aber massenhaft vorkommenden Schwämme auf breiter Front. Sie verwandeln Kalkgestein der Brandungsregion in eine »schwammartige« Masse feiner Lamellen, die die Brandung leicht zerschlägt. Steine mit zahlreichen stecknadelkopfgroßen Löchern sollte man einmal aufschlagen. Unter der glatten Oberfläche verbirgt sich eine spongiöse Masse, mehr Luft als Stein (Bild oben rechts). Manchmal sind Felsblöcke durch und durch von steinbohrenden Muscheln (»Steindatteln«) mit fingerdicken Gängen durchzogen und an der Außenfläche zusätzlich noch durch die Bohrschwämme filigranartig aufgespalten. So beschleunigen diese Schwämme die Abtragung der Küstenfelsen aus Kalkgestein sehr beträchtlich und sind damit geologisch bedeutsam. Sie »bohren« natürlich nicht im Sinne des Wortes; sie besitzen ja gar keine Hartteile. Vielmehr lösen sie den Kalk chemisch auf, wahrscheinlich durch die Kohlensäure, die beim Abbau der Nahrung entsteht. Ähnlich »bohren« ja auch die »Steindatteln« (S. 143) durch Säureausscheidung.

Krustenschwamm   *Halichondria spec.*

Diese Schwämme sind sehr unscheinbar, wenn auch häufig, und sehen manchmal tatsächlich aus wie eingetrocknete Brotkrusten (Abb. unten links). Ohne die mikroskopische Betrachtung ihrer feinen Nadeln sind sie nicht zu bestimmen, ja bei Formen wie diesen, die auch einmal in flacheren Gezeitentümpeln vorkommen, fehlen meist auch die charakteristischen »Kamine«. Neben den bräunlich-unscheinbaren Vertretern gibt es auch buntgefärbte Arten, die in tieferen Regionen und an dunklen Stellen vorkommen, vorzugsweise in unterseeischen Grotten.

Taschenkrebs   *Cancer pagurus*

Diese größte Krabbe an unseren Küsten wird man im allgemeinen in knapp handgroßen Exemplaren finden. Doch kann sie bis zu 30 cm breit werden. Charakteristisch ist der elliptische, hinten etwas ausgezogene, glatte Panzer mit den seitlichen Einkerbungen. Die Beine sind kräftig beborstet und enden in hakenförmigen Klauen. Meist wird man die Taschenkrebse beim Schnorcheln aufstöbern. Sie drücken sich dann rasch in die nächste Gesteinsspalte und bedecken ihre Vorderregion mit den kräftigen Scherenbeinen, deren Zangenglieder charakteristisch dunkel gefärbt sind. Es ist nicht sehr ratsam, größeren Exemplaren mit dem Finger zu nahe zu kommen. Kleinere Formen findet man nicht selten am Strand angespült.

Auster *Ostrea edulis*

Bis handtellergroß kann diese bekannte Muschel werden, deren untere Schale auf der ganzen Fläche der Unterlage fest angekittet ist, während das obere, wellig – grobstrukturierte und vom Aufwuchs bis zur perfekten Tarnung bedeckte Gegenstück etwas abgehoben werden kann. Beim Schnorcheln erkennt man oft nur an dem dadurch entstehenden, langgezogenen, welligen, millimeterbreiten Spalt, daß sich hier eine Auster im Aufwuchs versteckt – vielleicht schon seit einem halben Dutzend Jahren –, nachdem sich eine winzige, frei schwebende Larve (»Trochophora«) festgesetzt hat. Bei leichter Berührung schließt sich der Spalt fugenlos. Austern werden bekanntlich in »Gärten« gezüchtet und – je nach der lokalen Rasse – für mehr oder minder teures Geld in Feinschmecker-Restaurants geschlürft.

Sattelmuschel *Anomia ephippium*

Die Sattelmuschel könnte man als Miniaturauster bezeichnen, denn wie bei dieser ist die untere Schale auf den Untergrund festgeheftet und schmiegt sich als zarte, zerbrechliche Fläche all seinen Unebenheiten an. Sie weist häufig ein zentrales Loch auf, die ehemalige Anheftungsstelle, um die die Schale gewachsen ist. Die Oberschale dagegen kann leicht angehoben werden. In der Größe überschreiten diese Muscheln kaum 3 bis 4 cm. Abgespülte obere Schalenhälften toter Tiere finden sich in jedem Strandanschwemmsel; sie sind sehr zartwandig und durchscheinend.

Miesmuschel *Mytilus edulis*

Zentimetergroße Muscheln finden sich in Kolonien bereits in kleinsten Gezeitentümpeln. Sie kommen aber nicht hoch. Ausgewachsen kann die bekannte, blauschwarze, dreikantige Muschel 7 cm und länger werden. Mit Fäden eines zähen Sekrets (»Byssusfäden«) heftet sie sich dem Felsuntergrund oder anderen Schalen an. Wird sie abgerissen, so kann sie sich mit solchen Fäden erneut festzurren. Zu Hunderten und Tausenden neben- und übereinander (Abb.) bevölkern die Miesmuscheln die Felswände der obersten Wasserschichten. Sie bevorzugen Gebiete mit kräftigerer Brandung und gehen ungern tiefer als 1 m unter die Niedrigwasserlinie. Mit ihren dicht schließenden Schalen vertragen sie ein Trockenfallen bei Ebbe. In den Kolonien haben sie alle ihre stumpfen Schalenenden ins freie Wasser gerichtet und leicht gespreizt. Mit Hunderttausenden, in Wellen schlagenden Flimmerhärchen auf den Kiemen erzeugen sie einen Wasserstrom, aus dem sie nicht nur den Sauerstoff, sondern zur Nahrung auch die feinsten Schwebepartikel des Planktons entnehmen. Abgestorbene Miesmuschelschalen klaffen etwas auseinander und bieten kleineren Tieren, etwa Würmern oder jungen *Blennius*-Schleimfischen idealen Unterschlupf.

Steinseeigel *Paracentrotus lividus*

Mit den Seeigeln in der obersten Küstenzone hat wohl jeder Schnorchler schon unliebsame Bekanntschaft gemacht; ein Grund, weshalb man stets Kunststoffbadeschuhe mit massiven Sohlen tragen soll. Eingedrungene Stacheln muß man vorsichtig mit einer Nadel herauspulen, der man vorher durch kurzes Aufstupsen auf eine Glas- oder Steinunterlage einen feinen Widerhaken beigebracht hat. Eine anschließende Desinfektion mit einer käuflichen Desinfektionslösung oder mit einem Tropfen 70%igem Alkohol empfiehlt sich, wie es überhaupt ratsam ist, in der Reiseapotheke stets ein Alkoholfläschchen mitzuführen. Gelingt die kleine Operation nicht, so gibt es recht schmerzhafte Druckstellen, und die Stacheln eitern später heraus.

Beim Schnorcheln holen wir zwei Seeigel heraus, einen tiefblau-schwarzen und einen ockerbraunen oder violettfarbenen. Der Steinseeigel *(Paracentrotus lividus)* kann alle möglichen Färbungen aufweisen, schwarzbraun oder violett. Die Abbildung oben links zeigt diese Art in einer Küvettenaufnahme mit spielenden Füßchen. Eine äußerlich ähnliche, mit der ersteren aber nicht näher verwandte Art ist *Arbacia lixula*. Sie ist stets schwarz, mit einem stahlblauen Schimmer. Die Abbildung oben rechts zeigt den gebleichten Panzer dieser Art in einer Makro-Superweitwinkelaufnahme. Erkennbar sind die halbkugeligen Basen für die Stachel und die Schalendurchbrüche für die Füßchen. Auf den Rücken gelegt, zeigen die beiden Arten einen weiteren, kennzeichnenden Unterschied. *Paracentrotus* besitzt ein enges, weichhäutiges Mundfeld, *Arbacia* dagegen ein sehr großes, das flächenmäßig fast die halbe Unterseite bedeckt (Abb. unten rechts). Mit den Fingern lassen sich die Grenzen leicht sondieren. An dieser Eigentümlichkeit kann man auch abgewitterte Seeigelschalen, diese schönen, kunstvoll aus Sechseckplatten zusammengesetzt erscheinenden Kalkgehäuse, einordnen.

Arbacia weist des weiteren längere Stacheln auf als *Paracentrotus,* und seine Füßchen auf der Rückenseite haben keine Saugplatten an den Enden. Diese Art kann sich deshalb auch nicht mit Muschelschalen oder ähnlichem »tarnen« wie *Paracentrotus.* Auch in der Lebensweise bestehen Unterschiede. *Paracentrotus* nagt sich halbkugelförmige Vertiefungen in weiches Kalkgestein, in die er nach kleinen »Ausflügen« immer wieder zurückkommt, *Arbacia* dagegen nicht. Einen hochinteressanten, auf die Art der Beanspruchung aufs feinste abgestimmten Bau zeigen die fünf Seeigelzähne, von denen man die Enden aus der Mundöffnung herausragen sieht (Abbildung unten links). Technisch gesprochen sind es »Zweikomponentenbaustoffe«, analog dem Stahlbeton. Deshalb sind sie sehr druckfest, zugleich zugfest und stark biegebeanspruchbar.

Besonders um das Mundfeld herum sitzen bei beiden Arten Dutzende von Füßchen mit endständigen Saugscheiben (Abb. unten links).

Wenn man den Seeigel rückenabwärts ins Wasser legt, kann man die schlangenartigen Bewegungen und Windungen der Füßchen und ihre Koordination gut beobachten (Abb. oben links). Sie vermögen eine erstaunliche Kraft zu entwikkeln; ein Seeigel kann sich umdrehen, sobald nur einige wenige Saugapparate seitlich Fuß gefaßt haben. Leicht läßt sich das Tier in eine solche Position ma-

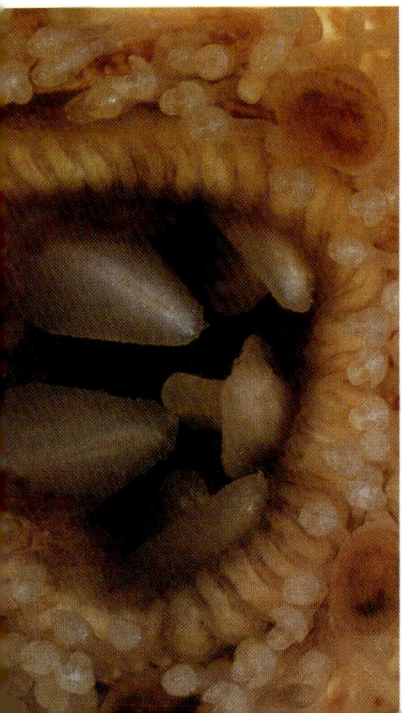

növrieren, in der es dann seine Umdrehreaktion vorführt. Man halte auch einmal die flache Hand über das Füßchenfeld und lassen den Seeigel sich daran festheften. Sobald mehr als ein Dutzend Verbindungen geschlossen sind, kann man ihn ohne weiteres daran aus dem Wasser heben! Mit den harmonisch zusammenspielenden Bewegungen seiner Füßchen – bei manchen Arten auch der Stachel – kann ein Seeigel mit beachtlicher Geschwindigkeit »laufen«. So einfach organisiert er sonst ist: Zur Koordination seiner vielen Füßchen besitzt er nicht weniger als drei Nervensysteme!

Wenn man einen geöffneten Seeigel auswäscht oder ein halbverwittertes Exemplar betrachtet, fällt die eigenartige Halte- und Bewegungsstruktur für die Zähne auf. Seit alters her wird sie als »Laterne des Aristoteles« beschrieben. Von oben gesehen sieht sie aus wie ein fünfzähliger Stern. Alles ist fünffach vorhanden, die Zähne selbst, eine Reihe von Stütz- und Bewegungsspangen aus Kalkstruktur und die Muskeln, die das gesamte komplizierte Gebilde zusammenhalten und in Bewegung setzen. Dies alles bildet den Kauapparat des Seeigels. In allen Teilfunktionen ist er noch gar nicht vollständig verstanden. Er kann jedenfalls jeden Zahn für sich oder auch alle fünf Zähne in geordnetem Zusammenspiel heben und senken, schieben und ziehen und auch ein wenig verkippen. Das Mundfeld ist oft noch mit einer schwer verwitterbaren Membran bedeckt, die in der Mitte ein Loch für die Zähne läßt. Randständig befinden sich fünfbogige Kalkspangen, Ansatzstellen für Muscheln. Einen solchen Schalenausschnitt zeigt die obere Abbildung in Superweitwinkel-Darstellung. Nahe der Mitte findet sich auf der Oberseite des Seeigels eine strohhalmdicke, mit Dutzenden feinster Öffnungen versehene Kalkplatte, der »Kanaldeckel« für das Wassergefäßsystem, das den Seeigel durchzieht. Man sollte dieses feinmechanische Gebilde einmal mit der Lupe betrachten. An Schalen ist es allerdings meist bereits herausgewittert, ebenso die nahe zentrale Mündung des Darmsystems. Im Gegenlicht sieht man neben diesem Verwitterungsloch fünf kleinere Löcher, die Mündungen der Geschlechtsdrüsen. Weiter erkennt man fünf radiale Doppelstreifen mit je 2 Lochreihen, die Poren für die Füßchen (Abb. unten).

Ein lebender oder halb ausgewitterter Seeigel kann einen den ganzen Nachmittag beschäftigen – beim Stranddösen eine hübsche Abwechslung. Wer gar nichts zu tun hat, möge doch einmal einen Seeigelpanzer durch leichten Fingerdruck in seine einzelnen, sechseckigen Plättchen zerlegen. Zuerst zwischen den fünf Doppellochreihen, die man beim Anvisieren gegen den Himmel bemerkt – man bekommt dann fünf mit gezackten Rändern ineinander passende Teilschalen – und dann in alle Einzelteile. Es ergibt sich eine ganze Untertasse voll von Kalkelementen, von denen einzelne auch Löcher tragen, andere nur je eine Basis für einen Stachel.

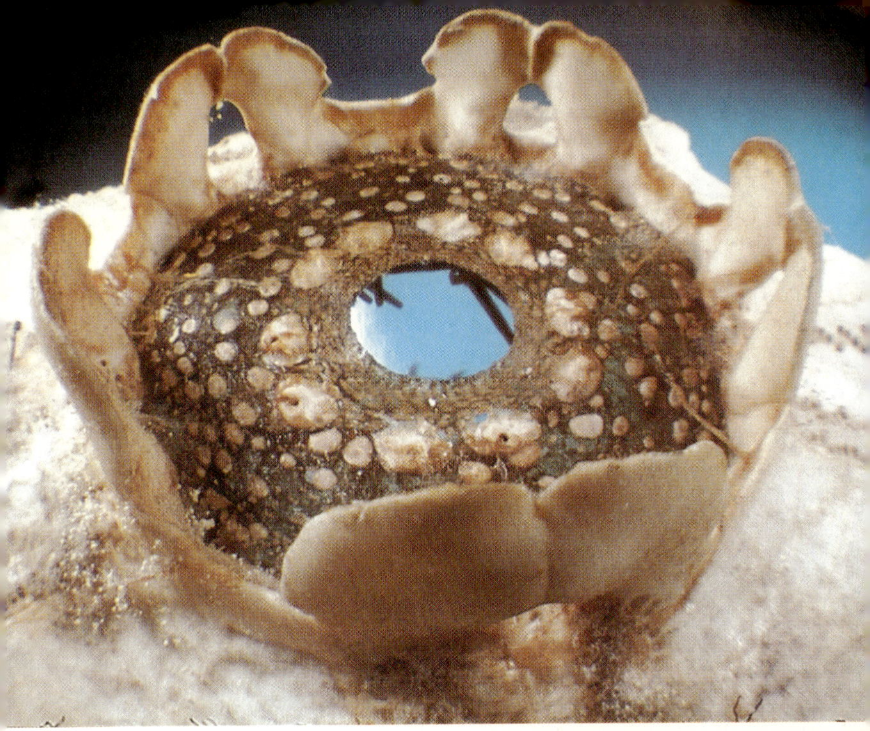

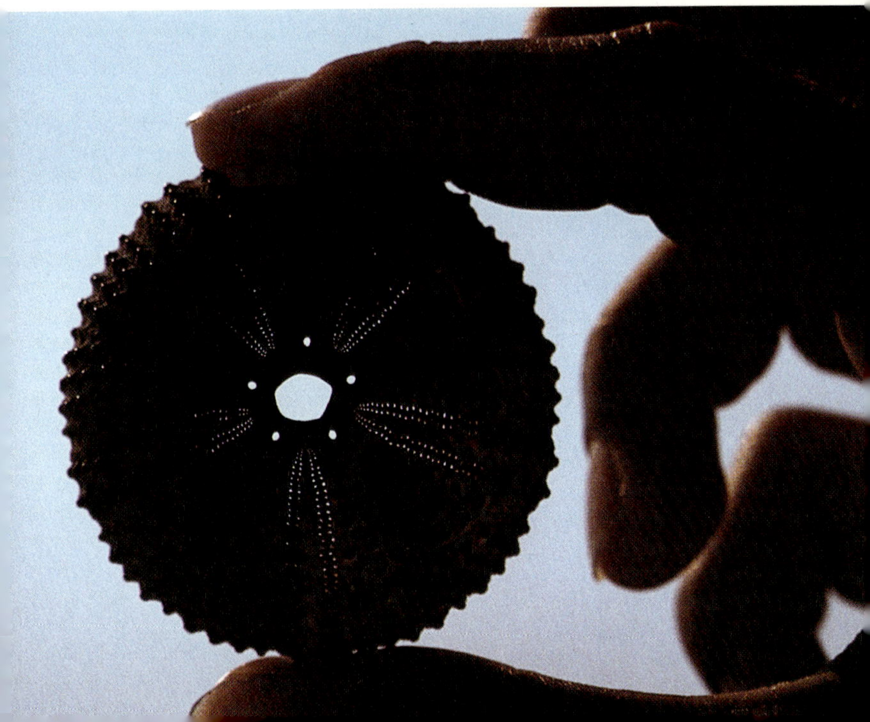

Pferdeaktinie *Actinia equina*

Dunkel-erdbeerrote, bis hühnereigroße, zähwandige Gebilde hinterläßt die Ebbe in den Nischen der Felswände an und über der Niederwasserlinie. Die auch als Pferdeaktinie bezeichnete Seerose, ein sechsstrahliges Korallentier, kann ihre Tentakel ganz einziehen und trotzt so stundenlanger Trockenheit. Mit der nächsten Flut kommen auch die Fangarme wieder heraus. Mit deren Nesselkapsel-Harpunen erbeutet die Seerose allerhand Kleingetier, das dann durch die Mundöffnung in den septierten Magenraum transportiert wird.

Nacktkiemenschnecke *Flabellina affinis*

Oft knallig bunt und auffallend durch feenhaft prächtige Färbung von Rumpf und Anhängen sind die zu den »Hinterkiemern« (Opisthobranchia) gehörenden, im allgemeinen einige Zentimeter langen Schnecken. Sie weisen recht große Unterschiede in Färbung und Lebensweise auf. Besonders auffallend sind die Aeolidier-Nacktschnecken, zu denen die hier beschriebene schön gefärbte Art mit ihrem stumpfweißen Körper, der gelblichen Oberseite und den himmelblauen, in Querreihen angeordneten Rückenschläuchen gehört. In diese Schläuche ziehen Ausläufer der Mitteldarmdrüse ein, und hier werden allerlei unbrauchbare, der Nahrung entzogene Abfallstoffe deponiert.

Fische in der Gezeitenzone

Fast alle charakteristischen Fische der oberen Küstenzone sowie der Blockgründe – vor allem Lippfische und Meerbrassen – kommen regelmäßig auch direkt im Brandungsgebiet beobachtet werden. Dies ist aber nicht ihr eigentlicher Lebensraum, und sie werden deshalb an dieser Stelle auch nicht näher besprochen. In Gesteinsritzen, Spalten des Aufwuchses und Gängen der Bohrmuscheln hausen ein knappes Dutzend Arten kleinerer *Blennius*-Schleimfische. Meist sind sie eng an den Untergrund angeschmiegt, oft schauen sie auch mit ihren dicken, charakteristisch abgestutzten, häufig tentakelbesetzten Köpfen und dem kleinen, stets halboffenen »Schmollmund« aus Löchern und Spalten heraus, durch körperauflösende Tarnzeichnung geschützt. Der Färbung und Zeichnung nach sind sie ganz gut zu unterscheiden. Ihre Rückenflosse begleitet als langes, in der Mitte höchstens eingekerbtes und verschmälertes Band die Rückenlinie. Ebenfalls relativ lang sind die Afterflossen, während die Bauchflossen zu »kielständigen« Strahlen geworden sind, auf denen sich die Tiere gerne stützten. Ihr Rumpf erscheint seitlich etwas zusammengedrückt. Seltener sieht man einmal eine der dickköpfigen, langgestreckt-keilförmigen *Gobius*-Meergrundeln mit ihren beiden getrennten Rückenflossen. Die Bauchflossen sind bei den Grundeln meist in Saugscheiben umgewandelt.
Beide Gattungen sind auf der einen Seite neugierig, auf der anderen recht scheu und flüchten rasch und frühzeitig. Dabei bewegen sie sich in charakteristischer Weise unterschiedlich. Die *Blennius*-Schleimfische »schlängeln«, während die *Gobius*-Grundeln ruckweise schwimmend »dahinrutschen«.

Fische in der Gezeitenzone

Einführender Text s. S. 100

Schleimfisch *Blennius galerita*

Mit seinem charakteristisch dicken, vorne steil abgeschrägten Kopf, dem kleinen, stets halboffenen »Häschenmund« und den nach hinten kontinuierlich schmäler werdenden Rumpf ist der unscheinbare, oliv-bräunliche und mit feinen, weißbläulichen Tupfen und Flecken versehene Fisch leicht als Schleimfisch zu erkennen. Von dem runden Dutzend Mittelmeerarten, die die Felsen der oberen Küstenzone bevölkern, wird er vielleicht noch am ehesten in Gezeitentümpeln anzutreffen sein. Er nährt sich von den *Chthamalus*-Seepocken. Das Männchen wählt einen Laichplatz und bewacht ihn auch bei Niedrigwasser. Bei der Balz nickt es mit seinem dicken Kopf dem Weibchen zu. Die Eigelege werden oft in Bohrmuschellöchern abgelegt.

Meergrundel *Gobius spec.*

Von den Meergrundeln, kenntlich an der zweigeteilt erscheinenden Rückenflosse und den dicken Köpfen, gibt es eine ganze Reihe teils recht ähnlicher Arten im Mittelmeer, die noch dazu in Größe und Färbung sehr variabel sind. Bei jedem Schnorchelgang wird man welche sehen, doch ist die genaue Bestimmung nicht ganz einfach.

Mittelmeerlippfisch *Crenilabrus mediterraneus*

Schon beim ersten Blick durch die Maske wird man einen der überaus häufigen, dunkelbraun-grobgefleckten kleinen Fische an den Kanten und Spalten knapp unter der Wasseroberfläche liegender Felsblöcke und im Gewirr der Blockgründe herumschwimmen sehen, wobei er stets in Felsennähe bleibt und sich, wo möglich, dem Bewuchs anschmiegt und den Spalten entlang drückt. Die rund 12 cm langen Weibchen des Mittelmeer-Lippfisches (Abb. unten; im Hintergrund links zwei Schirmchenalgen, S. 153) besitzen eine dunkel, stumpf kaffeebraune Grundfärbung, die durch ein halbes Dutzend weißfleckiger Querbinden und auch durch (weniger deutliche) Längsbinden unterteilt ist. Auch die langgestreckte Rückenflosse trägt vier oder fünf gleichartige braune Flecken. Diese Zeichnung löst die Körperumrisse auf und hat Schutzfunktion. Charakteristisch – auch für das größere und meist blaß rötliche oder braune, mit blauen Längsstreifen, Kopfzeichnungen und Flossenstrahlen verzierte Männchen ist ein über der Mitte der Schwanzwurzel gelegener, gedrungen-elliptischer dunkler Fleck. Wie bei allen Lippfischen bauen die Männchen Nester, meist in den Monaten Mai und Juni. Beim Mittelmeerlippfisch sind es grobe Gebilde aus sandüberspuckten Algenhaufen, die die Besitzer heftig verteidigen, und in die herumvagabundierende Weibchen ablaichen. Paarbildung gibt es nicht. Die insgesamt 10 Mittelmeerarten der Lippfischgattung *Crenilabrus* sind in Färbung und Zeichnung sehr variabel.

Algen der Brandungszone und des oberflächennahen Wassers

Dünne, sich knorpelig anfühlende, und in zarten Wellungen verschrumpelte Braunalgen bevölkern den Brandungssaum. Daneben gibt es eine Vielzahl von Rotalgen, von denen einige die oft ausgedehnten »Steintrottoirs« bilden. Auch zahlreiche Grünalgen kommen vor, in der Form zwischen fädigen Büscheln und gallertigen Bällchen variierend.

Die Abbildung rechts, am Atlantik aufgenommen, zeigt unten trocken gefallene Darmalgen, Grünalgen der Gattung *Enteromorpha* (S. 83). Die bräunlichgrünen, breitgelappten Algenpflanzen mit den Schwimmblasen sind Blasentang *(Fucus vesiculosus)*, eine Braunalge, die im Mittelmeer durch den blasenlosen Tang *Fucus virsoides* ersetzt wird. Schräg durch das Bild zieht sich ein dunkelgrünes haarförmig verfilztes Band der Zweigträger-Grünalge *(Cladophora prolifera)*, die watteförmige Büschel ausbildet. Oben rechts eine Rotalge, wahrscheinlich der Fiedertang *(Pterocladia pinnata)*.

Cystosira   *Cystoseira spec.*   (Abb. S. 88)

Gerade dort, wo die Brandung besonders hart auf die Felsen prallt, wird man diese Braunalgen in Mengen finden. Sie bevorzugen gut belichtete Standorte in der Region der Niederwassergrenze. Es gibt struppige Formen, die mit ihren stark büschelig verzweigten Trieben wie Heidekraut aussehen und andere, weniger stark verzweigte Arten, die nicht ganz einfach unterscheidbar sind. Die »*Cystoseira*-Wiesen« (Abb. S. 88 unten) nahe der Oberfläche bieten vielen Kleintieren den besten Unterschlupf. Sie bedecken sich gegen Ende einer Vegetationsperiode mit allerlei Aufwuchs und können so bis zur Unkenntlichkeit überwachsen und verändert sein: Eine Welt für sich, die sich um diese Braunalgen herum ansiedelt.

Felsen – Faseralge   *Ectocarpus siliculosus*   (nicht abgebildet)

Diese Braunalge kommt in Riesenmengen vor. Sie bildet einen charakteristischen, wattebüschelartigen Aufwuchs aus etwa 5 cm langen, miteinander verfilzten, äußerst dünnen Fäden. Diese goldgelb gefärbten, an den Rändern bräunlich erscheinenden Flocken bedecken in lockerer bis dichter Anordnung vor allem die Korallenmoosbestände auf den flachen Felsblöcken knapp unter der Wasserlinie und verleihen ihnen den auffallenden goldbraunen Schimmer.

Kriechsproßalge   *Caulerpa prolifera*   (Abb. S. 81, oben links)

Wie der deutsche Name besagt, schiebt die Sand- und Schlickflächen bewohnende Alge eine Art Ausläufer über und durch den Untergrund. Davon gehen langelliptische, blattförmige Thalli aus, die weitere, kleinere derartige Flächen sprossen lassen können. Diese Alge verträgt zwar keine kräftige Brandung, kommt aber in ruhigeren Buchten mit Sandgrund bis nahe an die Wasseroberfläche vor und greift auch auf Felsuntergrund über.

Steinblatt *Lithophyllum cristatum*

Wenn man aus größerer Entfernung den Ufersaum betrachtet, fallen überall an den Felsküsten mehr oder minder zusammenhängende kalkweiße Flecken auf. Sie können sich zu einem bandartigen Sims zusammenlagern, das die Wasserlinie begleitet und stellenweise ein dezimeterbreites, überhängendes »Trottoir« bildet (S. 52). Rotalgen sind die Erbauer, die sich so stark mit weißer Kalksubstanz inkrustieren, daß die ursprüngliche Farbe ganz überdeckt ist. Die *Lithophyllum*-Trottoirs bilden den Untergrund für vielfachen Sekundäraufwuchs, der wieder einer mannigfaltigen Kleintierwelt Unterschlupf bietet. Es gibt verschiedene Arten dieser Steinalgen, die meist von stumpfvioletter Grundfärbung sind und beim Austrocknen weißlich werden. Die hier abgebildete Art *»cristatum«* bildet mehr flechtenähnliche Inkrustierungen mit aufgewellten, unregelmäßig -schlüsselförmigen Rändern, die verwandte Art *L. incrustans* eher gehirnartige Mäander.

Trichteralge *Padina pavonia*

Auf den ersten Blick anzusprechen ist diese in Form und Färbung charakteristische, schmutzig gelblich oder weißliche, mit bräunlichen, gezackten konzentrischen Ringen »schwammerlähnliche« Braunalge. Die Trichter können etwa 5 cm Durchmesser erreichen. Oft sind sie – gerade bei größeren Formen – seitlich mehrfach eingerissen. Die lichtliebenden Algen stehen – wiederum wie die Pilze im Wald – regelmäßig in ganzen Gruppen zusammen, an Felsen in den oberen, aber nicht zu stark bewegten Wasserschichten. Kleinere Exemplare kommen auch schon in Gezeitentümpeln vor. Größere, die 5–7 cm Höhe erreichen können findet man eher an brandungsgeschützten Orten, so im »Wellenschatten« von Felsblöcken (S. 129 unten).

Keulenalge *Dasycladus clavaeformis*

Diese zu den Grünalgen gehörende Form besiedelt Steinbrocken sowie Felswände, aber auch sandige Stellen. Mit haftscheibenähnlichen Organen sitzen die bis 3 cm langen, wurtsförmigen Schläuche dem Untergrund auf. Ihre Oberfläche ist charakteristisch rauh, oft auch von Miniaturaufwuchs bedeckt. Die Farbe ist tiefgrün. Im Aufbau bestehen sie aus einer Mittelachse, um die herum Seitenzweige sehr dicht stehen. Hierin unterscheidet sich die Keulenalge von der äußerlich recht ähnlichen Seetraubenalge *(Valonia utricularis)*.

Grüne Gabelalge *Codium dichotomum*   (nicht abgebildet)

An Hafenmauern bis knapp unter der Wasseroberfläche, auf den Blockgründen häufig in Tiefen von 2–4 m, findet man regelmäßig sattgrüne, charakteristisch gabelig verzweigte Grünalgenbüschel, die der Leser auch ohne Abbildungsvergleich leicht ansprechen kann. Sie können Krautkopfgröße erreichen und sehen mit den gabeligen Verzweigungen ihrer mehr als strohhalmdicken, drehrunden »Äste« aus wie kleine Geweihe. Oft werden sie von Strömungen zusammengetragen.

Ökologie der Brandungszone

Zwei Faktoren beherrschen diesen Biotop: die Gewalt des Wellenschlags und der Rhythmus der Gezeiten. An der französischen Mittelmeerküste gischtet die Brandung einer rauhen See immerhin mehr als 2 m hoch, läßt Steine tanzen und wirbelt Treibgut mit tosender Gewalt gegen die Felsen. Die Wasserstandsdifferenzen zwischen Ebbe und Flut betragen zwar nur knapp einen halben Meter,

Der Felsen oben links ist etwa 1 m hoch. Bei Ebbe fällt ein etwa 30 cm hohes, grünalgenbedecktes Band trocken. Von kräftiger Brandung kann der gesamte Felsen allerdings vollkommen überspült werden.

Mit einem Gewirr zahlreicher Füßchen und mit Stachelfortsätzen seines Panzers verankert sich ein Seestern – hier ein Kammstern der Art *Astropecten aurantiacus* an der Aquarienwand – sicher im Aufwuchsgewirr und hält so stärkerer Wellenbewegung stand, auch wenn die Füßchen wie bei der hier gezeigten Gattung *Astropecten* keine eigentlichen Saugnäpfchen tragen.

sind aber doch groß genug, um sanft geneigte Felsplatten großflächig trocken fallen zu lassen. Was hier überleben will, muß sich festheften, darf dem Wellenschlag keine großen Widerstandsflächen bieten und sollte schließlich bei Niedrigwasser und schwachem Wellengang auch ein Trockenfallen vertragen.

Massiv festgeheftet sind demgemäß auch fast alle Organismen, die hier vorkommen. Die *Lithophyllum*-Steinalgen verbacken praktisch unlösbar mit dem Untergrund, die Bohrschwämme schmiegen sich jeder Unebenheit an und gehen sogar ins Gestein. Die breiten Pyramidenbasen der *Balanus*-Seepocken und die fast gehäusegroßen Saugfüße der *Patella*-Napfschnecken wurden schon diskutiert. Mit ihren Byssus-Fäden verzurren sich die Miesmuscheln so fest, daß man sie mit Daumen und Zeigefinger nur unter großer Anstrengung abdrehen kann, wenn überhaupt. Die zahlreichen Grün-, Braun- und Rotalgen, die in der Gezeitenzone den charakteristischen, alles überziehenden Aufwuchs bilden, haben zwar keine Wurzeln, aber doch wurzelähnliche Haftorgane (Rhizoide), die scheibenartig dem Untergrund ansitzen und sich in Stämmchen verschmälern, die sich dann wieder aufspalten in das Gewirr der einzelnen, bahnförmigen, ästigen oder fadenbüschelartigen Lager. Der Zug, den diese im Wellenschlag erfahren, wird über die zugfesten »Stämmchen« auf die Anheftungsscheiben übertragen, und da diese recht großflächig sind – man betrachte einmal abgerissene Haftorgane bei kleinen Tangen! – ist der von der Flächeneinheit auszuhaltende Zug zwischen Haftorgan und Untergrund vergleichsweise klein. Ähnlich sind ja auch die Wandklebehaken der Technik dünn und zugfest, ihre Berührungs- sprich Klebeflächen dagegen vergleichsweise großflächig.

Gehäusetragende Formen dürfen keine sperrigen Gebilde fabrizieren, sondern müssen ihr Material so anordnen, daß der Widerstand gegen bewegtes Wasser möglichst klein ist. Man kann einen Lehmklumpen zu einer dünnen Platte ausklopfen oder zu einem flachen, napfschneckenartigen Kegel gleichen Volumens. Senkrecht gegen die anrollenden Wellen gehalten, wird die Platte einen vielleicht 20 mal größeren Strömungswiderstand erfahren als der an dem Untergrund aufgesetzte Kegel! In ähnlicher Weise haben auch die Seepockengehäuse aufgrund ihrer Anordnung die Eigenschaft, wenig Widerstand zu erzeugen.

Eine ganz andere Methode, mit der Kraft des anrollenden Wassers fertig zu werden, haben die festsitzenden Algen und Tange entwickelt. Mit ihren lang gezogenen Schläuchen und Bändern folgen sie augenblicklich jeder momentanen Wasserströmung und stellen sich damit automatisch so ein, daß ihre Struktur nur auf Zug belastet sind. Durch ihre interne Ausgestaltung – seilartig gleichgerichtete Lagerung der einzelnen Zellfäden – sind die Stielchen außerordentlich zugfest. Die flächigen Lager der Braunalgen, speziell der Tange, sind wegen ihrer Bauweise zudem beachtlich zerrstabil und reißfest. Sie entsprechen in ihrem histologischen Feinbau der »Sandwichbauweise« dünner Flugzeugtragflügel: Zwischen zwei zugfesten Membranen (Zellagern bzw. dünnen Aluminiumhäuten) ist ein druckfestes Wabensystem (zellige Wandstrukturen bzw. dünne Waben aus Aluminiumstreckmetall) eingefügt. Zudem sind alle Algenteile sehr elastisch. Gerade in ihrer scheinbaren Schwäche und Nachgiebigkeit liegt also ihre Stärke, mit der sie massivem Wellenschlag trotzen.

Wer sich in der Brandungszone frei bewegt, muß entweder über kräftige Klammerorgane verfügen – so die Einsiedlerkrebse und Krabben – oder im Algenwald kriechen, wo die Wasserbewegung nicht so stark ist, so die Schnecken. Auch freischwimmende Fische, namentlich *Blennius* – Schleimfische, gehen hoch in die Gezeitenzone hinauf. *Gobius*-Meergrundeln besitzen meist eine Saugplatte, die aus den umgebildeten Bauchflossen geformt ist. Sie können sich auf glatter Umgebung blitzartig festsaugen, wenn sie eine Welle ins – stets gefährliche – freie Wasser abzuspülen droht. Die Schleimfische dagegen hausen überwiegend in Felsritzen und Spalten des Aufwuchses, aus denen sie nur die Köpfe herausstecken (S. 103). Beim Verlassen ihrer Schlupfwinkel schmiegen sie sich dem Untergrund an und korrigieren ihre Körperlage unaufhörlich durch koordinierte Rumpf-, Flossen- und Schwanzbewegungen. Junge Schleimfische verbergen sich gerne zwischen abgestorbenen, halbgespreizten Schalen der Miesmuscheln. Steinseeigel drücken sich in Felshöhlungen, die sie aktiv vertiefen. Seesterne drücken sich so weit wie möglich in den Bewuchs und halten sich mit hunderten von Saugfüßchen fest. Ein reiches Kleintierleben von Würmern, Nacktschnecken, kleinen Krebstieren und anderen zarten und langgestreckt gebauten Formen bevölkert die Spalten und Gänge des Aufwuchses, wo die Wasserbewegung nur noch minimal ist, während nur einige Zentimeter weiter draußen die freie Brandung tobt.

Die Brandungszone ist kein in sich geschlossener Lebensraum, da sie mit dem Wellenschlag ständig Nahrungspartikel von außen zugeführt bekommt. Muscheln, Seepocken und festsitzende Röhrenwürmer filtrieren diese aus. Seesterne knacken Muscheln und Seepocken, Fische und Krabben nähren sich von lebenden und toten Kleinformen, der braune Drachenkopf wiederum, der bisweilen gut getarnt im Algendickicht der obersten Wasserschichten sitzt, frißt Krabben.

Sandküsten

Charakterisierung

Der Tourist liebt sie und für Kinder sind sie ideal, die weit ins Meer hinauslaufenden flachen Sandstrände. Biologisch jedoch erscheinen sie außerordentlich langweilig. Nicht, daß sie ohne Leben wären. Im Sande verborgen tut sich einiges, und Spülsäume voller Schalen von Muscheln und Teilen flacher Seeigel zeugen davon. Nur ist nicht viel zu sehen. Das ewige Auf und Ab der flach auslaufenden und deshalb überhöhten Brandungswellen erschwert die Beobachtung gerade feinerer Einzelheiten, und dem Schnorchler wird es durch die unablässige Schaukelei bald schwindlig. Das Bild ändert sich sofort, wenn da einzelne große Blöcke liegen oder Molen hinausgebaut sind. Gleich stellt sich interessanter Aufwuchs ein, und Fische haben ihre Standplätze.

Wir verlebten einige Wochen in einem kleinen Dorf am Fuße der Pyrenäen, um die Mitte der siebziger Jahre noch recht ursprünglich, und fuhren zum Baden immer an eine nahegelegene felsige Steilküste. Aus der Ferne machte sich die Kette der futuristischen Riesenhotels in der Bucht von Rosas mit ihrer Bienenwabenarchitektur von Appartments und Balkonsimsen recht gut. Einmal fuhren wir hin. Zwischen der Hotelkette und dem Meer ein gut 50 m breiter Sandstrand, dicht belagert mit sonnenbadenden, krebsroten bis kaffeebraunen Urlaubern. Im Wasser viele Kinder – noch 20 m vom Ufer entfernt konnten sie stehen, ein Dorado für die geplagten Mütter. Die Taucherbrille aufgesetzt und im Flachwasser auf den Bauch gelegt! Erster Eindruck: nichts! Doch dann klei-

Reiner Sandstrand mit angespülten Muschelschalen. Wie an den Reifenspuren ersichtlich, ist feuchter Feinsand erstaunlich druckstabil.

Sandiger Schlick mit Einsenkgruben und Auswurfhaufen von Sandwürmern der Gattung *Arenicola* (S. 119), die den Standort der Tiere verraten.

ne Plattfische, Pflügebahnen von Muscheln, huschende Garnelen in den ewig flirrenden Lichtkringeln. Was alles lebt wohl an und in dem homogenen Biotop der weiten Sandflächen?

Auf der Suche nach grabenden Formen bewährt sich eine flache Schüssel und ein großes Sieb. So wird man wohl immer kleine Röhrenwürmer finden, die sich bei Gefahr ganz in ihre im Sand vergrabenen »Futterale« zurückziehen oder versteckte Muscheln – eine hübsche Abwechslung, wenn das Sonnenbaden einmal zu langweilig wird.

Eine andere Art von »Sandstrand« stellen die sehr flach hinausgeschobenen Schlickregionen dar, wie man sie im Mündungsbereich größerer Flüsse und an der italienischen Ostküste der Adria findet, etwa bei Grado. Auch bei dem schwachen Tidenhub der Adria fallen sie trocken, soweit das Auge reicht. Im Anblick und in der Besiedelung ähneln sie den Wattregionen der Nordsee. So findet man auch hier die durch ihre Auswurfhaufen gekennzeichneten Röhrenbauten der Sandwürmer und dazu mehrere im Schlick grabende Muschelarten sowie die charakteristischen Maulwurfkrebse. In trocken fallenden Seegrasbeständen halten sich Krabben auf, und den darunterliegenden Schlick durchpflügen grabende Seeigel.

Fische der küstennahen Sandböden

Flunder   *Pleuronectes flesus*

Im Flachwasser wird man jüngere, 10 bis 15 cm lange Exemplare dieses ausgewachsen immerhin 30 cm messenden Plattfisches regelmäßig finden. Die Schollen und Flundern sind bekanntlich äußerst flache Fische, die sich der Sandoberfläche dicht anlegen können. Durch eine geradezu phänomenal auf den Untergrund abstimmbare Tarnfärbung sind sie so gut wie unsichtbar. Sie können innerhalb von Minuten bis Stunden ihre Farbe und Strukturierung ändern und passen sich in Färbung, Verteilung und Größe der Flecken stets den vorherrschenden Farb- und Helligkeitsverhältnissen eines Bodengrundes an. So ist ein Plattfisch auf grauem Sandgrund weißlich grau und mit vielen schwarzen Miniaturflecken übersät. Auf bräunlichem Schlickgrund kann er ebenfalls bräunlich werden, und die scharf konturierten Flecken lösen sich auf. Stöbert man eine Scholle oder eine Flunder auf, so schwimmt sie mit wellenförmigen Bewegungen des gesamten Körpers flach den Boden entlang, läßt sich aber alsbald nieder und gräbt sich mit einigen kräftigen Bewegungen des muskulären Rumpfes, denen feinere Wellenbewegungen der rundumlaufenden Flossensonne folgen, in verblüffend kurzer Zeit ein. Ein bis zwei Sekunden braucht eine kleine Flunder, um vollkommen im Sand zu verschwinden. Nur die beiden auf einer Flachseite gelegenen Augen gucken heraus und beobachten ruhig das Geschehen. Eingegraben fühlt sich der Fisch so sicher, daß man schon fast drauftreten muß, bis er wegstiebt. Gerade frisch eingegrabene Plattfische hinterlassen aber charakteristische Umrißlinien im nachsickernden Sand, die der erfahrene Schnorchler zu deuten weiß. Wenn man sich mit der Taucherbrille flach auf den Boden legt und einen eingegrabenen Plattfisch anstupst, kann man besonders schön die Körperundulationen beim Wegschwimmen beobachten. Mit einem darüber gelegten Netz läßt sich ein eingegrabener kleiner Plattfisch leicht fangen. In einer Kunststoffwanne mit zentimeterhohem hellen oder dunklen Bodensatz gebracht läßt sich die Anpassung an den Untergrund leicht studieren, wenn man das Tier nach einigen Stunden von hell auf dunkel oder von dunkel auf hell setzt.

Augenfleckige Seezunge   *Solea ocellata*

Von dem guten Dutzend Plattfischen, die man in den europäischen Meeren finden kann, sind nur wenige Arten so gekennzeichnet, daß man sie auf den ersten Blick anzusprechen vermag. Dazu gehört die augenfleckige Seezunge, die auf der »Oberseite« – der Augenseite – vier oder fünf runde, schwarze Flecke trägt, die gelblich hell umrandet sind. Ansonsten sind gerade die Jugendformen der Seezungen und Schollen einander recht ähnlich und eigentlich nur anzusprechen, wenn man sie in einer flachen Wanne gefangen hat und ein Bestimmungsbuch benutzt.

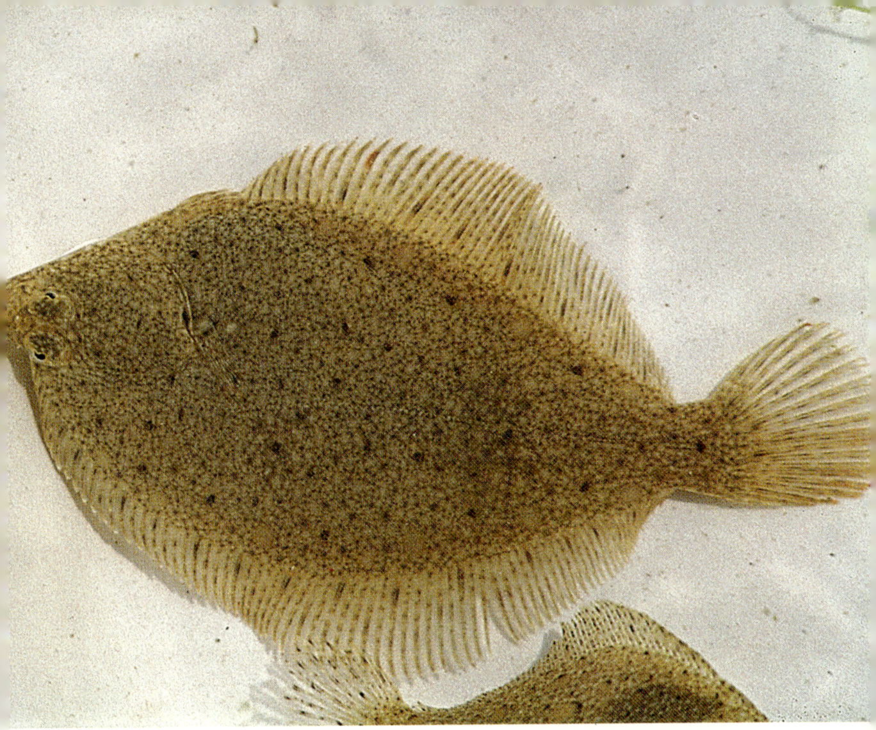

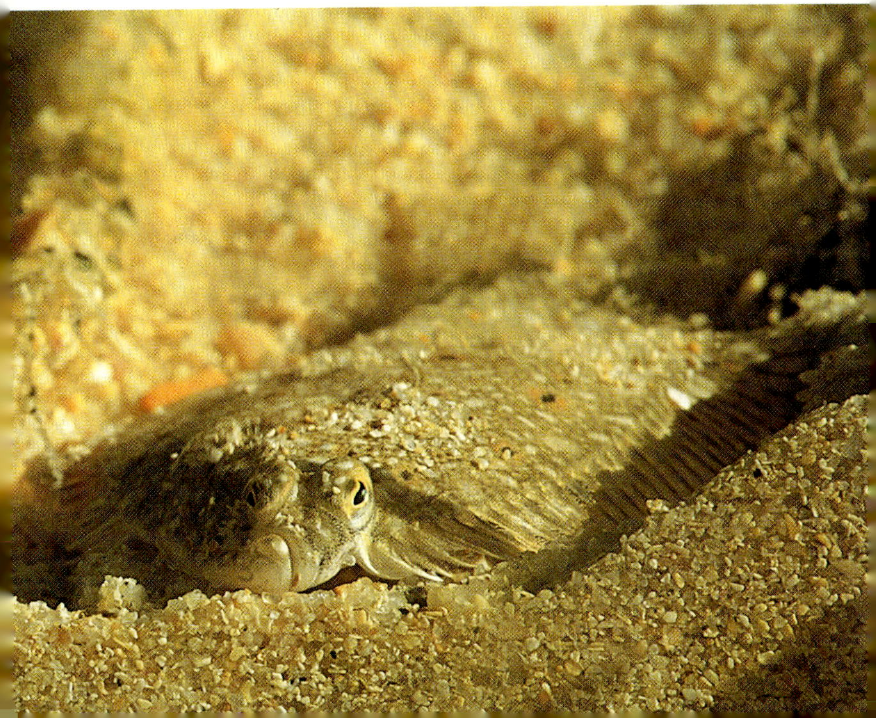

Zitterrochen *Torpedo marmorata*

Es gibt überraschend viele Formen von Rochen im Mittelmeer. Die meisten leben auf den Sand- und Schlickgründen der tieferen Regionen. Einige mittelgroße Arten der Stachel- oder Adlerrochen aber haben die unangenehme Eigenschaft, sich gerade auch in flacherem Wasser einzugraben und nur Augen und eventuell den schwanzständigen Giftstachel herausschauen zu lassen. Tritt man beim Baden in so einen Stachel, so kann das nicht nur unangenehm sein, sondern stundenlange äußerst starke Schmerzen zur Folge haben; es kann sogar lebensgefährlich werden.

Den hier als Vertreter abgebildeten Zitterrochen kann man in Aquarien sehen; man findet ihn auch auf Fischmärkten. Der eigenartige, bis 70 cm messende Rochen ist an seiner unverkennbaren, rundlichen Körperform leicht anzusprechen. Recht unscheinbar ist die braun gesprenkelte Oberseite der Art *Torpedo marmorata*. Die Art *Torpedo torpedo* trägt fünf charakteristische, tiefblaue, schwarz und gelb umrandete Augflecken und heißt deshalb »Augenfleck-Zitterrochen«. Das abgebildete Exemplar ist ungewöhnlich hell. Zitterrochen geben starke elektrische Schläge ab, wenn man sie ärgert.

Ein naher Verwandter, der **Stechrochen** *(Trygon pastinaca)* wird 50 bis 80 cm lang und ist durch eine quadratisch-rombische Körperform mit seitlich bogenförmig angeordneten Flossen gekennzeichnet, die vor dem Kopf spitz zusammenlaufen.

Der kleinere **Sternrochen** *(Raja stellata)* wird nur knapp 40 cm lang und besitzt keinen Giftstachel. Kleinfingernagelgroße, rundliche, gelbliche und dunkel umrandete Flecken sind typisch für diese sandbödenbewohnende Art.

Niedere Tiere auf Sandböden der Flachküsten

Kleiner Herzseeigel *Echinocardium cordatum*

Es ist wenig bekannt, daß es Seeigel gibt, die ganz im Sand vergraben leben. Sie sind nicht so kugelig wie die gängigen Formen, sondern mehr oder minder abgeflacht. Ihr gesamter Körperbau ist im Vergleich zu den freilebenden, rundlichen oder »regulären« Formen verschoben, »irregulär«. Der Mund sitzt nicht mehr zentrisch unten, sondern weit vorne, der After nicht mehr oben, sondern hinten, die fünf charakteristischen Füßchensysteme erstrecken sich nicht mehr apfelsinenschalenartig rund herum sondern sind auf der Oberseite lokalisiert. Die Stachel sind nicht starr und rundherum abstehend, sondern biegsam und rückwärts gerichtet: lauter Anpassungen an das Leben im Sand. Bei manchen Arten legen sich die Stacheln zusammen und bilden richtige Kamine, mit denen der tief eingegrabene Seeigel Verbindung zur Sandoberfläche hält. Der kleine Herzigel wird bis 5 cm lang. Seine zarten, aber widerstandsfähigen Panzer findet man gelegentlich vollständig erhalten, meist allerdings in Bruchstücken, am Spülsaum der Sandküste. Er kommt schon in wenigen Metern Wassertiefe vor, kaum jedoch im Flachwasser.

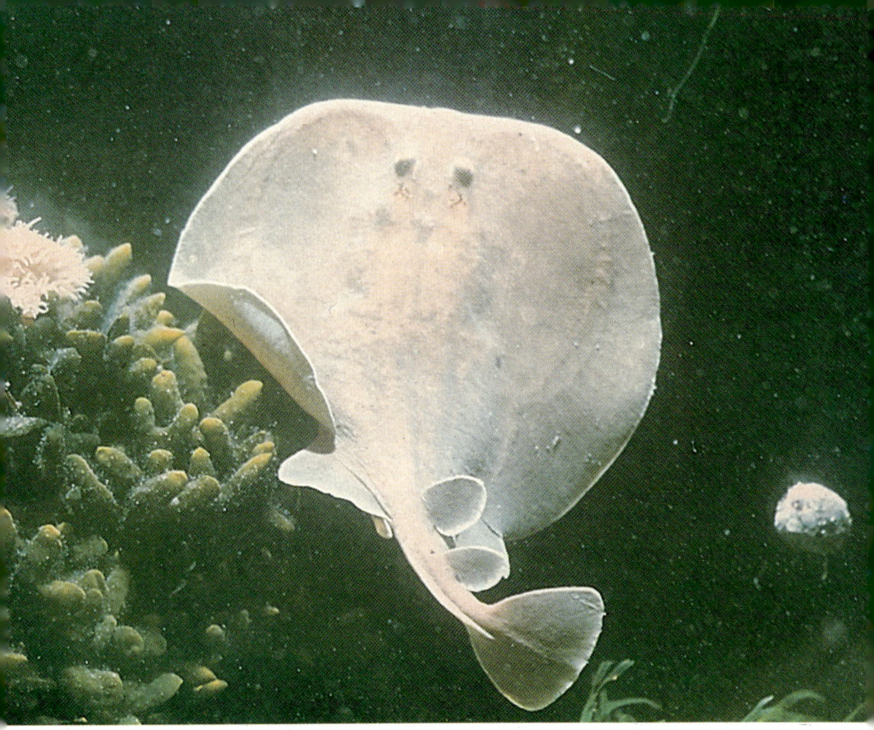

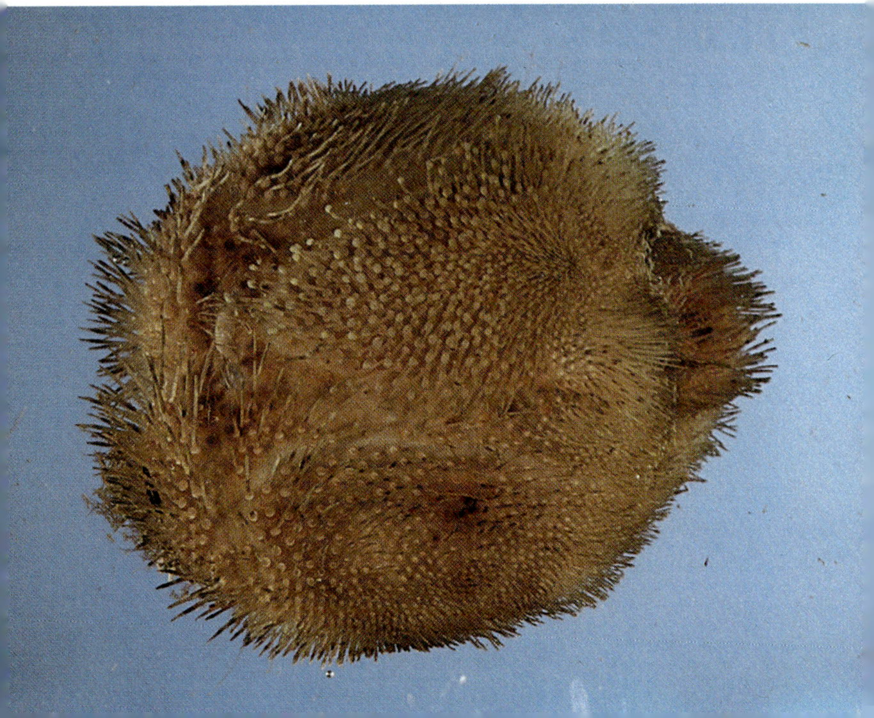

Verschiedenfarbiger Ringelwurm *Nereis diversicolor*

Von den zahlreichen vielborstigen Würmern, die im sandigen Schlamm der Lagunen und Wattregionen leben, sei hier nur diese eine Art genannt. Der Verschiedenfarbige Ringelwurm, an die 10 cm lang, regenwurmdick, mit beborsteten seitlichen Fußfortsätzen besetzt, verträgt auch stark brackiges Wasser und bevölkert in Millionenzahl die Lagunenböden. Er und die Vielzahl anderer Schlammwürmer baut U-förmige Gänge, die er gegen das Zusammenfallen mit einer Art Sekret auskleistert, und nimmt Schlamm auf, den er – nach dem Verdauen verwertbarer Bestandteile – in wurmförmigen Kothäufchen wieder abgibt. Ökologisch und als Nahrungsgrundlage für höhere Tiere sind diese Sandwürmer außerordentlich bedeutsam.

Schraubensabelle *Spirographis spallanzani*

Wo in 2 bis 3 m Tiefe der Sandgrund schon leicht mit Schlick durchsetzt ist und nicht mehr so stark aufgewirbelt wird, siedeln sich bereits Röhrenwürmer an, die sonst in der Hauptsache auf sandigen und schlickigen Stellen der tiefer gelegenen Posidonienwiesen und in ruhigerem Tiefwasser anzutreffen sind. Als seßhafte Vielborster bauen sie sich röhrenartige Köcher aus horniger oder kalkiger Substanz, die im Sand stecken oder Steinen angekittet werden. Wenn sie ungestört sind, entfalten sie ihre schraubig gewundenen, rotbraun gestreiften *(Spirographis spec.)* oder doppelfächerartigen *(Sabella spec.)* Tentakelkronen. Mit Aberzehntausenden von Flimmerhärchen auf den Tentakeln werden feinste Planktonorganismen aufgenommen und – eingeschleimt – in rinnenartigen Falten der zentralen Mundöffnung zugeführt. Je tiefer und ruhiger das Wasser ist, desto größere und schönere Formen dieser prächtigen »unterseeischen Blumen« kann man finden. Sie sind sehr empfindlich. Bei Erschütterung – oft schon bei Beschattung – ziehen sie sich blitzartig in die Röhre zurück. Dann dauert es einige Zeit, bis sie wieder herauskommen, und dies geschieht vorsichtig »tastend«. Erst mit der letzten ruckartigen Drehung entfaltet der große *Spirographis*wurm seine Spiralkrone ganz. In Schauaquarien kann man diese bis untertassengroßen, prächtig rot gefärbten und dunkel gebänderten Fangeinrichtungen besonders schön studieren.

Sandröhrenwurm *Lanice conchilega*

Es gibt zwei ähnliche, auffallende Gattungen im Mittelmeer, von denen *Lanice* ihre Wohnröhren 10 bis 20 cm tief in den sandigen Untergrund der Flachküsten baut, eine andere Gattung *(Polymnia)* dagegen die Röhren flach an Steinen ankittet. Diese bleistiftdicken Wohnröhren sind sehr auffallend, da sie neben großen Sandkörnern auch Kleintrümmer von Muscheln und Schnecken enthalten und »schuppig« aussehen. Der Wurm kann mit kräftigen Borsten in seinem Köcher auf und ab klettern. Wird er nicht gestört, so streckt er sein Vorderende mit den Kiemen und den langen, büscheligen Tentakeln zur Atmung und zur Nahrungsaufnahme heraus. Schnipst man eine Röhre etwas ab, so baut er sie rasch nach.

Muscheln im strandnahen Sandboden

Kleinere Verwandte der im Kapitel »Unterseeische Wiesen- und Schlammflächen« (S. 157) beschriebenen Muscheln wird man auch im sandig schlickigen Flachwasser finden, bisweilen in großen Mengen. Leere Muschelschalen dieser Arten, allen voran die Eßbare Herzmuschel *(Cardium edule),* stellen auch einen Hauptbestandteil des Spülsaummaterials dar. Lebende Muscheln kann man häufig mit der Hand aus dem Sand heraus fischen, wenn man eine Kriechspur verfolgt und am »besser erhaltenen« Ende ansetzt. Die Muscheln pflügen sich mit ihrem kräftigen Fuß oft erstaunlich rasch durch den Untergrund. Es gibt aber auch Meeresmuscheln (z. B. nordamerikanische Arten), die so tief im Sand verborgen leben (bis zu 1 m), daß man sie nur mit speziellen Stechern herausholen kann.

Eßbare Herzmuschel *Cardium edule*

Meist erreichen die rötlich braunen, rundlichen Schalen mit den charakteristischen, flach gewellten und ganz leicht geschuppten Radiärrippen nicht die Maximalgröße von 5 cm, sondern sind 2,5 bis 3 cm lang. Die Schalen finden sich stets in Mengen im Anschwemmsel und bleichen dann rasch aus (Abb. oben). Diese Art liebt insbesondere den Sand und Schlick des Flachwassers, in den sie sich eingräbt, und scheut auch nicht etwas brackiges Wasser im Bereich der Flußmündungen. Bei Erschütterung klappt sie die Schalen zusammen und spritzt einen kräftigen Wasserstrahl aus dem Atemrohr. Wenn man bei Ebbe über Sandflächen läuft, die trocken gefallen sind, wird man hie und da die kleinen Springbrunnen aus dem Boden sprudeln sehen. Ausgegraben und in flaches Wasser gesetzt, wühlen sie sich mit erstaunlicher Geschwindigkeit wieder bis zum Hinterrand in den Untergrund ein. Mit ruckweisen Kontraktionen ihres kräftigen Fußes durchpflügen sie Sand und Schlick und hinterlassen dabei eine charakteristische Kriechspur.

Warzige Herzmuschel *Cardium tuberculatum*

Die Schalen dieser ebenfalls häufig am Strand zu findenden Art sind kräftig und schwer. Sie tragen massive, wohl ausgebildete, leicht warzige Radialrippen, darauf jedoch weder Dornen, wie die ähnliche Dornige Herzmuschel *Acanthocardium echinatum* (S. 177), noch gebogene Stacheln, wie die Stachelige Herzmuschel *(Cardium aculeatum).* Die Färbung ist ein schmutziges, verwaschenes Braun mit dunkler braunen konzentrischen Bändern. Bei verwitternden Exemplaren kommt die weiße Kalkunterlage zum Vorschein.

Sägezähnchen *Donax trunculus*

Wie die Herzmuschel liebt diese sehr häufig angespülte Muschel mit ihren kleinen, nur 2–3 cm messenden, länglichen, an Schloß und Hinterrand spitz erscheinenden Schalen schlickige Böden im Bereich der Flußmündungen und Lagunen. Die Schalen sind am Rand zart gezähnt und innen tief violett gefärbt.

Schwertmuschel *Ensis ensis*

Die Scheidenmuscheln, zu denen neben der abgebildeten gebogenen Art noch die geradegestreckte Große Messerscheide *(Solen vagina)* und die tatsächlich wie ein kleines Taschenmesser geformte Taschenmessermuschel *(Pharus legumen)* gehören, leben sämtlich in weichen Böden, in die sie sich vollständig eingraben. Insbesondere in den Wattregionen der Nordsee findet man sie häufig am Strand angespült, aber auch an den Sandstränden des Mittelmeers wird man sie immer wieder im Spülsaum entdecken. Die mittelgroße Schwertmuschel besitzt gebogene Schalen und heißt deshalb wohl auch Gebogene Scheidenmuschel. Sie ist ein ganz regelmäßiger Bewohner der Sandböden.

Die Große Scheidenmuschel hat gerade Schalen und wird so groß wie ein Küchenmesser. Im Spätherbst kann man sie auch körbeweise auf Fischmärkten entdecken. Gut gewählt schließlich ist der Name »Taschenmessermuschel« für die letztgenannte Art. Sie wird bis zu 5 cm lang und ist nicht so häufig wie die größeren Arten. Normalerweise leben diese Muscheln im Sand verborgen und strecken Fuß und Atemröhren außerordentlich weit aus den Schalen heraus. Bei Gefahr ziehen sie sich rasch zurück.

Strahlige Venusmuschel *Venus gallina*

Auch diese Muschel lebt im Sand vergraben, meist in mittlerer Tiefe. Da sie recht häufig ist, findet man immer wieder angespülte Schalen. Charakteristisch ist die rundlich-ovale Grundform mit der häubchenartigen, schräg abbiegenden Schloßregion. Die drei typischen, nach außen sich verbreiternden, braunen Radiärbänder wird man bei angewitterten Exemplaren nicht gut sehen können; in der Abbildung zeigt sie nur das linke, mittlere Exemplar relativ deutlich. Auf hellem Grund trägt die Muschel konzentrische, zartbraune Linien, die sich teils in Punktreihen auflösen, teils auch zusammenlaufen. Die Schaleninnenseite ist weiß.

Die Venusmuscheln, von denen hier ein häufiger Vertreter vorgestellt worden ist, leben sämtlich auf Sand- und anderen Sedimentböden. Ihre Schalen sind relativ massiv ausgebildet, bei den größeren Arten – auf S. 175 und S. 177 sind zwei häufigere Großformen abgebildet – sogar ausgesprochen schwer. Ober- und Unterschale schließen dicht aneinander, doch ist die letztere meist flacher und weniger deutlich gezeichnet. Venusmuscheln können mit Hilfe ihres langen und geknickten Fußes »springen«.

Zarte Tellmuschel *Macoma tenuis*

Die Schalen sind längsoval mit spitzem, kleinem Schloß, klein (2–3 cm), zart und abgeflacht. Sie laufen hinten in eine Art Schnabel aus. Innen sind sie rosa, außen weiß und rosa konzentrisch gebändert. Die Tellmuscheln haben zwei relativ sehr lange Atemrohre, mit denen sie tentakelartig die Bodenoberfläche abtasten und mit dem Einsaugrohr feinen Algenaufwuchs absaugen. Es gibt mehrere, recht ähnliche Arten. Eine spitzer geformte, ebenfalls recht häufige Art, *Tellina distorta,* ist mit knapp 2 cm Schalenlänge besonders klein.

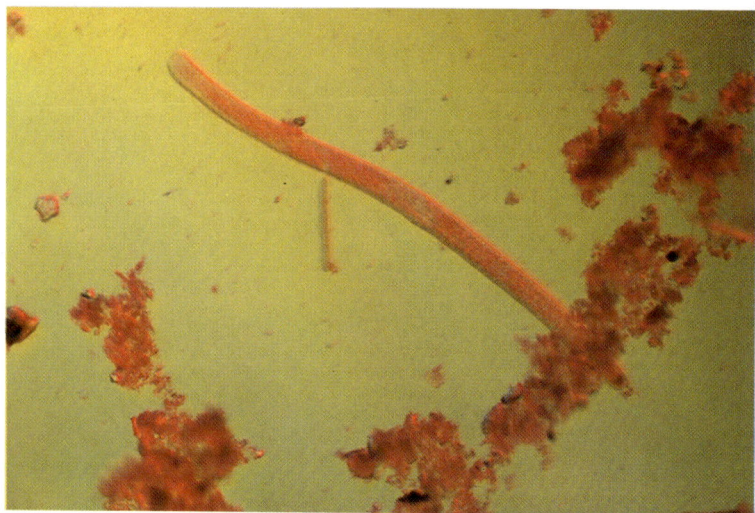

Dieses langgestreckte Wimpertierchen ist ein typischer Bewohner des Sandlückensystems. Die Färbung dieser Mikroaufnahme ist optisch bedingt (Rheinberg-Beleuchtung).

Bewohner des Sandlückensystems

In mikroskopischen Dimensionen ist Sand ein recht eigenartiges Substrat. Die Körner backen nicht flächig zusammen, sondern schließen ein äußerst zartes und weit verzweigtes System wassergefüllter Spalträume ein, die oft nur nach hundertstel oder gar tausendstel Millimeter messen. Es ist eigentlich erst in den fünfziger Jahren so recht bekannt geworden, daß dieser bis dato übersehene Mikrobiotop ein ganz eigentümliches Leben beherbergt. Für die Körpergestalt von Tieren, die das Sandlückensystem zu bewohnen vermögen, sind zumindesten zwei Eigentümlichkeiten zu fordern: Sie müssen sehr klein sein und sollten, da sie sich durch die engen Spalten winden müssen, langgestreckt sein. Es hat sich nun gezeigt, daß die unterschiedlichsten Tierklassen derartige Formen entwickelt haben, die alle winzig klein und langgestreckt sind und oft so stark modifiziert und reduziert erscheinen, daß man beim ersten Blick durch das Mikroskop kaum zu sagen vermag, ob es sich um einen Fadenwurm handelt oder ein Urtierchen, ein Rädertier oder einen Strudelwurm, einen Bauchhaarling oder ein Kiefermaul (Gnathostomulide), einen vielborstigen Wurm oder eine Seescheide, ein Hakenrüssler (Kinorhynche), eine Meduse oder gar um einen Krebs.

Für den mikroskopierenden Naturfreund bietet sich hier ein weites Feld für Nachentdeckungen. So zeigt sich bald, daß Sand nicht gleich Sand ist, daß sich die Artenzusammensetzung mit der mittleren Korngröße und der Beimengung von Schlick ändert.

Zur Ökologie der Sandküsten

Sand ist ein variables Substrat und läßt keinen Aufwuchs zu, wie er auf Steinen und Felsen zu finden ist. Was sich hier auf Lebenszeit festsetzen will, muß sich eine Art »Pfahlwurzel« schaffen, die bis in tiefere, unbewegte Schichten führt. So reichen die hornartigen Hüllen eines ausgewachsenen *Spirographis*-Röhrenwurms 20 cm oder noch tiefer hinab. Dafür bieten lockerer Sand und Schlick frei beweglichen Lebewesen eine besonders wirkungsvolle Art sich zu verbergen: das Eingraben. Plattfische, Rochen, Sandgarnelen nutzen diese Möglichkeit. All diese Tiere haben auch ein sandfarbenes Tarnhemd, das ihnen beim langsamen Schwimmen über Grund und beim Ruhen auf der Sandoberfläche zugute kommt; Schollen und Flundern können es bekanntlich sogar dem Untergrund anpassen.

Wer sich vom organischen Gehalt des Sandbodens nährt, muß viel Sand durch das Darmsystem laufen lassen und wieder ausscheiden. Wer sich durch den Sand wühlt, muß zur Aufnahme sauerstoffreichen Atemwassers stets Verbindung zur freien Oberfläche halten. So formen irreguläre Seeigel (Seeigel, deren Gehäuse flacher und nicht so symmetrisch gebaut ist) bisweilen richtiggehend Kamine aus zusammengelegten Stacheln, und die grabenden Muscheln haben lange Atemröhren ausgebildet, »Siphone« genannt, eine zum Einsaugen, die andere zum Ausstoßen des Atemwassers. Die Muscheln nähren sich bekanntlich von Schwebestoffen, die sie mit ihren Kiemenfiltern aus dem Atemwasser herausfiltern. Die über die Sandoberfläche herausragenden Siphone der Mu-

Kotwürstchen eines Ringelwurms (S. 119). Sie bestehen fast völlig aus unverdaulichem Sand.

scheln erfüllen also die Doppelfunktion der Atmung und zugleich Nahrungs-
herbeischaffung. Diese Eigentümlichkeit macht Muscheln für den Genuß gefährlich, die in verschmutzten Hafenregionen und nahe von Abwassereinleitun-
gen leben. Sie filtern ja wahllos schadstoffbeladene Schmutzteilchen, Colibak-
terien und sonstige Schwebeteile heraus und reichern sie bis zu mehrtausendfa-
chen Konzentrationen an. Muscheln, die oberflächlichen Algenbewuchs abweiden, können das nicht nach Art der Schnecken tun; sie müssen vielmehr besonders lange und biegsame Siphone ausbilden, mit denen sie nach Art eines
Staubsaugerrohrs die Umgebung »abfahren«. So machen es die Tellmuscheln.
Das Eingraben einer Muschel mit Hilfe ihres muskulösen Fußes ist im übrigen
ein recht interessanter Vorgang, der bei manchen Formen folgendermaßen ab-
läuft. Die Schalen werden etwas gespreizt. Dann wird der Fuß lang ausgestreckt. Durch Muskelkontraktion läßt ihn die Muschel sodann unten auf-
schwellen, bis er sich wie ein Pfropf im Sand verankert. In der Folge kontra-
hieren sich die längs verlaufenden Muskeln, während sich die Schalen nähern.
Diese »prägende« Wirkung der Umwelt äußert sich ganz besonders deutlich in
Extremfällen, so beispielsweise bei der Sandlückenfauna. Wenn ein Rädertier
oder ein ganz anders organisierter Krebs auf den ersten Blick gleichartig aussehen – winzig klein, langgestreckt, ohne weit abstehende Körperteile, »sandlük-
kenschlüpfrig« –, so ist das ein schönes Beispiel für eine gleichartige Umgestal-
tung, die ein bestimmter Extrembiotop von seinen Bewohnern erzwingt, gleich-
gültig, um welche systematische Kategorie es sich handelt. Sand eignet sich
auch hervorragend als Baumaterial. In den Röhren der Goldköcherwürmer
(Amphictene) sind die Körnchen in einer Schicht so exzellent »auf Lücke« und
verklebt, daß kein noch so feiner Spalt bleibt.

Einschichtige Sandröhren des Goldköcherwurms *(Amphictene spec.)*.

Steinküsten und Blockgründe

Charakterisierung

Zwischen Piran und Strunjan fällt die Küste in schiefrigen Steilhängen zum Meer ab. Klassisch geschichtet ziehen sich die horizontalen Kalkschieferbänder in leichten Schwüngen hin, soweit das Auge reicht. Man kann verschiedene Dicken unterscheiden, dezimeter- bis meterdicke Bänke. Offensichtlich sind die dickeren auch die härteren, denn unter ihnen sind kalkförmige Bänder herausgewittert, so daß die breiten Bänke simsartig vorstehen. Durch senkrechte Spalten sind sie bereits in Blöcke zerklüftet, die dreieckig vorragen (Abb. S. 89). Gelegentlich lösen sie sich und stürzen polternd ab. Dies tun die großen wie die kleinen, und so bildet sich im Laufe der Zeit ein Ufersaum von ziegel- bis tischgroßen, flachen Blöcken. Scharen von Strandasseln (S. 57) ziehen über die wasserumspülten Strandblöcke, und wenn von einem vorübertuckernden Kutter kräftige Wellen auflaufen, so sieht man, wie kleine Wolfsspinnen landeinwärts flüchten, die speziell aus dem Triester Raum bekannte *Lycosa entzi*. Sie liebt salzhaltige Böden und übersteht auch mehrstündige Überflutungen, eine seltene Ausnahme bei Spinnen.

Das Stein- und Blockgewirr setzt sich unter dem Meeresspiegel Dutzende von Metern fort und taucht auf mehrere Meter Tiefe ab: Klassische Blockgründe, eine Welt für sich, und mit ihren vielen Nischen und Spalten ein ideales Versteck für Fische, Krebstiere und Tintenfische. Man sollte unbedingt im flachsten Wasser Steine wegräumen und im Gangsystem nach Steinkrabben, Porzellankrebschen, Schlangensternen und Käferschnecken suchen. Nahe der Wasseroberfläche liegt bisweilen die Decke meterbreiter Schieferbänke frei, ganz nackt und glatt poliert wie ein Tanzparkett. Nur Steinseeigel (Abb. oben) und dazwischen Blöcke, die von Bohrmuscheln zerfressen sind. Dann wieder die kleinen und großen geschichteten Blockfelder und Steinschüttungen, auf denen die großen Schleimfische sitzen (Abb. Mitte), aus deren dunklen Ritzen die Meergrundeln gucken, über die Schwärme von Jungfischen huschen und in denen kleine Kraken ihre Steinwälle bauen. Langsam bewegen sich in diesem Gewirr die wohl getarnten Seespinnen, unauffällig und selbst fast wie ein algenbewachsener Stein anmutend.

Es fällt auf, daß die kleinen Blöcke nahe dem Ufer praktisch kahl sind. Sie werden durch die Brandung immer wieder hin – und hergeschoben, gewälzt und gekippt, so daß sich Aufwuchs nicht halten kann. Schon in einem Meter Tiefe zeigen die ganz großen, weiter draußen auch die kleineren Blöcke einen zunächst schütteren Bewuchs, der mit größerer Wassertiefe immer umfangreicher wird, bis etwa ab 3 bis 4 m Tiefe ein lückenloser Schleier von Aufwuchs alle Höhen und Tiefen ausgleicht (Abb. unten). Vor allem die *Padina*-Trichter bildet große Teppiche, dazwischen immer wieder braune, struppige Cystoceiren, und die grünen Halsbänder der *Halimeda*-Pfennigalge, die wirklich aussieht wie eine Reihe grüner Pfennige, die man an einem Drahtstück aufgereiht hat. Die meisten Algen, von denen im Abschnitt über die Brandungszone (S. 104) die Rede war, finden sich auch hier. Da und dort die schwarzen Ballen verschiede-

Oben: Steinseeigel (S. 97) auf einer flachen Steinbank in 1 m Tiefe. Unten: Kleines Geröll mit Gestreiftem Schleimfisch *(Blennius gattorugine)*.

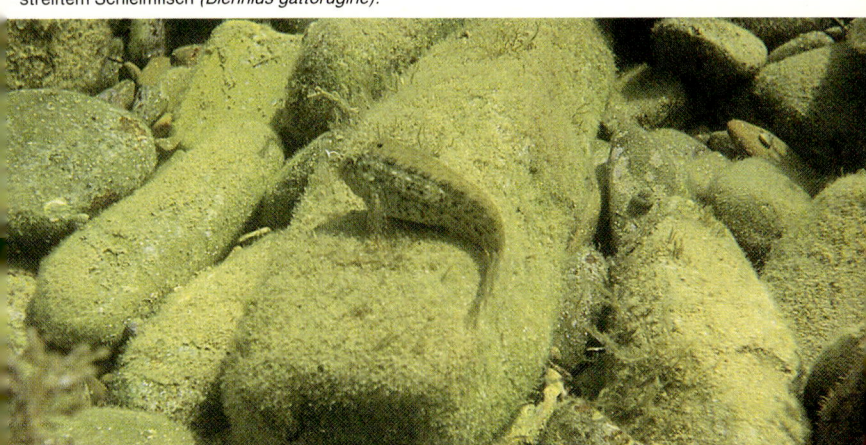

Unten: Tangwiesen von *Cystoseira* (S. 88); rechts Trichteralgen, *Padina pavonia* (S. 107), in der Mitte halbverborgen ein Schleimfisch.

ner Schwammarten und die goldgelben Nester des *Aplysina*-Goldschwamms, Markierungspunkte für den Schnorchler. Und Fische! Zwischen Myriaden von Jungfischen, die in Schwärmen die Blöcke umschweben, immer wieder *Crenilabrus*-Lippfische (S. 103) und die größten Arten der *Blennius*-Schleimfische, gedämpft – neugierige Einzelgänger. In kleineren und größeren Trupps sieht man die verschiedenen Meerbrassen. Die drei Aufnahmen sind mit einem Unterwassergehäuse ohne Blitz in 1–2,5 m Tiefe aufgenommen und zeigen, daß selbst in so geringer Tiefe das natürliche Licht schon stark bläulich-grünlich ist und mit dieser Methode mehr als einfache Übersichtsbilder nicht zu erhalten sind.

Weiter draußen in 7 bis 10 m tiefem Wasser verlieren sich die Blockgründe in einem diesigen Nebel. Hier stehen die charakteristischen dunklen *Chromis*-Mönchsfische mit ihren schmetterlingsförmig geteilt erscheinenden Schwanzflossen wie Schatten gegen das flirrende Blau des tieferen Wassers. In hellen Sandinseln taucht das dunkle Grün der unterseeischen *Posidonia* Wiesen auf.

Niedere Tiere auf und zwischen Steinen

Meerohr *Haliotis lamellosa*

Die lebende Schnecke wird man nicht so leicht sehen, da sie farblich unauffällig und durch Aufwuchs »getarnt« ist. Um so stärker fallen die Schalen abgestorbener Tiere ins Auge, zumal, wenn sie mit der irisierenden inneren Perlmuttschicht nach oben weisend auf dunklem Untergrund liegen. Oft werden sie von der Strömung in kleine Schlenken der Blockgründe eingespült. Die Schale sieht tatsächlich ohrförmig aus und ist gekennzeichnet durch ihren inneren Perlmuttglanz und die äußere, schummerig-dunkelbraune Färbung. Charakteristisch sind die zahlreichen, in einer seitlichen Reihe angeordneten Durchbrüche. Wenn die Schnecke wächst, legt sie vorne neue Durchbrüche an und verschließt die hinteren durch Kalksubstanz. Ihr Lebensraum ist der Steingrund geringerer Tiefen.

Käferschnecke *Chiton olivaceus*

Wenn man an und unter Steinen in den oberen Regionen der Blockgründe länglich-ovale, flache Gebilde findet, unauffällig bräunlichgrau oder olivfarben, die in Querrichtung schildartig gekammert sind ähnlich den Armpanzern einer Ritterrüstung, so hat man einen Vertreter einer ehrwürdig alten Schneckenklasse vor sich: eine Käferschnecke. Die genannte Art ist eine der häufigsten; sie wird knapp 4 cm lang, meistens aber sind die gefundenen Exemplare kleiner, knapp 2 cm. Wenn man sie vorsichtig ablöst, rollt sie sich bündelartig ein.

Man findet sie nach einigem Suchen mit Sicherheit, wenn man im flachsten Wasser geduldig Steine wälzt. Gerne geht sie auch in die klaffenden Schalen abgestorbener Muscheln hinein, wo sie vor starkem Lichteinfall und vor Feinden geschützt ist.

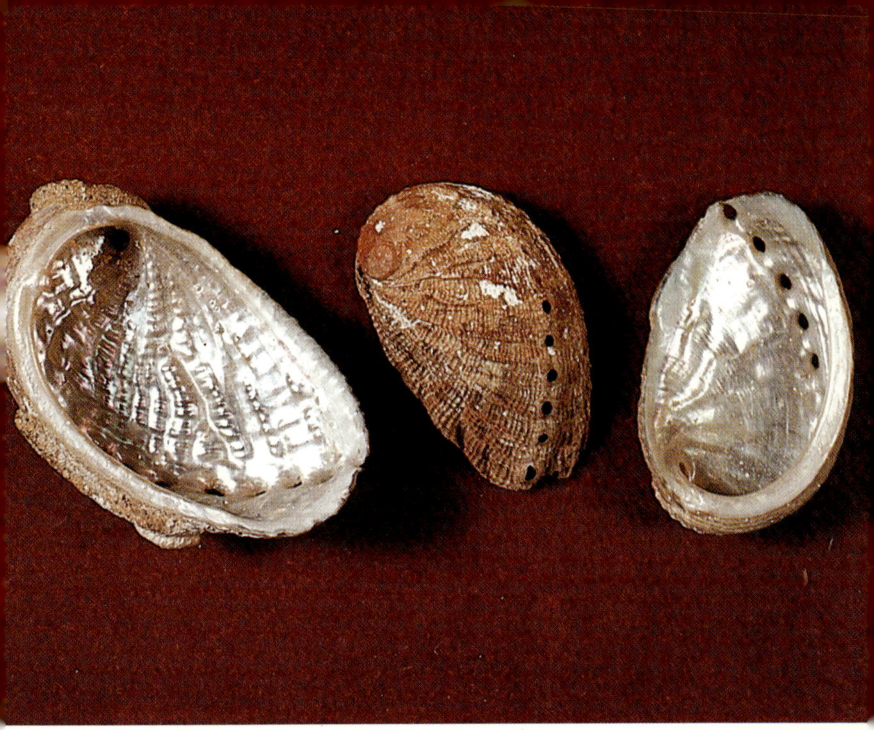

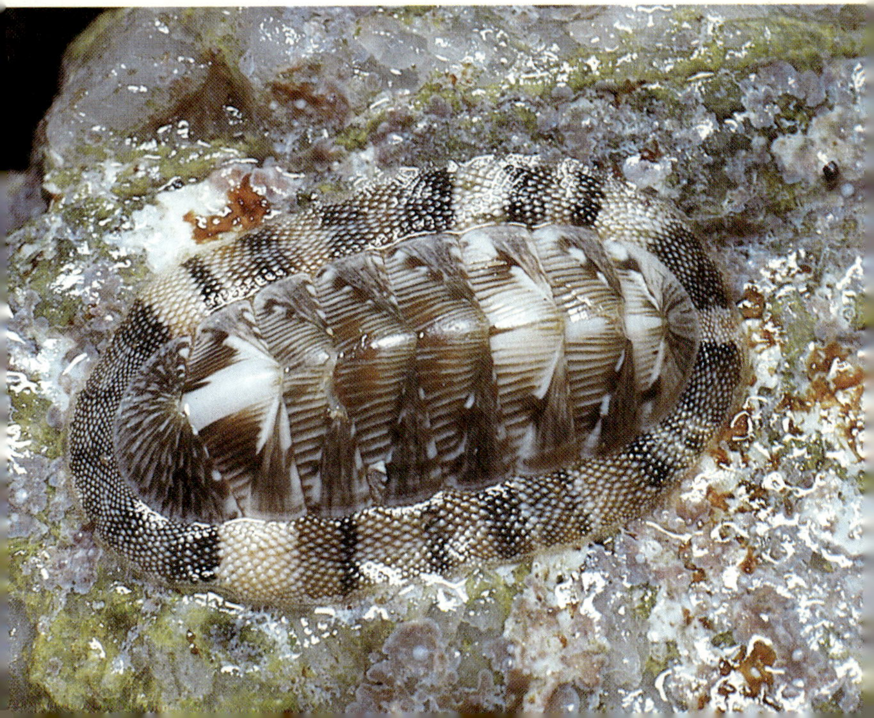

Goldschwamm   *Aplysina aerophoba*

Dies ist der bei weitem auffallendste Schwamm der flachen bis mitteltiefen Küstenregion. Seinen deutschen Namen trägt er zurecht: Goldgelb mit daumenförmigen »Schloten«, die am Ende eine leicht vertieft sitzende Mundöffnung aufweisen, ist die hand- bis waschschüsselgroße Form unverkennbar. Immer wieder sieht man seine leuchtenden »Nester«, aus der einheitlich graugrün gefärbten Bodendecke der 3 bis 5 m tiefen Küstengewässer hervorlugen. Auch in den Seegraswiesen kommt er vor. Er gehört zu den Hornschwämmen, die keine Nadeln besitzen, dafür aber ein stützendes Flechtwerk aus elastischen Fasern. Es lohnt sich nicht, einen solchen Schwamm abzureißen und zu trocknen. An der Luft zerfällt er zu einer grünschwarzen Brühe.

Braune Seegurke   *Holothuria tubulosa*

Ein klein wenig lebhafter als die schwarzen, bewegungslosen, kinderarmdicken Riesenschläuche, die da in mittlerer Wassertiefe auf Sandböden oder auch einmal nahe kleinen Sandtaschen auf wenig bewachsenem Blockgrund liegen, (schwarze Seegurke, *Holothuria forskali*) ist die kleinere Braune Seegurke. Seegurken gehören zu den Stachelhäutern. Im Vergleich zum allbekannten Seeigel erscheinen sie stark in die Länge gezogen, Mund- und Afteröffnung liegen an den Körperpolen. Die typische Fünfzähligkeit der Stachelhäuter ist nur noch an den fünf mehr- oder minder (meist minder) deutlich unterscheidbaren Reihen von »Ambulakralfüßchen« zu erkennen.

Archenmuschel   *Arca noae*

Die Archenmuscheln sind unverkennbar durch ihre flügelartige, einseitig abgestutzte Form. Bis 6 cm lang wird die größte Art, die »Arche Noae«. Sie ist nicht selten und lebt auf härteren Böden mittlerer Tiefen, doch findet man sie häufig auch hochgespült in den Sandschlenken der Gesteinsgründe. Charakteristisch ist ihr Schloßrand; wenn man die geöffneten Muschelschalen langsam schließt, sieht man, wie sehr viele kleinste Zähnchen in exakter Passung schlitzfrei ineinander greifen.
Neben der selteneren Bärtigen Archenmuschel *(Arca barbata),* gibt es noch eine glatte Kleinform, die kaum 1½ cm lange *Arca lactea*. Diese findet man auch in den oberen Steinregionen.

Zylinderseerose   *Cerianthus membranaceus*

Diese bis kinderkopfgroßen, zauberhaften Gebilde mit ihren wächsern erscheinenden (deshalb auch der Name »Wachsrosen«), grünlich oder hellviolett irisierenden rund 100 Tentakeln, die schräg aufwärts gehalten werden, und deren zarte Endenbogen förmlich herabhängen, entzücken jeden Besucher eines Schauaquariums. Die Zylinderseerosen leben in einer sehr langen Röhre, in die sie sich zurückziehen können. Sie kommen schon in einem Meter tiefem Wasser vor, haben aber ihre Hauptverbreitung auf Sandschlenken der tieferen Böden und Geröllgründe. Sie fangen kleine Schwebetiere, aber auch Fischchen.

Rasenkoralle *Cladocora caespitosa*

Auch diese flächenförmige Polster bildende Steinkoralle kann man mit etwas
Glück schon in recht flachem Wasser finden, obwohl sie ihre Hauptverbreitung
in Tiefen von einigen Dutzend, ja hundert Meter hat. Sie überzieht Steine und
Felsen mit mützenartigen Polstern ihrer zentimetergroßen Polypen mit den
gelblichen Kalkskeletten. Im Stillwasser werden die Polypen länger und bäum-
chenförmiger; im bewegten Flachwasser bildet sich ein eher polsterartig aussehender Belag, der an die halbkugeligen Moospolster der Kiefernwälder erin-
nert. Wenn man einen Korallenstock hochgebracht und ins »Taucherbrillen-
aquarium« (S. 234) zum Beobachten gelegt hat, so haben sich die Polypenköpfchen zurückgezogen. Erst nach längerer Zeit strecken sie ihre bräunlichen Arme
wieder aus.

Krebstiere im Steingeröll

Kugelassel *Sphaeroma serratum*

Wenn man im Land – Wasser – Übergangsbereich einige flache Steine umdreht, wird man im zentimetertiefen Wasser eine kleinfingernagelgroße, rundliche Assel erstaunlich rasch und geschickt herumschwimmen sehen. Die hinteren Beine tragen Schwimmanhänge, die man seitlich etwas vorlugen sieht,
und die in steter schwingender Bewegung sind. Wenn man eines der Tierchen
fängt, kugelt es sich zu einem knapp erbsengroßen Gebilde ein und macht sich
dadurch unangreifbar. Man kann es auf der Handfläche hin- und herrollen.

Kleine Seespinne *Maja verrucosa*

Unter Wasser sieht sie wegen der Lichtbrechung gefährlich mächtig aus, dabei
wird sie kaum größer als eine gespreizte Männerhand. Der Krabbenrumpf ist
vorne zugespitzt – man spricht deshalb auch von »Spitzkopfkrabben«, was besonders gut an herausgewitterten Rückenteilen zu sehen ist. Der Rumpf ist mit
einer Anzahl abstehender, gebogener Stachelauswüchse besetzt. Hieran und an
ähnlichen Fortsätzen der Beine befestigt die Kleine Seespinne allerlei Algen zur
Tarnung, und diese gelingt so perfekt, daß man das Tier oft erst dann bemerkt,
wenn es sich bewegt. *Maja verrucosa* ist bereits in kaum metertiefem Wasser anzutreffen, und man wird sie beim Schnorcheln mit Sicherheit finden. Meist sitzt
sie auf der Oberfläche flacher Blöcke. Erschreckt man sie, so läuft sie abwärts
und schmiegt sich in eine Steinritze. Wenn man sie aufnehmen will, muß man
mit den Fingern erst nach Flachstellen im Stachelgewirr tasten. (Nicht kräftig
zupacken, die Stacheln sind spitz!) Hat man sie richtig im Griff, so können auch
die gefährlich abgespreizten und herumfuchtelnden Scheren nichts mehr aus-
richten, weil das Tier damit nicht über seinen Rückenpanzer greifen kann. Die
größere Verwandte, *Maja squinado* (S. 163) kommt nicht so hoch hinauf in die
Küstenregion. Sie bewohnt die tiefer gelegenen Seegraswiesen.

Knallkrebs *Alpheus ruber*

Das sehr unscheinbare, weißlich-durchscheinende oder rosarote Krebschen von nur wenigen Zentimetern Körperlänge fällt dadurch auf, daß eine seiner beiden Scheren im Vergleich geradezu ungeheuer groß ist. Es lebt im allgemeinen auf den tieferen Gründen, kommt aber auch in die Stein- und Blockgründe hoch. Setzt man es in eine kleine Beobachtungsschale mit nur wenig Wasser, so wird man bemerken, daß es gelegentlich unter schnicksendem Geräusch einen feinen Wasserstrahl unglaublich kräftig herausschleudert. Seine Riesenschere ist ausgebildet wie eine Art »Unterwasser-Luftpistole«: durch Anspannen und plötzliches Zuschnappen schleudert sie aus einem gewundenen Spalt das eingeschlossene Wasser heraus. Der Knallkrebs soll damit seine Beute lähmen können. Verbürgt sind Berichte, daß er mit dem Wasserschuß auch Gläser zum Springen bringt!

Augenfleck-Einsiedlerkrebs *Paguristes oculatus*

Der mittelgroße Krebs mit den beiden gleichlangen Scheren lebt gerne in den Schalen der *Murex*-Schnecken, doch sind diese im allgemeinen völlig mit einem orangeroten, kugeligen Schwamm (*Suberites*, S. 183) oder aber mit der Einsiedlerkrebs-Seeanemone *Calliactis parasitica* (S. 203) bewachsen. Er kommt nicht hoch hinauf, doch kann man ihn bereits aus 5 m Tiefe hochtauchen. Seinen Namen hat er nach dem dunkelvioletten Augenfleck bekommen, der am 2. Glied des Scherenbeinpaars sitzt. Der Vorderkörper ist braunrötlich oder kräftig ziegelrot, die Augenstiele sind orangegelb, und die Augen von einem zarten Blau. Auch dieses Tier hat seine Hauptverbreitung auf tieferen Schlammböden.

Kleiner Einsiedlerkrebs *Diogenes pugilator*

Im Gegensatz zur letztgenannten Art ist dieser noch nicht 3 cm groß werdende Einsiedler mit zwei ungleich großen Scheren ausgestattet; die linke ist sehr viel größer als die rechte. Seine Beinspitzen sind charakteristisch stumpfweiß gefärbt, der Körper ist eher unauffällig hellbräunlich – lehmfarben. Die Augen sind schwarz. In sandig-schlammigen Schlenken zwischen den Steingründen wird man diesen Krebs nicht selten finden. Das abgebildete Exemplar ist aus seiner Schneckenschale herausgezogen.

Bunter Einsiedlerkrebs *Eupagurus cuanensis*

Wie die vorgenannte Art gehört auch dieser Einsiedler zu den kleineren Formen. Er ist unauffällig-lehmfarben gefärbt und trägt auf der Rückenregion und an den Beinen schmutzig-dunkle Flecken. Um die hellgelben Augenstiele trägt er dunkle Ringe. Er gehört zu den einzeln lebenden Formen der Felsküsten und kommt auch in tieferem Wasser vor.

Tintenfische der Steingründe

Gemeiner Krake *Octopus vulgaris*

Besonders viel Zeit zum Beobachten muß man sich nehmen, wenn man einen Kraken entdeckt hat. Tagsüber ruhen die Tiere zwischen Steinen, oft in erstaunlich flachem Wasser und tun nicht viel. Gelegentlich erscheint einer der acht Fangarme mit den typischen doppelten Saugnapfreihen (Abb. unten) und baut ein wenig an den Steinwällen herum, die die Tiere gerne vor sich aufschichten, und in die sie aus unerfindlichen Gründen auch auffällige Gegenstände wie Muschelschalen und Krabbenpanzer einbauen. Aufmerksam beobachtet das goldgelbe Auge mit der 8-förmigen, horizontal liegenden Pupille.

Mit einem Stöckchen kann man den *Octopus* ärgern. Farbwellen laufen über den bräunlichen, sackförmigen Körper (Abb. oben), und die Fangarme schieben das Stäbchen weg. Beim genauen Hinsehen entdeckt man auch den typischen Papageien-Hornschnabel, mit dem der Krake ganz schön beißen kann, wenn man ihn ungeschickt faßt. Dieser Schnabel ist das einzige Hartgebilde. Ein inneres Kalkskelett, einen »Schulp« wie die Sepien, besitzen die Kraken nicht. Bei kleineren Exemplaren ist die Wirkung der Saugnäpfe auf die Haut des Menschen nicht schlimm, und man sollte unbedingt einen Fangarm anfassen und fühlen, wie sich der Tintenfisch »anklebt«. (Er läßt alsbald von selbst wieder los). Bei den meisten Exemplaren, die man finden wird, sind die Arme nicht länger als ein halber Meter und an der Basis kaum daumendick. Achtarmige Riesenkraken gehören ins Reich der Fabel. Allenfalls wurde von 3 m langen Exemplaren berichtet, zwei Dutzend Kilo schwer. Dagegen gibt es gigantische zehnarmige Tintenfische der Gattung *Architeuthis* (vgl. S. 220). Ein kleinerer Verwandter des Kraken ist der **Moschustintenfisch** *(Eledone moschata)*. Er besitzt kennzeichnenderweise nur eine Reihe Saugnapfreihe auf seinen acht Fangarmen, die an der Basis durch eine Art »Schwimmhaut« verbunden sind. Recht neugierig, ist *Eledone* ein ganz besonders dankbarer »Spielgefährte«. Geduldig repariert er seinen Steinwall, wenn man diesen mit Stöckchen in Unordnung bringt. Wird es ihm zu bunt, so verläßt er seine Spalte und schwimmt blitzartig weg – mit »Rückstoß«, wobei er seine Fangarme zugeklappt nachzieht und sicher beim ersten Zusammenklatschen auch mit seiner basalen Schwimmhaut einen Schub erzeugt. Die Rückstoßdüse, das »Atemrohr«, sieht man im übrigen gerade beim sitzenden Tier sehr deutlich, weil sie stets in Kopfnähe gehalten wird (Abb. oben). Man erkennt auch ihre rhythmische Pulsation beim Ein- und Ausatmen.

Im Gegensatz zu den achtarmigen Kraken gehören die auf der nächsten Seite besprochenen Sepien und ihre Verwandten zu den zehnarmigen Tintenfischen. Sie besitzen ein Innenskelett, einen Kalkschulp, der auch eine Rolle bei der Auftriebsentstehung zum Zweck des Schwebens in unterschiedlichen Wassertiefen spielt. Angespülte Schulps findet man immer wieder am Strand (S. 226). Am Hinterende hat der Schulp einen spitzen Stachel. Ist dieser besonders lang und schaut beim lebenden Tier aus dem Weichkörper heraus, so handelt es sich nicht um *Sepia officinalis*, sondern um die Kleine Sepia, *Sepia elegans*.

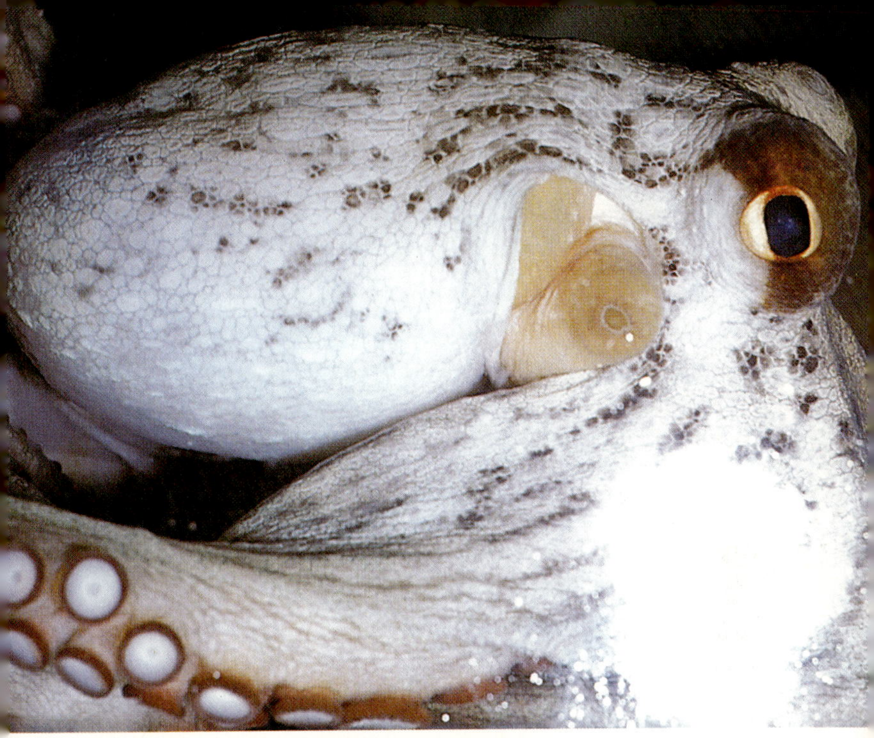

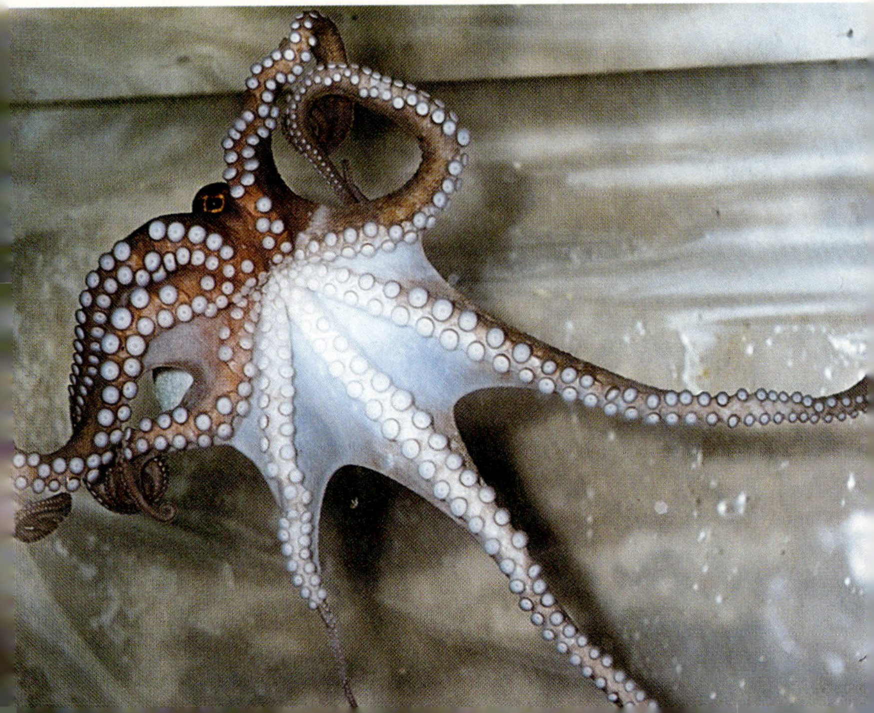

Sepia *Sepia officinalis*

Von den Fangarmen sieht man nicht viel, wenn man eine schwimmende Sepia entdeckt hat. Sie sind vor der Mundregion tütenförmig zusammengelegt und bilden eine Art strömungsgünstige Verkleidung. Die Sepia bewegt sich mit wellenförmigen Schwingungen ihrer breit um den Körper laufenden Flossensäume kopfvorwärts durch das Wasser (s. S. 155). Auseinandergelegte Fangarme würden da stark bremsenden Widerstand erzeugen. Ganz anders die flüchtende, rückstoßschwimmende Sepia: Sie zieht die Fangarme nach, so wie es auch der *Octopus* tut, wenn er sich davonkatapultiert.

Entdeckt man schwimmende Sepien, so sollte man ihnen unbedingt sehr vorsichtig nachschnorcheln, die Hände angelegt und nur leichte Flossenbewegungen ausführend. Unglaublich elegant ist ihre Schwimmweise mit den zart undulierenden Flossensäumen um den gedrungenen, ruhig gehaltenen Körper, die nichtsdestoweniger erstaunlich zügig fördern.

Die Sepia kann auch rückwärts schwimmen und seitwärts wegdriften – entsprechend verändert sich die Koordination der Flossenschwingungen. Da – plötzlich ein blitzartiges Vorschießen, und die Phalanx der Fangarme öffnet sich einen Augenblick wie eine Blüte: Der Tintenfisch hat eine Beute vom Stein »abgepickt«. Er schwimmt ein Stück rückwärts und verzehrt sie rasch. Zur Ruhe legt er sich auf den Boden; in Sandböden gräbt er sich bisweilen ein, fast wie eine Scholle, bis nur noch die Augen herausgucken.

Einmal habe ich zufällig ein Paarungsspiel beobachtet. Etwas Grazileres kann man sich nicht vorstellen. Das zebraartig gestreifte Männchen umschwimmt das Weibchen und stupst es mit seinen Mundarmen; wäre der Ausdruck nicht zu vermenschlichend, so könnte man von einer Liebkosung sprechen. Die Begattung geschieht bei den Tintenfischen im übrigen so, daß das Männchen dem Weibchen ein Samenpaket in die sogenannte Mantelhöhle schiebt – mit Hilfe eines saugnapfbesetzten Arms, der als Allzweck-Greiforgan umgebildet ist. Die Arme, von denen zwei besonders lang sind und breite Endlappen mit mächtigen Saugnäpfen tragen (»Fangarme«, die übrigen nennt man »Mundarme«), können bei Sepiaverwandten (s. S. 220) tatsächlich riesenhaft groß werden. Unter der Decke des großen Ausstellungsraums im Meereskundlichen Museum zu Monaco hängt ein solches, sicher mehr als 10 m langes Tier. Bekannt ist die Fähigkeit der Sepien, bei Gefahr eine Tintenwolke auszustoßen. Es gibt im übrigen auch »leuchtende Tintenfische«, die Leuchtbakterien in eigenen Körperhohlräumen kultivieren. Diese Kammern besitzen Reflektoren, Linsen und Leuchtklappen – wie richtige Blendlaternen.

Zwergsepia *Sepiola rondeleti*

Diese kleinen, gerade daumenlangen Sepien wird man ebenfalls beim Schnorcheln kaum zu Gesicht bekommen, dafür aber körbeweise auf Fischmärkten kaufen können. Wenn man »*Calamares*« bestellt, können sie dabei sein. Ihre rundlichen Schwimmflossen sitzen weit hinten an dem kleinen, gedrungenen Körper. Die Tiere bewohnen die tieferen Geröllgründe. Die Augen sind vergleichsweise riesengroß.

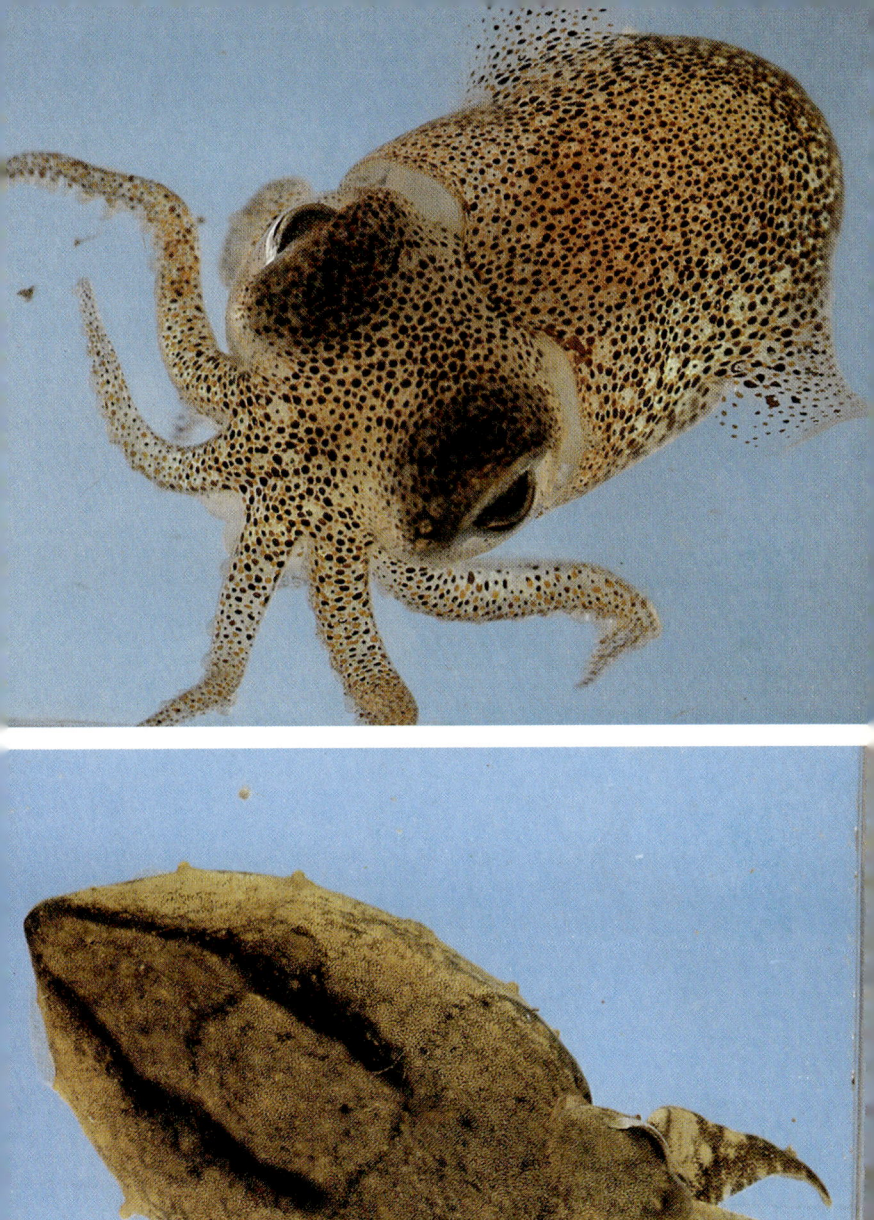

Bohrmuscheln in Stein und Holz

Gewöhnliche Bohrmuschel   *Pholas dactylus*

Da, wo flachgelagerte Kalkplatten vom Meer überspült sind, sieht die Landschaft aus wie eine riesige, flach gestufte Unterwassertreppe. Steinseeigel haben sich in das weiche, bröckelige Gestein eingenischt, und alles ist übersät mit den bleistift- bis fingerdicken Löchern der Bohrmuscheln. Wenn man im flachen Wasser mit Hammer und Meißel arbeitet – ein Zelthering und ein Stein tun es auch – kann man unschwer Brocken herausschlagen und sich überzeugen, wie diese eigenartige Muschel den Kalk so sehr mit Gängen durchzogen hat, daß oft kaum noch Material stehenbleibt. So ein Handstück sieht aus wie ein Schweizer Käse.

Die gängenagende Muschel ist langgestreckt. Ihre Schalen sind bis zu 15 cm lang. Meist aber finden sich kleinere Exemplare. Man achte nur einmal auf die »Tarnung« der Steinseeigel. Häufig benutzen sie in diesem Biotop milchweiße, herausgewitterte *Pholas*-Schalen von 4 bis 7 cm Länge. Prinzipiell ähnlich ist eine kleine, gedrungenere Gattung konstruiert, die Krause Bohrmuschel *(Zirphaea crispata)*.

Schiffsbohrwurm   *Teredo navalis*

Entdeckt man einmal beim Schnorcheln in den Blockgründen einen Baumstamm, der seit einigen Jahren unter Wasser liegt, so sollte man unbedingt versuchen, ein Stück aufzureißen und abzubrechen. Das kann mit einem kräftigen feststehenden Unterwassermesser überraschend leicht gelingen. Der Stamm ist nach einiger Zeit vollkommen durchzogen von den Röhrengängen des Schiffsbohrwurms, die im Endstadium nur noch papierdünne Holzwände zwischen sich frei lassen.

Wie die langgestreckten Schalen und die die Gänge auskleidenden Kalkbeläge zeigen, ist der »Bohrwurm« in Wirklichkeit eine Bohrmuschel. Diese langgestreckte Muschel ist in der Lage, ihre Schalen handbohrerartig hin- und herzudrehen und sich damit ins Holz hineinzuraspeln, von dessen »Bohrmehl« sie sich ernähren soll. Aus dem Bohrloch ragen zwei lange Röhren des Weichkörpers, »Siphone«, ins freie Wasser, durch die sich der verborgene Holzbohrer sein Atemwasser schnorchelt.

Steindattel   *Lithophaga lithophaga*

Auf chemische Weise löst die Steindattel Kalkgestein auf und »bohrt« sich so ein. Sie preßt ihren Mantel ganz dicht an das Gestein und scheidet eine lösende Säure ab. So ätzt sie sich im Laufe der Jahre tief unter die Oberfläche. In ihrer Konturierung und Form ähnelt diese bis 6 cm lange, bräunliche Muschel tatsächlich einer Dattel oder einer kurzen Zigarre. Mit ihrem Ätzmechanismus arbeitet sie sich nicht nur durch sedimentiertes Kalkgestein, sondern auch durch kalkige Korallenstöcke.

Fische der oberflächennahen Blockgründe

Die oberflächennahen Blockgründe gehören zu den bevorzugten Aufenthalts-
orten der Meerbrassen (Sparidae), meist in kleinen Trupps nach Nahrung su-
chende, mittelgroße, hochrückige Fische, von denen man bei jedem Schnorchelgang ein paar Arten sehen wird. Ihre »seitlich zusammengedrückte« Körperform, ihr kleines, aber kräftiges, vorstreckbares Gebiß und – bei den *Diplodus*-Arten – die steil abfallende »Römernase« sind ganz kennzeichnend. Nach
der Körperzeichnung sind die meisten recht einfach anzusprechen. Bei der genannten Allesfresser-Gattung *Diplodus* verbergen sich hinter der »Häschen-
schnute« scharfe Schneidezähne und weiter hinten polsterförmige Mahlzähne.
Die räuberischen Formen, vorab die Zahnbrassen der Gattung *Dentex,* besitzen
dagegen spitzkeglige Fangzähne. Wenig bekannt ist, daß die Meerbrassen Zwitter sind; sie werden zuerst männlich, dann weiblich oder umgekehrt.

Zweibindenbrassen *Diplodus vulgaris*

Dieser Meerbrassen hat ein spitzeres »Gesicht« als die nächstgenannte Art und
trägt, wie der deutsche Name sagt, zwei schwarze Binden: eine in der oberen
Körperhälfte hinter der Kiemenregion und eine von oben bis unten durchlau-
fende an der Schwanzwurzel. Die Männchen haben zur Laichzeit eine blau-
braune Stirnzeichnung.
Der wohl häufigste Meerbrassen ist der Ringelbrassen *(Diplodus annularis).* An
seinem »Kindergesicht«, vor allem an dem dunklen, rundlichen Fleck auf dem
freien Teil der Schwanzwurzel ist der eher kleine, sonst wenig gekennzeichnete
neugierige Fisch leicht zu erkennen. Ausgewachsen wird er bis 20 cm lang.
Wenn man sich ruhig verhält, kommt er bis nahe vor die Maske.
Auch der Große Geißbrassen *(Diplodus sargus)* besitzt einen dunklen Fleck an
der Schwanzwurzel, meist etwas länglicher ausgezogen als beim Ringelbrassen.
Die Seiten tragen etwa acht undeutliche, bräunliche Querbinden. Außer diesen
drei häufigen *Diplodus*-Arten gibt es noch zwei auf den ersten Blick ähnlich
aussehenden Gattungen mit schwarzem Schwanzwurzelfleck, die im folgenden
beschrieben sind.

Spitzbrassen *Puntazzo puntazzo*

Dieser Meerbrassen kann knapp halbmeterlang werden. Seine »Gesichtsregi-
on« ist nicht so vorgewölbt und steil abfallend wie bei der Gattung *Diplodus,*
ganz im Gegenteil: Sie ist etwas zurückgezogen – konkav, und deshalb erscheint die Schnauze besonders spitz. Der hochrückige Fisch trägt, abgesehen
von dem schwarzen Schwanzwurzelring, ein knappes Dutzend kräftiger, dunkler Querstreifen unterschiedlicher Breite, die mit breitem Ansatz am Rücken bis
zur Bauchflanke durchlaufen und dabei schmäler werden. Die meisten Flossen
sind schwarz gesäumt.
Der ähnliche, bis 30 cm große, länger gestreckte Brandbrassen *(Oblada mela-
nura)* mit den zartsilbrigen Längsstreifen ist dadurch unverkennbar, daß sein
länglicher Schwanzwurzelring vorne und hinten weiß gesäumt ist.

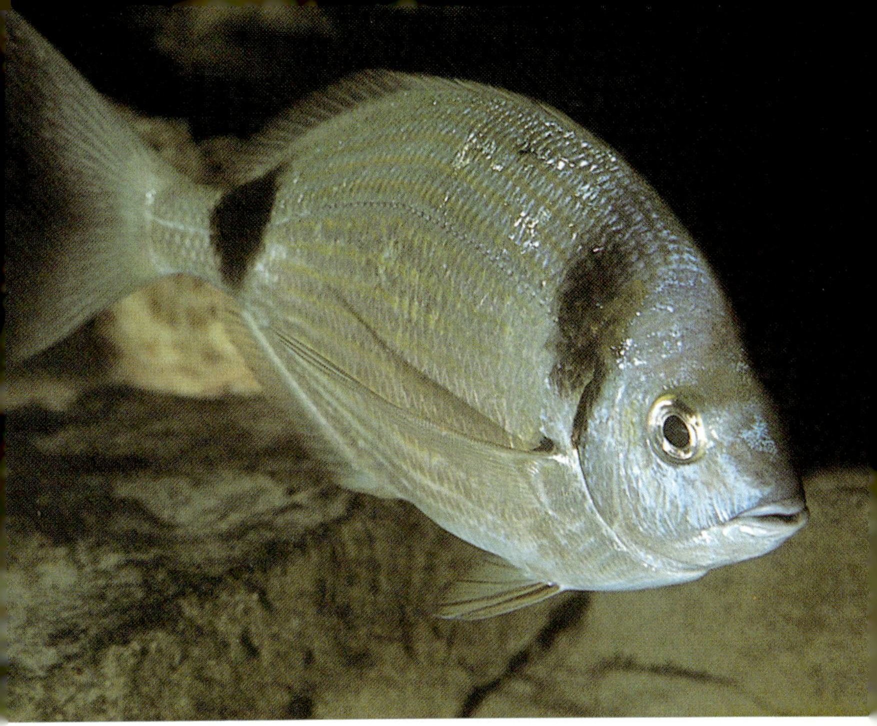

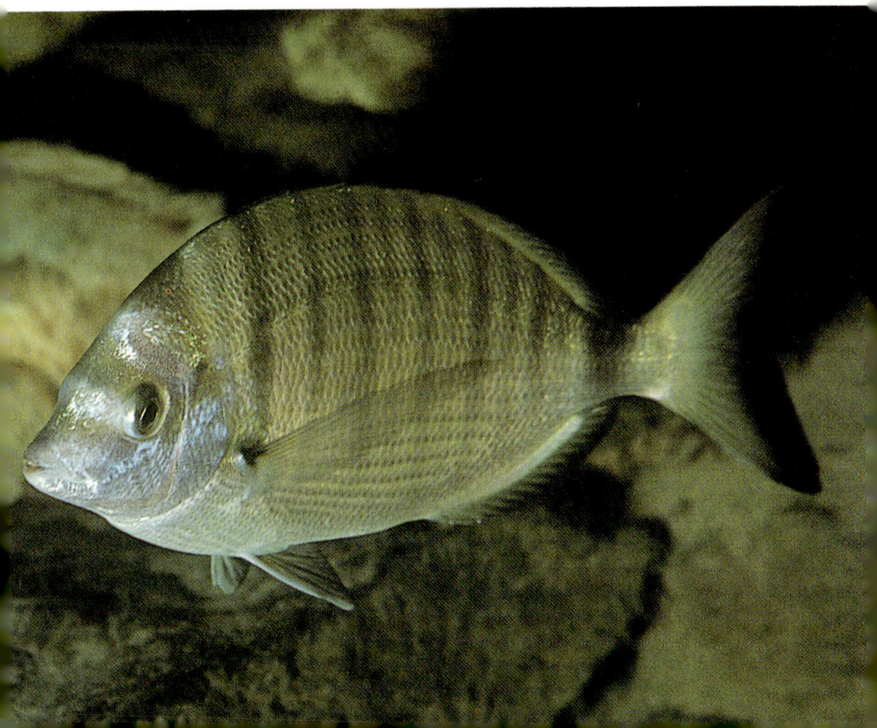

Goldstriemen *Boops salpa*

In zusammenhaltenden Trupps von etwa einem Dutzend Tieren treiben sich diese charakteristischen, recht hochrückigen Meeresbrassen zwischen den großen Unterwasserfelsen herum, an denen sie vegetarische Nahrung suchen. Bevorzugt fressen sie den Meersalat (*Ulva lactuca*, S. 83), mit dem sie sich auch in Reusen ködern lassen. Beim Schnorcheln sieht man sie zumeist von schräg oben. Hierbei erscheinen sie trotz ihrer Größe (Länge bis 45 cm) wegen ihrer silbriggrauen Schutzfärbung unauffällig. Nur dann, wenn einer beim Abreißen einer Alge eine scharfe Wendung macht, blitzt schlagartig die helle Seite auf. Aus der Nähe besehen – man kann sie leicht überlisten, indem man beispielsweise links herum um einen Block schnorchelt, dem sie sich von rechts nähern und wartet, bis sie nahe vorbeiziehen – besticht ihre zauberhafte zarte Linienzeichnung. Ein knappes Dutzend goldgelber Längsstreifen folgen der Körperkontur; die Grundfarbe ist ein zartes Hellblaugrau. An der Wurzel der Brustflossen findet sich ein kleiner dunkler Fleck.

Es gibt noch einen kleinen Verwandten des Goldstriemen, den Gelbstriemen *(Boops boops)*. Er ist viel langgestreckter, nicht so hochrückig, aber von ähnlicher, wenn auch nicht so ausgeprägt golden glänzender Körperzeichnung. Charakteristisch ist sein geradezu riesenhaft erscheinendes Auge, dessen Durchmesser größer ist als die halbe Höhe des Kopfes an der Stelle, wo das Auge sitzt. Auch diese Art tritt in kleinen Trupps auf, die zwischen den Felsen der Blockgründe herumvagabundieren.

Kleiner Rotbrassen *Pagellus erythrinus*

Dieser schön lachsrote Brassen mit den zartblau irisierenden Punkten auf den Seiten und der Rückenregion kann nahe 50 cm lang werden. Charakteristisch ist seine lang ausgezogene Brustflosse und die tief gekerbte Schwanzflosse. Der Fisch erscheint bei geeignetem Lichteinfall bläulich-silbrig überhaucht. Er lebt räuberisch und liebt sandigen Untergrund, kommt aber auch zwischen Felsbrocken vor.

Auffallend ist auch der Goldbrassen *(Sparus auratus)*. Der große, relativ hochrückige Fisch mit der vorgewölbten Stirn hat seinen Namen von der breiten Goldbinde zwischen den Augen bekommen. Charakteristisch ist ein größerer dunkler Fleck, halb auf der Rückkante des Kiemendeckels, halb dahinter. Der Schwanzstiel ist besonders langgezogen. Der Goldbrassen ist in erwachsenem Zustand ein Einzelgänger. Er zerhackt mit seinem kräftigen Gebiß Seepocken und Schnecken, die er von den Unterwasserblöcken absucht. In Austernbänken ist er deshalb nicht sehr geschätzt. Sein Fleisch gilt als Delikatesse.

Ähnlich geformt ist der größere Zahnbrassen *(Dentex dentex)*. Der graugrüne, unten gelblich aussehende, mit kleinen, bläulichen Flecken übersprenkelte Jäger mit dem für einen Brassen riesenhaften, spitzzahnbesetzten Maul fängt kleine Fische aus Schwärmen heraus. Zahnbrassen können schon einmal in die höhergelegenen ufernahen Blockgründe kommen. Auf Fischmärkten sollte man Ausschau nach ihnen halten: Sie schmecken besser als alles andere, was da Fisch heißt.

Meerpfau   *Thalassoma pavo*

Dieser Fisch ist so ungewöhnlich gezeichnet und so farbenprächtig, daß man ihn eher einem tropischen Korallenriff zusprechen würde als dem Mittelmeer. Zudem kommt er erst in der warmen Jahreszeit an die Uferregion und ist auch nur in der südlichen Adria zu finden. Er liebt warmes Wasser. Nahe verwandte Arten leben tatsächlich auf Korallenriffen der Tropen. Kennzeichnend ist die Kopfzeichnung: Auf grünlichem oder rötlichem Grund leuchten blaugrüne Bänder, die Augen und Lippen umfassen, und über Stirn und Flanken unter Ausbildung von »Sackstraßen« nach hinten bis in die Gegend der Brustflosse ziehen. Der Körper ist über gelblich-grünem Grund zart und eng quer gebändert, ein ganz charakteristisches Kennzeichen. Unter der Mitte der Rippenflosse findet sich ein schwärzlicher Fleck, der sich auch etwas ausbreiten kann. Der Meerpfau gehört offensichtlich zu den Fischen, die ihr Geschlecht wechseln können. Er ist zuerst weiblich und hat dann die beschriebene Färbung. Später wird er männlich. Er verändert seine Grundfarbe dann in ein bläuliches Grün und bekommt hinter der Brustflosse ein weinrotes Querband. Dieser Fisch liebt algenbewachsene Blockgründe, aber auch Sandregionen, in die er sich für die Nacht eingräbt.

Meerjunker   *Coris julis*

Ähnlich auffallend, dazu häufiger und auch in nördlicheren Regionen des Mittelmeers anzutreffen, ist der Meerjunker *(Coris julis)*. Langgestreckt, mit dem vorgezogen erscheinenden Kopf ist er in der weiblichen Phase von bräunlicher Grundfärbung; zwei dicke, verwaschene Längsbänder ziehen sich auf der Oberseite und der Körpermitte nach hinten. In der männlichen Phase wird er oben grünlich und in der seitlichen, zickzackförmigen Bandregion hellorange gefärbt.

Schriftbarsch   *Serranus scriba*   (Abb. S. 157)

Ein durchaus häufiger und leicht zu beobachtender Fisch der oberen Blockgründe und Küstenfelsen, der knapp viertelmeterlang werden kann. Bräunlich, mit dunkleren, unregelmäßig breiten Querbinden, ist der ausgewachsene Fisch durch einen auffallenden, großen blauen Fleck mitten in der Flanken-Bauch-Region gekennzeichnet. Seinen Namen hat er nach dem schriftzeichenartigen Linienwerk an Kopf und Kiemendeckeln erhalten. Im flachen Wasser, im Bereich algenbewachsener Felsen, hat er ein Revier, das er gegen Eindringlinge heftig verteidigt. Er fängt kleine Fische aus Schwärmen heraus, die er von unten her angreift. Neugierig wie er ist, schwimmt er den Schnorchler erst einmal an, bevor er flüchtet.

Der ähnlich geformte, kleine Sägebarsch *(Serranellus caprilla)* besitzt nicht die Schriftzeichenbedeckung, ist bis zur Flankenmitte breit braun quergebändert und trägt darunter auf grünlichem Grund eine längsgezogene, rötlichbraune Feinzeichnung. Der halb so große Beutelbarsch *(Serranus hepaticus)* mit dem schwarzen Rückenflossenfleck kommt in tieferen Regionen vor.

Grüner Lippfisch *Labrus turdus*

Der Fisch ist meist einheitlich grün bis blaugrün gefärbt, nur die Unterseite ist heller, und an den Seiten zieht sich insbesondere bei geschlechtsreifen Männchen, ein helldunkles Band bis zum Schwanzflossenstiel. Es gibt aber auch ganz anders gefärbte Exemplare, die beispielsweise eher ins rötliche spielen. Dieser Lippfisch ist im flacheren Wasser der Felsregionen ebenso zu beobachten wie im grünen Halmgewirr der Neptunsgraswiesen, wo er wenig auffällt. Lippfische sind meist farbenprächtig. Zu ihnen gehören neben den mediterranen *Crenilabrus*-Arten auch die auf S. 149 abgebildeten buntgefärbten Vertreter, der Meerpfau *(Thalassoma pavo)* und der Meerjunker *(Coris julis)*. Ganz im Gegensatz zu ihrer schönen Färbung steht der Geschmack ihres Fleisches: Würden Lippfische nicht so schlecht schmecken, so wären diese auffälligen Gesellen von Unterwasserjägern längst ausgerottet.

Muräne *Muraena helena*

In Felsspalten und anderen Höhlungen, wie versenkten Amphoren und ausgedienten Abwasserröhren leben diese bis armdicken und 1,5 m langen, kräftigen und bissigen Fische. Gelegentlich kommt die bräunlich marmorierte, aalartig langgestreckte Muräne auch nahe der Oberfläche vor. So habe ich einmal nahe Trogir (Dalmatien) in nur 50 cm Wassertiefe ein Exemplar mit halboffenem Maul aus einem Abflußrohr herauslugen sehen. Muränen können sich fest und schmerzhaft verbeißen, wenn man sie stört, und dabei schwere Wunden zufügen – kein Wunder bei dem nadelspitzen Gebiß mit der ausnehmend kräftigen Kiefermuskulatur. Es heißt, daß ihnen im alten Rom Sklaven verfüttert worden seien, damit sie besonders schmackhaftes Fleisch ansetzen. Von den aalartigen Fischen kommen noch Fluß- und Meeraal im Mittelmeer vor.

Drachenkopf *Scorpaena spec.*

Von den Drachenköpfen wird man den dunkelrötlich-braunen kleinen Drachenkopf *(Scorpaena porcus)* bereits im Seichtwasser antreffen, wo er sich zwischen dichtem Algenbewuchs vor allem auf den lichtabgewandten Seiten von Unterwasserblöcken aufhält. In der Dämmerung geht das Tier auf Jagd. Wie alle Drachenköpfe besitzt es sehr giftige Rückenstacheln und Kiemendeckelfortsätze. Man sollte unbedingt vermeiden, einfach mit bloßen Händen im Algengewirr herumzuwühlen oder sich gar auf einen algenüberwachsenen Stein unter Wasser zu setzen. Mit seiner recht bizarren, körperauflösenden Form fällt der kleine Fisch gar nicht auf, zumal er sich gut im Aufwuchs versteckt, und nicht so rasch flüchtet. Die abgebildete, sehr ähnliche Art, der Kleine rote Drachenkopf *(Scorpaena ustulata)* mit kleineren Überaugententakeln und einem schwarzen Fleck an der Rückenflosse, kommt eher in größeren Tiefen vor und liebt Seegrasbestände. Schließlich gibt es noch den bis 40 cm messenden großen Drachenkopf *(Scorpaena scrofa)*, auch »Meersau« genannt. Er trägt viele läppchenförmige Anhänge am Kopf, auch unter dem Kinn. Seine Färbung ist auffallend rot. Er kommt meist in Regionen über 10 m Tiefe vor.

Aufwuchs an Steinflächen

Schirmchenalge *Acetabularia mediterranea*

Einen der hübschesten Anblicke, die ein Schnorchler haben kann: Felder der Schirmchenalge in ruhigem Wasser, die sich auf Blöcken und Steinen angesiedelt haben. Sie bevorzugen mittlere Tiefen von 3 bis 5 m. Das Schirmchen ist gut reißzweckengroß und langgestielt. Die Alge ist zart blaugrün bis weißlich gefärbt und kommt selten alleine, meistens in kleinen Beständen vor. In Wahrheit sind die Schirmchen nicht einheitlich, sondern bestehen aus sehr eng aneinander stehenden »Blättchen«.

Pfennigalge *Halimeda tuna*

An den lichtabgewandten Seiten größerer Unterwasser-Felsblöcke wird man diese unverkennbare Alge regelmäßig finden. Sie sieht aus, als wären pfenniggroße, leicht muschelförmig ausgebildete Blattstückchen an einer Kette aufgereiht. Man nennt die Alge deshalb wohl auch »Meerkette«. Ihre an die 10 cm langen Thalli (Pflanzenkörper einfach organisierter Pflanzen) sind dunkelgrün und leicht kalkig-brüchig. Dem Schnorchler erscheinen sie wie mikroskopisch kleine Opuntien-Kakteen. Oft sind sie sekundär mit weinroten Steinalgen bewachsen.

Korallenschwamm *Clathria coralloides*

Die zahlreichen Schwämme, die insbesondere an den beschatteten Nordseiten der abfallenden Steinblöcke vorkommen, und die meist schwärzliche bis bräunliche Krusten und Knäuel bilden, wird der Schnorchler im allgemeinen übersehen. Umso auffälliger sind vereinzelt vorkommende Exemplare des Korallenschwamms. Der kräftig rosa gefärbte, schleimig-weiche Kieselschwamm kommt an sich in der Hauptsache auf tieferen Hartböden vor, steigt aber auch an beschatteten überfallenden Hängen einmal höher hinauf.

Moostierchen *Schizobrachiella sanguinea*

Unübersehbar groß ist die Menge der aufwuchsbildenden Moostierchen, die flache Krusten, salatartige Fächer oder federförmige Reihen bilden. Zur ersteren Gruppe gehört die abgebildete, häufige Art. Sie überzieht mit bis zu handgroßen Flecken Steinoberflächen, Muschelschalen, ja im Wasser liegende Schiffsrümpfe, Tonnen und sogar Halteseile von Booten. In kleinen Flecken wird man diese oder andere Arten immer wieder auch auf Muscheln und Schnecken finden. So trägt die auf S. 131 abgebildete Käferschnecke einen bandartigen Streifen von Moostierchen-Aufwuchs. Diese Tiere bilden kolonienartige Verbände aus kästchenförmigen Blasen, die oben jeweils ein Loch tragen. Durch dieses kann das Tier sein polypenförmiges Vorderende ausstülpen.

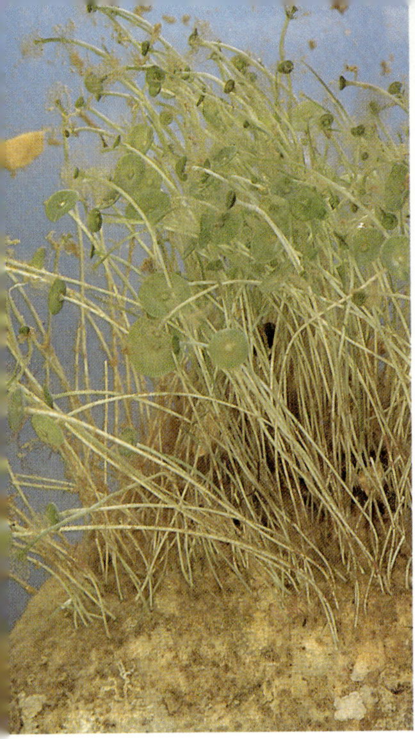
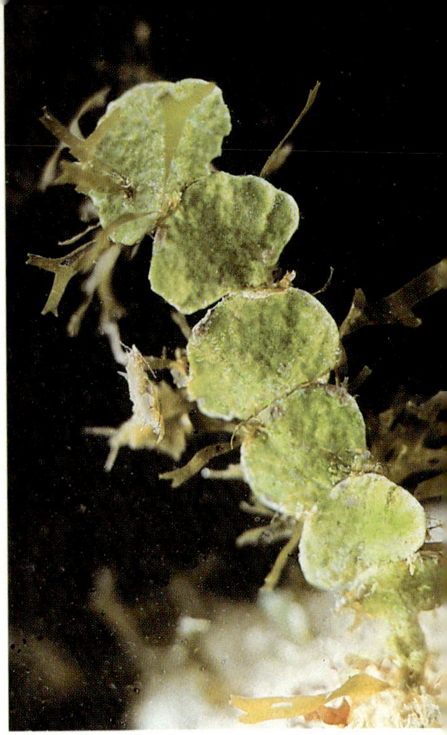
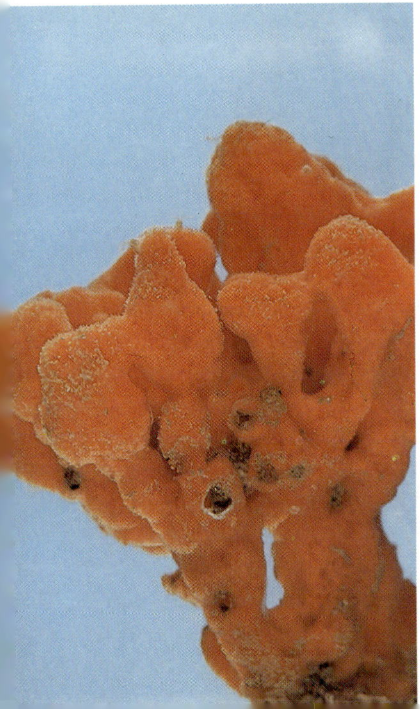
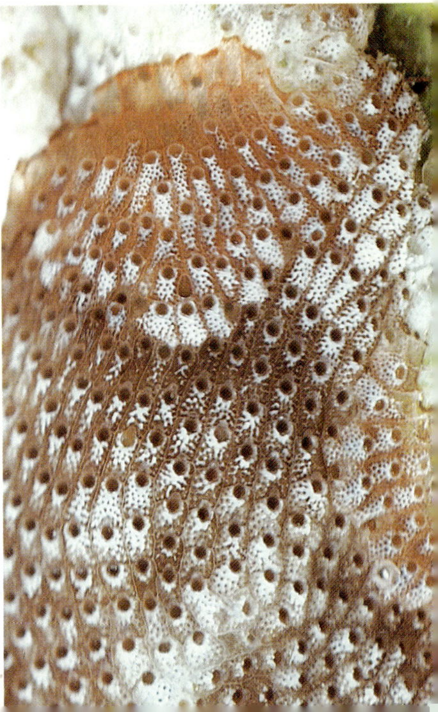

Zur Ökologie der Blockgründe

In den oberen Regionen ist die Wasserbewegung groß. Bei starker Brandung werden kleine Blöcke hin- und hergeschoben und gerollt. In einigen Metern Tiefe gibt es dann nur noch schwächere Wellen, die Treibgut verdriften können. Demgemäß nimmt der Aufwuchs der Blöcke, die nahe der Wasserlinie nackt und glatt sind, mit der Entfernung vom Ufer zu, und dann wieder – mit größerer Tiefe und geringerem Lichteinfluß – ab. Als Nahrung dient dieser Aufwuchs in erster Linie den Fischschwärmen, die als Allesfresser – zum Beispiel Ringelbrassen – beziehungsweise typische Pflanzenfresser – zum Beispiel Goldstriemen – wieder und wieder suchend und stochernd in geschlossenen kleinen Trupps langsam über die Felsplatten ziehen. Darunter gibt es Spezialisten, wie die seepocken- und schneckenknackenden Goldbrassen. Die Friedfisch-Schwärme ziehen wiederum Raubfische an, so die Zahnbrassen, die sich – von unten her in den Schwarm einfahrend – gezielt einzelne Stücke schnappen.

Die langsam schaukelnden Wellenbewegungen in einigen Metern Tiefe füllen Nischen und flache Bodenstellen mit grobem oder feinem Sand und tragen auch von benachbarten unterseeischen Wiesen ballenweise Seegras zusammen, das da zwischen den Blöcken hin- und herschaukelt und sich immer stärker verfilzt. So werden Mikrobiotope gebildet, die eine ganz abweichende physikalische Konsistenz haben können und entsprechend spezielle Besiedler anziehen. Über Sandschlenken liegen regelmäßig die großen Seegurken, die als »Sandfresser« auf glatten Felsböden nicht überleben könnten. Röhrenwürmer verfertigen ihre halb im Sand verborgenen Gehäuse. Auf den Seegrasballen leben Schnecken, die mit ihren Raspelzungen das pflanzliche Material zerschaben.

An den lichtabgewandten Seiten der Blöcke finden sich bisweilen Formen, die für tiefer gelegene Regionen, ja lichtarme Höhlen typisch sind, erstaunlich nahe der Wasseroberfläche. So bestimmte Schwämme, Polypen und Moostierchen. Im Hohlraumsystem der Kleinblöcke nahe der Wasseroberfläche ist es dunkel, und es herrschen Ausgleichsströmungen, die feines organisches Material durchschleusen, lebendes und totes. Kleinkrabben, wie Porzellankrebschen und andere, bewohnen diese Gangsysteme, die auch den aktiven Großkrabben tagsüber zum Versteck dienen. Was sich heraustraut, läuft Gefahr, von einer umherstreifenden Sepia »abgepflückt« zu werden. Das Prinzip »Fressen und Gefressenwerden« herrscht überall. Auch wehrhaftere Tiere machen sich deshalb durch Aufwuchs und Bewegungsverhalten oft unauffällig, so die kleinen Seespinnen (Abb. S. 155 unten).

Auf den flachen Felsoberseiten nahe der Wasseroberfläche siedeln sich bisweilen Miesmuscheln an, aufrecht nebeneinanderstehend wie die Zinnsoldaten, und überziehen den tischförmigen Untergrund vollständig. Manche weicheren Blöcke sind so durchzogen von den Gangsystemen der Bohrmuscheln, daß nur papierdünne Wände übrig bleiben, die man mit der bloßen Hand eindrücken kann. In weniger als einem Jahrhundert verfällt so der ganze Block in Teilstücke, die die Wellen zu Sand zermahlen.

Oben: Sepia, *Sepia officinalis* (S. 141). Der nach vorne zusammengelegte Fächer der Fangarme öffnet sich nur dann, wenn das Tier eine Beute aus dem Felsaufwuchs „abpflückt".

Unten: Die Kleinen Seespinnen, *Maja verrucosa* (S. 135), sind mit Aufwuchs so gut getarnt, daß man sie zwischen den Steinen der Blockgründe leicht übersieht, wenn sie sich nicht bewegen.

Die Bohrlöcher bilden im übrigen wieder eine Welt für sich und werden von den verschiedensten Organismen besiedelt, wenn die Muscheln einmal abgestorben sind. So findet man kleine Asseln, Schnecken und alle möglichen beweglichen Würmer in diesen dunklen und sicheren Verstecken, aber auch Felsküsten-Einsiedler, Nacktschnecken, Käferschnecken, Porzellankrebschen und alles mögliche Kleingetier.

Eigentümlich ist auch, wie rasch die ökologischen Bedingungen wechseln können. Da liegen in 3 m Tiefe Steinbrocken hart neben mit klarem, hellem Sand gefüllten Schlenken – daneben ein größerer Fels, und etwas weiter schmutzigerdfarbene Schlammansammlungen, teilweise bestanden mit Seegräsern. So kommt es, daß sandbewohnende und grabende Formen direkt neben typischen Felsbewohnern zu finden sind, beispielsweise Seegurken und Röhrenwürmer in unmittelbarer Nachbarschaft von vereinzelten Steinseeigeln und felsbewohnenden Schwämmen. Auch die Palette der Nahrungsanpassungen ist gerade in den Blockgründen sehr vielfältig. Zahlreiche Vertreter des Aufwuchses sind Planktonfresser, so die Polypenstöckchen, die Schwämme, aber auch die Moostierchen und besonders die festsitzenden Röhrenwürmer, deren spiralige oder doppellappige, mit feinen Fortsätzen bestandene Tentakelkronen geradezu lebende Planktonnetze darstellen. Ansonsten gelten die für die höher gelegenen Bereiche genannten Nahrungsbeziehungen auch hier.

Eine eigene Welt, Mikrobiotope für sich, stellen die einzelstehenden starken Büschel der *Cystoseira*-Wiesen dar. Man schüttele nur einmal ein solches Algenbüschel in einem weißen Teller mit Wasser kräftig aus. Es finden sich kleine Ringelwürmer, getarnte Gespensterkrebschen und bisweilen in Massen kleine Flohkrebse, oft zu Pärchen verkoppelt. Die kaum zentimeterlangen Gespensterkrebschen weiden den Aufwuchs ab, der sich als zarter, schimmelpilzartiger Flaum auf der Oberfläche der *Cystoseira*-Algen ansiedelt oder auch auf den Basen der Polypenstöckchen, die mit den Braunalgen um den Platz konkurrieren. Diese Platzkonkurrenz ist ein wichtiger ökologischer Faktor im Bereich der oberen Blockgründe. Man wird kaum einen Stein finden, abgesehen von den bewegten, rund geschliffenen Steinen nahe der Brandungsregion, der nicht über und über besiedelt ist. Kein pfenniggroßer Fleck bleibt frei. Pflanzen und festsitzende Tiere haben bisweilen sehr eigentümliche Besiedelungsstrategien entwickelt, mit denen sie sich einen Platz erobern und gleichzeitig die Nachbarn möglichst zurückdämmen können. Doch auch sie bilden die Basis für weiteren, zarteren Aufwuchs, der seinerseits wieder die Nahrungsgrundlage für die Nacktschnecken bildet, die zwischen den Algenbüscheln leben.

So bilden die beim Darüberschnorcheln so einheitlich erscheinenden Blockgründe in Wirklichkeit ein vielfältiges System kleiner und großer »ökologischer Nischen« im wörtlichen Sinn und sind deshalb von einer Vielzahl unterschiedlicher Arten bevölkert, die ein vernetztes Maschenwerk ökologischer Querbeziehungen beinhalten.

Nach oben gehen die Blockgründe nahtlos in die typische Region der Gezeitenzone über. Weiter unten verlieren sie sich dort, wo flache Sandgründe auftreten, in den vom blauen Dämmerlicht umspielten Seegraswiesen.

Unterseeische Wiesen und Schlammflächen

Charakterisierung

Es gibt Hunderttausende von Blütenpflanzen, dabei aber nur ganze vier Arten im Meer. Ähnlich grotesk ist das Verhältnis bei den Insekten. Von der knappen Million Arten auf unserem Planeten bewohnt gerade eine einzige das Meer, nämlich ein Wasserläufer – eine Landwanze, die sich sekundär an das Leben auf der Meeresoberfläche angepaßt hat. Wie die Insekten, so sind auch die Blütenpflanzen nicht im Meer entstanden, das man so schön (aber falsch) als die Wiege allen Lebens bezeichnet, sondern auf dem festen Land. Eine Reihe von ihnen hat dann sekundär das Wasser erobert. So gibt es im Süßwasser Arten, die vollständig untergetaucht leben, blühen (Unterwasserblüher!) und fruchten. Im Übergangsbereich zum Tiefwasser unserer Seen gibt es ganze Gesellschaften von Laichkräutern. Zu den Laichkrautgewächsen gehören auch die vier Blütenpflanzen des Meeres, das Seegras *(Zostera marina)* oder sein kleiner Verwandter, das Kleine Seegras *(Zostera nana)*, das Neptungras *(Posidonia oceanica)* und das Tanggras *(Cymodocea nodosa)*. Die eigentlichen Seegräser gehen nicht sehr tief, bis 10 m etwa, und vertragen auch brackiges Wasser. Sie bilden ein glattes, locker verwobenes, aber nicht verfilztes und verflochtenes System von Wurzelstöcken, aus denen sich dann kurze Triebe mit schnürsenkelförmigen, knapp halbmeterlangen, am Ende stumpfen Blättern erheben. An der Basis erscheint das Blattwerk gelblich, weiter oben frisch grün. Die Seegräser, insbesondere *Cymodocea,* wachsen gerne auch auf schlammigem Schlick, einem Untergrund, der dem Neptunsgras nicht behagt. Es bevorzugt mehr oder minder reine Flächen von Sand und kleinen Steinen, wo es seine vielfach verschachtelten und zu dichten Matten verfolzten Wurzelstöcke treibt, deren Flechtwerk durch den Einbau abgestorbener Blätter erst recht wirr und pelzig wird und ein ideales Versteck bildet für eine Fülle von Kleinorganismen, wie Moostierchen, Schwämme, Röhrenwürmer, frei beweglichen Ringelwürmer, Polypenstöckchen und kleine Seescheiden. Die freien Sandblenken im Seegrasbestand sind von Steckmuscheln (S. 175) und Seegurken (S. 133) bewohnt.

Von den Fischen sind die Seenadeln und Seepferdchen besonders gut an das Leben im wogenden Blätterwald angepaßt. Die kleine grüne Seenadel *Syngnathus typhle* beispielsweise sieht einem *Zostera*-Blatt zum Verwechseln ähnlich. Von den farbangepaßten Krebstieren sei die wenige Zentimeter lange Meerassel *Idotea baltica* genannt.

Das Neptungras ist dunkler grün, wird größer und breiter als das Seegras (knapp 1 m lang) und geht tiefer hinab (25 m, stellenweise fast bis 80 m). Es blüht sehr selten und vermehrt sich fast ausschließlich durch Ausläufer. Die dritte Gattung im Bunde, das Tanggras *(Cymodocea),* bevorzugt insbesondere sandig-schlammigen Untergrund und bedeckt, oft vergesellschaftet mit den *Zostera*-Arten, in geringerer Tiefe (½ bis 5 m, stellenweise bis 10 m) bisweilen ausgedehnte Flächen. Es sind diese lichtumspielten Unterwasserlandschaften auf den flachen Küstenausläufern, die am ehesten die Bezeichnung »Unterwasserwiesen« verdienen.

Oben links: Das Gewöhnliche Seegras *(Zostera marina)* treibt aus langkriechenden, aber nicht verfilzten Wurzelstöcken. Die Abbildung läßt feinen Polypen-Aufwuchs erkennen.

Oben rechts: Das Neptunsgras *(Posidonia oceanica)* ist an seinen schwertförmigen, mehr als zentimeterbreiten, dunkelgrünen Blättern erkennbar, die knapp meterlang werden können.

Unten: Die Wurzelstöcke des Neptungrases *(Posidonia oceanica)* schaffen durch ihre Verfilzung, zusammen mit der Vielzahl der tütenförmigen, abgestorbenen Blattansätze, ideale Kleinbiotope.

Seenadeln und Seepferdchen zwischen Seegräsern

Große Seenadel *Syngnathus acus*

Diese dünnen, »nadelförmigen« Fische stehen meist senkrecht und bewegen sich langsam schlängelnd hin und her wie die Blätter einer im Tiefenwellensog flutenden unterseeischen Wiese. Da sie zudem unscheinbar grünlichgrau gefärbt sind, fallen sie in der Posidonien-Wildnis überhaupt nicht auf – ein hervorragendes Beispiel für die gelungene Anpassung an eine bestimmte Umwelt in Gestalt, Färbung und Bewegung. Bei den Seenadeln wird die Brut von den Männchen versorgt, die die Eier in einer verschließbaren »Tasche« aus zwei länglichen, bauchständigen Hautlappen in der hinteren Körperregion bis zu drei Wochen lang aufbewahren. Fast alles ist hier anders als bei den meisten übrigen Fischen. Die Weibchen balzen die Männchen an und übertragen ihnen bei einer richtiggehenden »umgekehrten Begattung« in Sekundenschnelle die Eier, die sich außerhalb des väterlichen Brutbeutels nicht entwickeln können. Die Große Seenadel bevorzugt tieferes Gewässer und wird häufig in den Bodenschleppnetzen der Fischer gefangen.

So wie die *Syngnathus*-Arten in den Posidonienwiesen finden sich die kleineren Schlangennadeln der Gattung *Nerophis* in den *Zostera*beständen. Alle Seenadeln schwimmen ungern und nur bei starker Strömung über kurze Strecken »schlängelnd« mit dem ganzen Körper. Normalerweise halten sie den Rumpf mehr oder minder gestreckt und bewegen sich mit raschen wellenförmigen Schwingungen der kleinen Rücken- und Brustflossen. Sie fressen Kleingetier, das sie durch die lange Mundröhre mit überraschender Kraft einsaugen.

Langschnauziges Seepferdchen *Hippocampus guttulatus*

Die Seepferdchen kennt jedermann an ihrer charakteristischen Körpergestalt, dem Ringelschwanz, mit dem sie sich anklammern können, und dem »Pferdekopf«. Der Fisch ist meist dunkelbraun; die Weibchen können während der Laichzeit sehr kräftig gelb werden. Mit den Seenadeln sind die Seepferdchen nahe verwandt, gehören in die gleiche Familie. Wenn sie ihren Ringelschwanz ausstrecken – und das tun sie beim gelegentlichen raschen Schwimmen – sehen sie den Seenadeln nicht mehr so unähnlich. Auch in puncto Beutefang, Balz und Eiaufbewahrung in einer Bruttasche des Männchens verhalten sich alle Familienvertreter im Prinzip gleichartig. Während das Langschnäuzige Seepferdchen gerne in den *Zostera*- und Posidonienwiesen des tieferen Wassers vorkommt, bevorzugt die andere Mittelmeerart, das Kurzschnauzige Seepferdchen *(Hippocampus antiquorum),* etwas tiefer gelegene Sandgründe und Ansammlungen von Schlick. Auch im freien Wasser können die Seepferdchen senkrecht stehen, weil ihre Schwimmblase ziemlich weit vorne (oben) liegt und der Schwanz spezifisch schwerer ist. Sie schwimmen sehr langsam und »ziehend« durch verschiedenartige Undulationen der Flossen, insbesondere der Rückenflosse.

Krebstiere der unterseeischen Wiesen

Große Seespinne   *Maja squinado*

An sich ein Tier der tieferen Gewässerzonen, in Seegraswiesen bei 10 m Wassertiefe und noch weiter unten heimisch, steigt die große *Maja* aber auch in flachere Blockgründe auf. Man muß sie schon geschickt und fest greifen – von schräg hinten oben – wenn man nicht Bekanntschaft mit den kräftigen Scheren machen will, die ohne weiteres die Haut aufzwicken können. Ausgewachsene Exemplare werden mit gespreizten Beinen wohl halbmetergroß und kennzeichnen die größte Mittelmeerkrabbe! Das Rumpfstück allein kann knapp 20 cm lang werden. Außer durch seine Größe unterscheidet es sich von dem der kleinen *Maja* (s. S. 135) auch durch den Besitz von »Nebenstacheln« unterhalb der Randstacheln. Auf Fischmärkten sieht man diese Spitzkopfkrabben regelmäßig. Hier wird sie vom Autor des Buches demonstriert.

Wollkrabbe   *Dromia vulgaris*

Die »griesgrämig«-dicklich wirkende, über 12 cm breite Krabbe mit dem gräulich borstigen Pelzbesatz hält sich gut in Schauaquarien. Sie hat fast Kugelform. Oft ist sie mit einem orangeroten oder gelblichen, unförmigen Schwamm bewachsen. Das heißt, es scheint nur so, als ob der Schwamm festgewachsen wäre. Er wird vielmehr mit den spitzen Enden der flach gebauten dritten und vierten Beinpaare festgehalten, die stärker rückenständig sind als die übrigen Beine. Auch Seescheiden, beispielsweise *Aplidium conicum* (S. 185), oder andere Organismen schleppt *Dromia* so mit sich herum. Sie wachsen weiter und passen sich, da sie niemals losgelassen werden, der Rückenform an. Die Abbildungen unten und unten rechts zeigen zum Vergleich ein getrocknetes Exemplar und eine Aufnahme im Biotop.

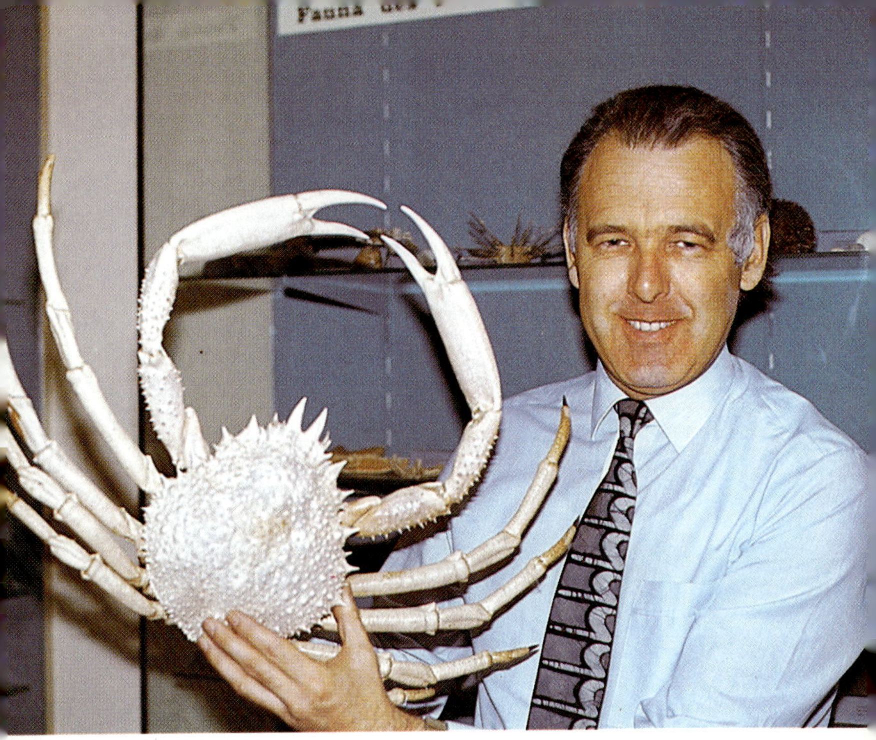
Fauna

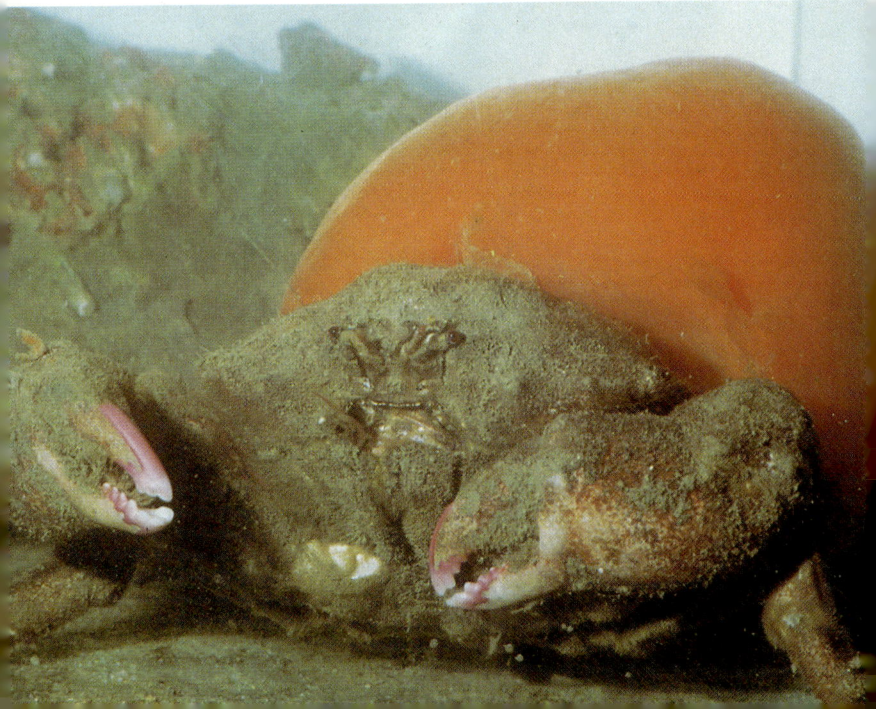

Heuschreckenkrebs *Squilla mantis*

Von den drei Mittelmeerarten der Heuschreckenkrebse oder Maulfüßler ist die hier vorgestellte Art die größte und auffallendste. Der Hinterleib wird nach hinten breiter und endet in einem Schwimmfächer, der zwei charakteristische, tiefviolette und weiß umrahmte Augflecke trägt (Abb. unten). Meist laufen die Tiere mit drei zarten Brustbeinen (die einen griffelförmigen Innenast tragen); durch sehr kräftige Schnellbewegungen des Schwanzfächers können sie sich aber auch rasch durchs Wasser katapultieren. Ihren Namen hat diese Art nach ihren Raubbeinen bekommen, die denen der Gottesanbeterin *Mantis* (S. 27) ähneln. Sie lebt auf tiefer gelegenen Seegraswiesen und Schlammböden und kann knapp 20 cm lang werden. Auf den Fischmärkten findet man sie nicht selten. Nicht abgetötete Exemplare sollte man vorsichtig handhaben, da sie mit ihren scharfen Raubbeinen sehr heftig zuschlagen können! In der Abbildung sind die Raubbeine teilweise unter dem Vorderkörper zusammengelegt und nicht in ganzer Größe erkennbar. Auseinandergeklappt sehen sie den Fangbeinen der grünen *Mantis religiosa* funktionell tatsächlich sehr ähnlich: Das äußere, einklappbare Glied ist an der Innenseite mit fünf bis sechs schrägen Fortsätzen »rutschfest« ausgeführt und kann mit großer Kraft gegen das dicke innere Glied (in dem die massiven Bewegungsmuskeln für das äußere sitzen) eingeklappt werden. Was in diesem scharfen Taschenmesser gefangen ist, wird so leicht nicht wieder losgelassen. Verständlich, daß ein weiterer Name für diese Krebsordnung »Fangschreckenkrebse« heißt.

Schamkrabbe *Calappa granulata*

Die seltene Schamkrabbe trägt ihre stark verbreiterten Scheren paßgerecht ineinander gekeilt vor dem »Gesicht« und lugt nur gelegentlich dahinter hervor, so, als ob sie sich »schäme«. Diese Tracht hat ihre biologische Bedeutung. Das etwa 10 cm breite, rötliche Tier gräbt sich auf der Suche nach Muscheln durch die Sedimente. Die verbreiterten, vorgehaltenen Scheren wirken wie ein Schlammpflug. Dahinter formen Stirn und Mundwerkzeuge ein Atemrohr.

Gespenstkrabbe *Macropodia longirostris*

Mehrere Arten mit vorne zugespitztem, länglichem Rumpf (deshalb die Gruppenbezeichnung »Spitzkopfkrabben«) und den grotesk langen, dürren Auslegerbeinen werden im Volksmund als Gespenst- oder Gespensterkrabben bezeichnet. Sie stelzen scheinbar unbeholfen und schlacksig auf Algen und Korallenstöckchen herum, können sich aber auch blitzartig auf vorbeiziehende kleine Beute stürzen. Sie sind vergleichsweise winzig, nur einige wenige Zentimeter lang, und wegen ihrer maskierenden Körperform, der graubraunen Schutzfärbung und des unauffälligen Verhaltens leicht zu übersehen. Entdeckt man sie aber einmal in einem heraufgeholten Algenbüschel, so sollte man sie in die wassergefüllte Taucherbrille setzen und lange beobachten.

Es lohnt sich, angespülte Teile von Krabbenpanzern einmal genau anzusehen, an ihnen herumzuspielen und sich die oft »raffiniert« erscheinenden Konstruktionsmerkmale zu betrachten. Die untenstehende Abbildung zeigt den Scherenfinger eines Taschenkrebses *(Cancer pagurus).*

Größere Schnecken der Seegraswiesen

Die Seegraswiesen und die anschließenden tiefen Blockgründe und Sandbänke sind das Dorado der großen Schalentiere, von denen auch das Mittelmeer geradezu riesenhafte Formen hervorgebracht hat. Normalerweise vermutet man die größeren Verwandten unserer europäischen Fauna nicht zu unrecht in den Tropen oder in der Pazifischen Region. So gibt es fast tellergroße Exemplare einer Verwandten unseres mediterranen, bis 8 cm langen »Meerohrs« (*Haliotis tuberculata*, S. 131) an der amerikanischen Westküste, wo sie oft den Touristen – als »Abalone« in der eigenen Schale serviert – in den Küstenrestaurants vorgesetzt werden. Doch kann das Gehäuse der Tonnenschnecke des Mittelmeers *(Dolium galea)* immerhin fast 20 cm lang werden, und das Tritonshorn *(Tritonium nodiferum),* Accessoir der Nereiden und Schmuckstück mancher Schlafzimmervitrinen, gar bis 40 cm! Diese großen Schnecken leben gerne auf Geröllgrund, meist in Tiefen, die nur mit Preßluftgeräten zu erreichen sind. Häufig sind sie nicht, diese riesenhaften Einzelgänger, und doch sieht man immer wieder einmal eine an der Grenze zwischen Blockfeldern und Seegrasgrund. Allerdings fallen sie nicht auf, denn in der freien Wildbahn sind sie nicht so schön glatt poliert wie in den Andenkengeschäften, sondern über und über bewachsen und getarnt – wandernde kleine Hügel. Auf den folgenden Seiten werden einige der großen Schnecken vorgestellt.

Tritonshorn   *Tritonium nodiferum*

Die bis zu 40 cm lange Riesenschnecke ist ein Räuber, der auch größere Beute – Seegurken, große Seesterne – bewältigt. Im Gegensatz zu vielen anderen Schnecken, die mit ihrer Raspelzunge Oberflächenbelage abraspeln, ist *Tritonium* ein Schlinger: Sie verschlingt ihre Beute im Ganzen! Ein kalkauflösender Speichelsaft ermöglicht den Abbau der Kalkschalen von Stachelhäutern, die als Beute fast gleichlang wie der Räuber selbst sein können! Die riesige Mündung – an der man bekanntlich das »Meeresrauschen« hört – ist weit gebuchtet, zart rosarot gefärbt und oft mit dunklen Randvertiefungen versehen. Die Schalenrinne für den »Rüssel«, der sogenannte Siphonkanal, ist wohl ausgeprägt. Tritonien sind der Stolz der Andenkengeschäfte. Wer welche kauft, trägt zu ihrer Ausrottung bei.

Tonnenschnecke   *Dolium galea*

Das bis zu 25 cm lange, ockerfarbene Gehäuse dieses Tieres mit dem gut gewählten deutschen Namen besitzt eine ganz besonders große Mündung, die über mehr als die halbe Schalenbreite geht. In Biotop und Lebensweise ähnelt die Schnecke dem Tritonshorn. Wie dieses verschlingt sie ihre Beutetiere (wenn diese nicht allzugroß sind) im Ganzen und baut die Kalkschalen mit Hilfe eines säurehaltigen Speichels ab. Sie frißt neben Stachelhäutern auch Muscheln. In der Adria findet man sie nur in den südlichen Teilen, und zwar in den tieferen Regionen, auf Weichböden und in Seegrasbeständen.

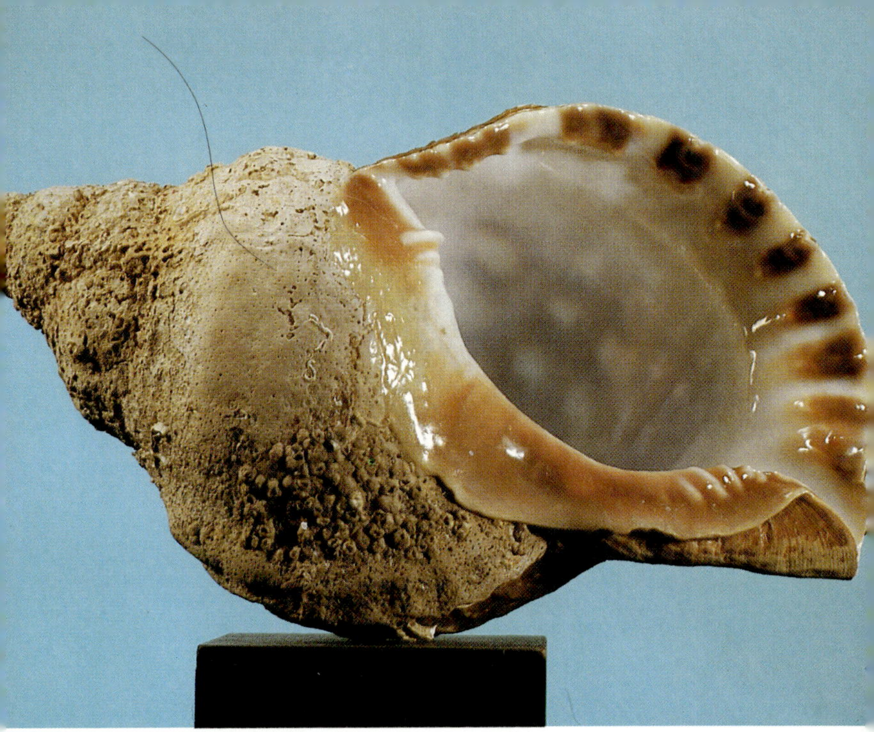

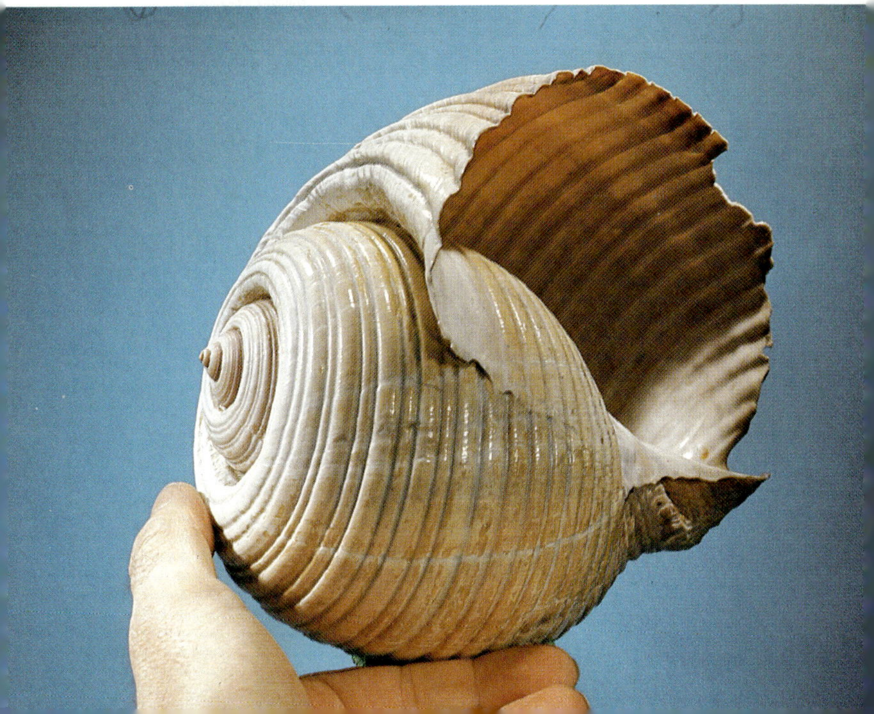

Purpurschnecke *Murex trunculus*

Purpurschnecken sind infolge des fehlenden langen Siphonkanals kleiner als die folgende Art und tragen statt zapfenartiger Auswüchse nur leichte Höcker. Sie besiedeln die höher gelegenen Küstenbereiche. Alle *Murex*-Arten sind in der Lage, einen bei Licht purpurn nachdunkelnden Farbstoff zu synthetisieren, der von alters her zum Färben der Mäntel hochgestellter kirchlicher und weltlicher Potentaten benutzt wurde und sehr teuer war. Teuer auch deshalb, weil man den Purpurschnecken so sehr nachstellte, daß sie fast ausgerottet wurden – ein frühes Beispiel für Umweltschädigung. Das abgebildete Exemplar ist von einem roten Schwamm bewachsen. Es kriecht eben nach unten aus. Rechts unten erkennt man den hornigen, von konzentrischen Zuwachsstreifen gerieften Verschlußdeckel, daneben die beiden Fühler.

Stachelschnecke *Murex brandaris*

Die Stachelschnecke, auch »Brandhorn« genannt, ist ganz unverkennbar durch ihren sehr langen Siphonkanal. Das nicht sehr große, durch den Siphonkanal aber doch bis auf 8 cm ausgedehnte ovale Gehäuse trägt charakteristische, zapfenförmige Auswüchse, die in der Region der Schalenmündung umgebogen erscheinen. Die Schnecke hat einen Deckel. Sie kommt auf tiefer gelegenen Seegraswiesen vor.

Sandwurmschnecke *Vermetus arenarius*

Dies ist die größere Verwandte der bekannteren Dreikantschnecke *(Vermetus triqueter,* S. 75), deren Gehäuse denen der Dreikantwürmer (S. 81) zum Verwechseln ähnlich sind. Ihre gewundenen Kalkröhren, bis 10 cm lang und manchmal fingerdick, sind wie beim Dreikantwurm festgewachsen. Während dieser die obersten Felsregionen – besonders die Steinalgenregion der »Trottoirs« – bevorzugt, lebt die Sandwurmschnecke überwiegend auf etwas tiefer gelegenen Hartböden. Die *Vermetus*-Arten besitzen Verschlußdeckel, aber keine eigenen Kriechsohlen, die sie als festsitzende Formen auch nicht nötig haben. Sie nähren sich damit, daß sie klebrige, vernetzte Fangfäden ausstoßen und, sobald diese mit kleinen Schwebepartikelchen beladen sind, einziehen und auffressen. Ihre Hartstruktur hält man – wie erwähnt – nicht ohne weiteres für Schneckengehäuse, sonder eher für Wurmröhren. Ähnlich sieht die seltene Schlangenschnecke *(Siliquaria sanguinea)* aus, die auf Korallengrund lebt und durch einen gewundenen Längsschlitz ausgezeichnet ist.

Ungarnmützenschnecke *Capulus hungaricus*   (nicht abgebildet)

Diese bis 5 cm im Durchmesser aufweisende, nicht häufige Schnecke sieht wie eine Phrygische Mütze aus, wie sie der Prototyp der französischen Marianne auf De la Croix's berühmtem Gemälde »Die Freiheit führt das Volk« trägt. Sie ist außen schmutzigweiß bis gelblich, innen glänzend weiß. Sie lebt auf Hartböden, besonders gerne auf Muschelschalen. Die meisten Exemplare, die man findet, werden nur 1 bis 2 cm groß sein.

Pelikansfuß *Aporrhais pes pelecani*

Die meist in Vielzahl auftretenden, langen, seitlichen Auswüchse um die Mündung haben der 5 cm langen Schnecke (von der es auch größere tropische Verwandte gibt) den charakteristischen Namen gegeben. Sie wühlt sich gerne durch Weichböden und frißt organischen Abfall. Bei der Fortbewegung auf der Bodenoberfläche spielen die langen Auswüchse eine besondere Rolle beim Ausbalancieren und Einstellen der Schale.

Turbanschnecke *Astraea rugosa*

Dreht man unter Wasser ein (bisweilen mit Aufwuchs getarntes) knapp hühnereigroßes Gebilde um, das sich langsam auf Fels und Sandgrund fortbewegt, so erscheint möglicherweise auf der Unterseite eine überraschend kräftig rotorange gefärbte glatte Schalenmündung mit einem zehnpfennigstückgroßen, leicht ovalen und glatt skulpturierten, rot gefärbten Verschlußdeckel. Bürstet man das Gebilde mit einer Drahtbürste ab, so kommt eine schöne Turbanform zum Vorschein, auf die sich der frühere Gattungsname der Schnecke *(Turbo)* bezieht. Die Turbanschnecke gehört in die Verwandtschaft der Kreiselschnekken (S. 75) und trägt den gleichen deutschen Namen wie die kleine *Monodonta*. Mit bis 45 mm Höhe stellt sie die größte Mittelmeerform ihrer Gruppe dar. Ihre porzellanartigen Verschlußdeckel zeigen, von der Innenseite aus betrachtet, schneckenförmige Zuwachsstreifen: sie wachsen mit dem Gehäuse. Da sie in der »Masse gefärbt« sind, behalten sie auch nach dem Tod des Tieres ihr leuchtend rotes Aussehen. Sie werden gerne gesammelt und zu Halsbändern verarbeitet.

Grüne Samtschnecke *Elysia viridis*

Die Schnecke ist mit 2 cm Körperlänge mittelgroß. Ihre Farbe und Zeichnung ist an sich sehr auffällig – ein sattes Grün bis Schwarz, von dem sich hellgrüne Ränder und weiße Flossensäume absetzen, übersprenkelt mit feinen, leuchtenden Farbtupfen – doch hebt sie sich in der grünlichen Umgebung pflanzlichen Felsaufwuchses kaum noch ab. Fängt man sie aber heraus und betrachtet sie beim Kriechen in der umgekehrten Taucherbrille, so ergibt sich ein faszinierendes Farbenspiel. Die Schnecke gehört zu denjenigen kleinen Tieren, die an sich recht auffallend und keineswegs selten sind, trotzdem aber beim Schnorcheln kaum bemerkt werden. Systematisch gehört sie zu den hinterkiemigen Nacktschnecken.
Einer der größten Vertreter dieser Gruppe ist der auffallende »Seehase« *(Apylsia depilans)*. Mit zwei flügelartigen Seitanhängen des Fußes »fliegt« dieses bräunlich-grünlich marmorierte Tier richtiggehend unter Wasser.

Größere Muscheln

Die hier beschriebenen Muscheln sind in der Schlick- und Seegrasregion behei-
matet, werden aber oft am Strand angespült. Im folgenden sind neben der unverkennbaren Steckmuschel Vertreter dreier Familien genannt, die alle große
oder doch mittelgroße Schalen von »typischer Muschelform« tragen, nämlich
die Venusmuscheln, die Herzmuscheln und die Kammuscheln. Während die tütenförmigen Steckmuscheln fest verankert im Sand stecken, durchpflügen die
Vertreter der anderen genannten Familien Sand und Schlick mit ihrem kräftigen Fuß, den sie weit herausstrecken und wieder einziehen können. Mit diesem
Fortbewegungsappart können Herzmuscheln sogar recht gut »springen«.
Atemwasser strudeln sie sich über bisweilen verblüffend lange Saugröhren ein,
die sie bis über die Sandoberfläche strecken. Die vielen, z. T. recht ähnlichen
Arten der genannten und der übrigen Familien sind bisweilen nicht gut unterscheidbar, doch gibt es in jedem Fall auch recht auffallende Formen, die leicht
und eindeutig anzusprechen sind.

Steckmuschel *Pinna nobilis*

Eine wahre Riesenmuschel: 70 bis 80 cm lang kann dieses tütenförmige Gebilde
werden, das mit dem spitzen Ende im Sandboden steckt, bevorzugt an wenig
bewachsenen Stellen im Umkreis der Seegraswiesen. Die außen stumpfbraun
bis rötliche, innen zwischen rötlich und perlmuttartig spiegelnden, zarten Schalen sind besonders bei kleineren Exemplaren mit vielen halbrohrförmigen,
schuppenartigen Auswüchsen reihenständig bedeckt. *Pinna nobilis* kann flächenmäßig so groß sein wie das Ruderblatt eines Kahns und ist damit die größte Muschel im Mittelmeer. Wenn man eine entdeckt, sollte man sie in Ruhe lassen – auch wenn man sich sicher ist, daß sie der nächste Andenkenjäger herauf-
holen wird. Sie ist stellenweise schon selten geworden. Zwischen ihren Schalen
haust eine kleine, 1,5 cm messende Krabbe, der »Muschelwärter« *(Pinnoteres
pinnoteres)*. Dieses kleine Krebstier hält sich gerne am geöffneten Schalenrand
der Steckmuschel auf, in die es bei Störung rasch flüchtet. Die Muschel schließt
darauf die Schalen, und der kleine Mitbewohner ist sicher. Es wird berichtet,
daß man früher in Süditalien aus ihren Spinnfäden (»Byssusfäden«) Hand-
schuhe hergestellt hat.
Die kleinere Gekämmte Steckmuschel *(Pinna pectinata)* mit ihren ganz zarten,
an der Oberfläche abgefeilt erscheinenden Schalen, kommt in größerer Tiefe
vor als ihre imponierende Verwandte, die man schon ab 5 m finden kann.

Braune Venusmuschel *Pitaria chione*

Diese Muschel mit ihren sehr dicken, außen dunkelbraun behornten Schalen ist
tatsächlich häufig. Unter der Hornschicht sind die Schalen bräunlich grau mit
umlaufenden, schmalen braunen Bändern, die von senkrecht dazu verlaufenden breiten Braunstrichen geschnitten werden. Sie können knapp 10 cm lang
werden. Als Sandbewohner besitzen sie zwei besonders lange Atemröhren oder
Siphone, die hier zur Hälfte miteinander verwachsen sind.

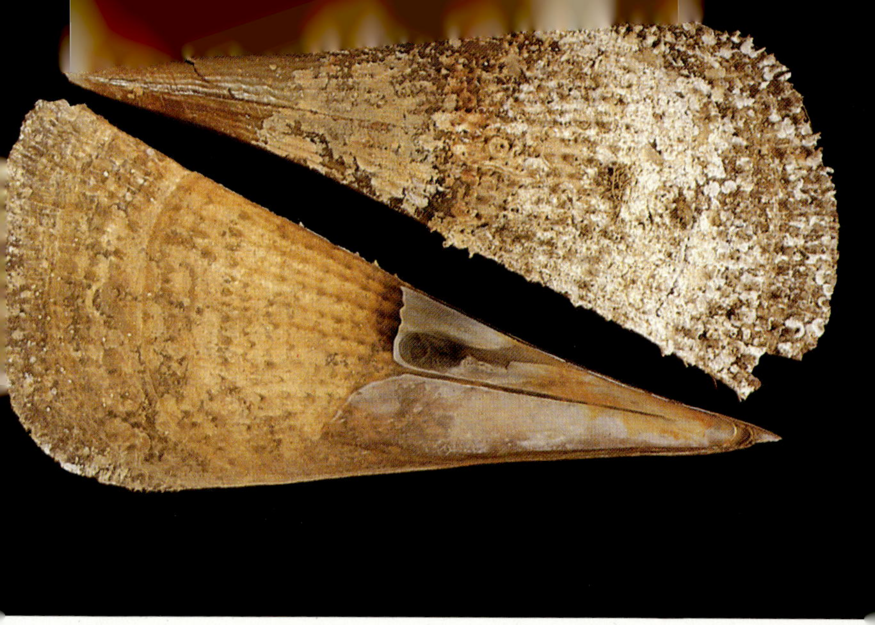

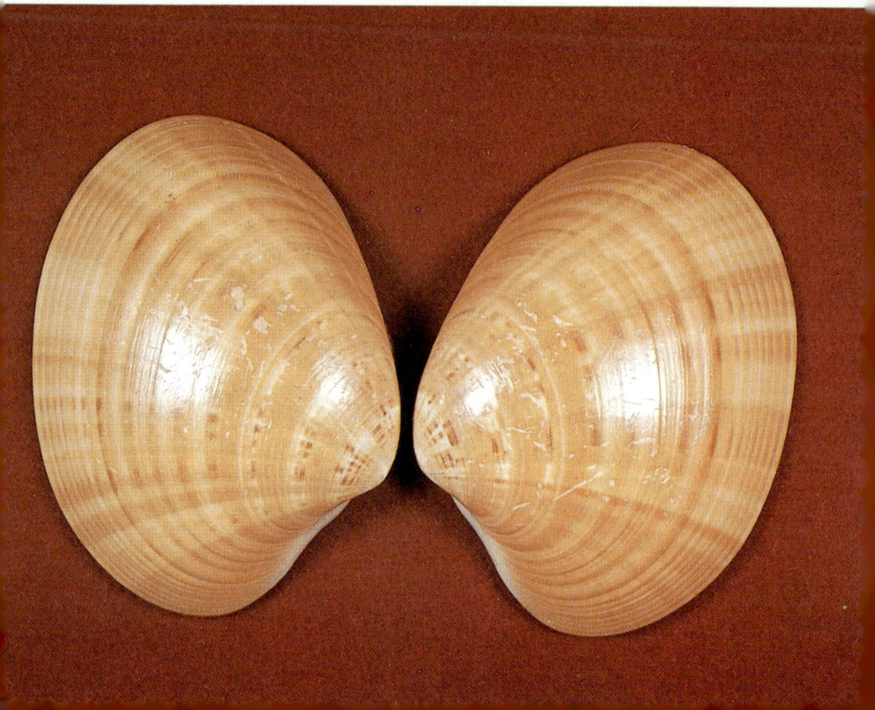

Rauhe Venusmuschel *Venus verrucosa*   (Abb. oben)

Die Schalen dieser rundlicheren Muschel werden bis 6 cm lang, sind schmutzig-weiß gefärbt, dick und schwer und zeichnen sich durch eng verlaufende, warzige Rippenbänder aus. Auch diese Venusmuschel ist häufig, und man wird die auseinandergeklappten Schalen toter Tiere immer wieder erspähen.

Herzmuscheln

Alle Herzmuscheln sind Bewohner der Sand- und Sedimentböden. Sie haben eine typisch geformte, rundliche Schale mit abgesetzten und mehr oder minder ausgeprägten Radialrippen.

Dornige Herzmuschel *Acanthocardium echinatum*   (Abb. Mitte)

Diese schmutzig-weiße, bis 6 cm große Muschel trägt auf ihren Schalen kleinere, mehr noppenartige Vorsprünge an den erhöhten Radialrippen.

Längliche Herzmuschel *Laevicardium oblongum*   (Abb. unten)

Diese Herzmuschel ist unverkennbar durch ihre in Richtung der Radiärrippen länglich-löffelförmig ausgezogenen, weiß oder rosa angehauchten, bis 5 cm langen Schalen.

Die Familie der Herzmuscheln hat viele, teils recht große Arten hervorgebracht. Zu den hier genannten, in der Ausgestaltung unverkennbaren beiden Arten der Dornigen und der Länglichen Herzmuschel kommen die auf Seite 121 abgebildeten beiden Arten der ufernäheren Sandböden, nämlich die Eßbare und die Warzige Herzmuschel (Beschreibungen S. 120).

Muscheln sind bekannt als Sammelobjekte, und viele begeisterte Sammler können sie nach Form, Strukturierung und Färbung ihrer Schale gut ansprechen. Weniger bekannt ist die systematische Einteilung der Muscheln, auf die hier ein wenig eingegangen werden soll.

An Muscheln gibt es rund 25000 bekannt gewordene Arten, von denen allerdings mehr als die Hälfte fossil sind. Die Biologen teilen sie heute in vier oder fünf Ordnungen, weniger nach dem Schalenbau als danach, wie die Kiemenfäden organisiert und miteinander verbunden sind – ein Merkmal, das den Schalensammler nicht sonderlich interessiert. Die hier behandelten Muscheln gehören zu drei Ordnungen. Zu den Fadenkiemern, deren Kiemenfäden nicht verschmolzen sind, gehört beispielsweise die ursprüngliche Archenmuschel *Arca* und die Miesmuschel *Mytilus*. Höher organisiert ist die Ordnung der Scheinlamellenkiemern, deren Kiemenfäden nur unvollkommen verwachsen sind. Sie besitzt meist nur eine Schließmuskel. Die besprochene Pilgermuschel *Pecten* und die altbekannte Auster *Ostrea* gehören ebenso dazu wie die größte hier besprochene Muschel, die Steckmuschel *Pinna*. Schließlich sei die Ordnung der eigentlichen Lamellenkiemer erwähnt. Zu ihnen gehören neben den gängigen Süßwassermuscheln die Venusmuscheln *Venus* und schließlich die Herzmuscheln und die Bohrmuscheln *Pholas* und *Teredo*.

Kammuscheln

Jakobsmuschel   *Pecten jacobaeus*

Eine der bekanntesten Muscheln: Vom Shell Firmenschild grüßt sie als Symbol, und ihre handtellergroße, gewölbte Unterseite dient in Restaurants zuweilen als Majonäse-Behälter.
Die Muschel kommt auf weichem Untergrund vor, kaum allerdings in flacherem Wasser. In Schauaquarien ist sie stets ausgestellt. Ihre obere Schale ist flach. Herzförmiger Umriß, gerichtete Radiärstruktur von 14–16kantigen Rippen, rote und rötlich-braune Farbstreifen und das typische, mit den beiden »Ohren« symmetrisch-flügelartig vorspringende Schalenschloß sind die kennzeichnenden Merkmale. An den Seiten des Schlosses bemerkt man gewellte, längs gezogene Spalten. Das sind Düsen, durch die die Muschel in heftigen Strahlen Wasser auspressen kann. Der entstehende Rückstoß treibt sie voran, wobei das Schalenschloß hinten liegt, sozusagen das Heck bildet. (Beim schnellsten Fluchtschwimmen bewegt sie sich in umgekehrter Richtung.) Mit knappen, raschen Schalenschließbewegungen kann sie mehrere Meter »hüpfend« durch das Wasser schwimmen. Man hat fast den Eindruck, da flatterte ein Schmetterling. Der Motor für diese Bewegung ist der äußerst kräftige Schließmuskel, dessen Ansatzstelle an den Schalen als unregelmäßig rundliche Flecken von leicht granulierter Grundstruktur sichtbar sind. Es sind diese Schließmuskeln, die man in Feinschmecker-Restaurants schön garniert als »Coquilles St. Jacques« serviert bekommt.
Der Todfeind der Jakobsmuschel (auch Pilgermuschel genannt) ist ein Seestern, und zwar der große Eisseestern (*Marthasterias glacialis*, S. 181). Er allein ist in der Lage, die Muschel mit seinen Armen zu umfassen und, mit Hunderten von Saugfüßchen festgeheftet, in zäher, stundenlanger Saugarbeit die Haltekraft des Schließmuskels zu überwinden. Hängt man im Modellversuch an eine einseitig befestigte Muschel eine Masse von 4 kg, so dauert es bis zu 8 Stunden, bis der nur daumengroße Schließmuskel nachgibt.

Glatte Kammuschel   *Chlamys glabra*

Diese kleinere – bis 5 cm lange – Kammuschel mit den etwa gleichlangen »Ohren« besitzt nur zehn bis elf Längsfalten, zwischen denen sie fein radial gerippt ist. Ihre Grundfarbe ist ein bräunliches Rot.

Bunte Kammuschel   *Chlamys varius*

An ihren sehr ungleich langen »Ohren« ist diese bis 6 cm lange Kammuschel leicht erkennbar. Sie ist dicht gerippt; bis 30 fein beschuppte Rippen kommen vor. Der Artnamen »*varius*« bezieht sich auf die sehr unterschiedliche Färbung, die von gelblich über rotbraun bis fast schwarz spielen kann. An Exemplaren im Aquarium kann man zwischen den halbgeöffneten Schalen die langen, spielenden Tentakel und die vielen dunklen Augen am Mantelrand beobachten. Auch die *Chlamys*-Arten können rasch »hüpfend« schwimmen.

Seesterne und Seeigel

Eisseestern *Marthasterias glacialis*

Dies ist einer unserer größten Seesterne. Er kann an die 60 cm im Durchmesser erreichen, wirkt aber unauffällig, da er bräunlich-grau gefärbt ist und halb eingegraben auf schlickigen Sandbäden gleicher Grundfärbung liegt. Gelegentlich findet man ihn schon in einigen Metern Tiefe, dort, wo schlickige oder sandige Blenken zwischen den langsam verschwindenden Blockgründen ausgebildet sind. Durch die Vergrößerungseffekte unter Wasser erscheint der an sich schon große Seestern dann geradezu riesenhaft, so daß man sich manchmal geniert, ihn hochzutauchen. Das sollte man aber auf jeden Fall tun, ihn ein wenig – an der Wasseroberfläche schnorchelnd – beobachten und dann wieder absinken lassen. Kommt er in Rückenlage auf den Grund, so kann man beobachten, wie er sich mit verblüffender Gelenkigkeit in wenigen Sekunden umdreht. Als Todfeind der Pilgermuschel (S. 179) wurde er schon erwähnt.

Roter Kammstern *Astropecten aurantiacus*

Auch dieser ganz charakteristische, orangerot gefärbte Seestern mit den weißlich-hellen Seitstacheln an den Armen kann sehr groß werden: 30 cm, in Ausnahmefällen auch schon einmal 50 cm. Er bewohnt die tieferen Schlickgründe und Seegraswiesen, kommt aber auch höher hinauf. Wie die Abbildung auf der Seite 109 zeigt, besitzt er keine Saugscheiben, sondern eine Art konischer Schlauchfortsätze an den Füßen. Damit kann er sich gut eingraben.

Gefleckter Schlangenstern *Ophiothrix quinquemaculata*

Auffallend sind die vielen, halbdurchsichtigen Armstacheln dieser mittelgroßen, recht behenden Art. Sie ist zart bis dunkler rötlich gefärbt und trägt rötlich geringelte Arme. In größeren Tiefen ist sie sehr häufig; mit Bodenschleppnetzen wird sie regelmäßig hochgebracht.

Kugelseeigel *Sphaerechinus granularis*

In Andenkengeschäften findet man seine kugeligen, 7–8 cm im Durchmesser aufweisenden, violettlichen Schalen häufig zum Verkauf ausgestellt. Der Kugelseeigel ist ein Einzelgänger. Man findet ihn zwar bereits in wenigen Metern Tiefe; seine Hauptverbreitung allerdings liegt im Bereich der tieferen Schlick- und Seegrasregionen. Seine Stacheln sind kurz und an der Spitze charakteristisch weißlich. Man kann ihn bedenkenlos anfassen; die Stacheln sind relativ stumpf und brechen nicht leicht ab.

Kletterseeigel *Psammechinus microtuberculatus*   (Abb. S. 191)

Dieser kleine, unscheinbar-sandfarbene oder grünliche Seeigel macht seinem Namen alle Ehre: In Aquarien klettert er an den Glaswänden herum. Sein Hauptwohngebiet ist das Wurzelwerk (S. 159) der *Posidonia*-Wiesen.

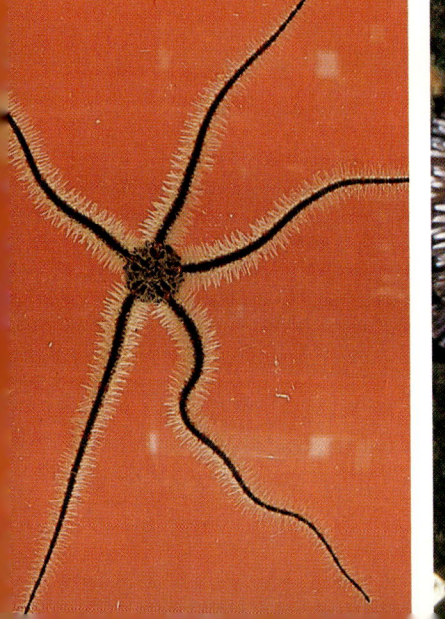

Schwämme und Hohltiere

Korkschwamm *Suberites domuncula*

Der Schwamm ist sehr auffallend: meist orangerot-bräunlich (aber auch gelb oder blau), ungefähr kugelförmig, mit samten-glatter Oberfläche. Auf den ersten Blick scheint er über die Sandgründe zu kriechen. Er besiedelt gerne Schneckenschalen, in denen *Paguristes*-Einsiedlerkrebse hausen. Diese werden dann nicht selten vollständig aufgelöst, so daß der Krebs bis auf eine Kriechöffnung allseitig von diesem auffallenden Schwammgebilde umgeben ist.

Meerorange *Tethya aurantium*

Dies ist einer der auffälligsteen Schwämme. Der Größe, Färbung und leicht granulierten Oberfläche nach sieht er tatsächlich aus wie eine Orange, und wenn man ihn aufschneidet, findet man ihn innen ebenso geklammert wie eine Orange: ein erstaunliches Beispiel konvergenter Formbildung. Beim Ziehen von Bodenschleppnetzen über schlammige Tiefenböden wird man den Schwamm mit Sicherheit erbeuten. Auch auf Felsböden kommt er vor, stets aber in größeren Tiefen.

Dysidea *Dysidea avara*

Dieser farblich nicht sehr auffallende Schwamm gehört zu den Hornschwämmen. Er fühlt sich etwas rauh an, da er Sandkörner und andere Fremdkörper in sein Faserwerk mit aufnimmt. Die einzelnen Auswüchse sind etwa fingerdick und bilden ein zerlapptes, grob handförmiges Gebilde, das mit charakteristischen Zacken besetzt ist. Am Ende der einzelnen lappigen Zapfen sind die Öffnungen deutlich sichtbar. Der Schwamm kommt im ruhigeren Tiefenwasser auf hartem Untergrund vor, siedelt sich aber auch auf Krabbenpanzern an, beispielsweise auf der Maskenkrabbe *Pisa*.

Seegrasmeduse *Olindias phosphorica*

Diese Meduse verblüfft selbst den Fachbiologen immer wieder: Bringt man sie in ein seegrasbestandenes Aquarium mit Meerwasser, so legt sie sich bald auf den Boden, die Tentakeln nach der Seite oder nach oben gerichtet, und wirkt wie tot. Urplötzlich aber pulsiert die Glocke, und die Meduse bewegt sich, um dann wieder wie leblos auf dem Boden zu liegen.
Diese Form ist ein ganz charakteristischer Vertreter der Seegraswiesen; die Schirme sind zart und glasig aufgetrieben, die vier Radiärkanäle von den Gonaden (Keimdrüsen) braunrot unterlegt. Das Fadenwerk der dünnen Tentakel ist von Nesselbatterien fein hell und dunkel gepunktet. Das nachts kann das Tier einen phosphoreszierendes, zartes Leuchten zeigen.

Manteltiere

Sternseescheide *Botryllus schlosseri*

Man sieht es diesen gallertigen Gebilden, die wie abgerundete Kieselsteine aussehen, nicht an, daß sie zu hochentwickelten Tieren gehören. Sie zählen zu den Manteltieren, die man dem Stamm der Chordatiere beiordnet, zu denen ja auch der Mensch gehört. Seescheiden sind sackförmige Gebilde, von einer ziemlich zähen Hülle umgeben, die Wasser einsaugen, feines Plankton mittels eines reusenartigen Kiemenkorbs herausfiltrieren und das Wasser durch eine zweite Öffnung wieder ausstoßen. Sie können Verletzungen hervorragend regenerieren und vermehren sich im wesentlichen durch Knospung. Die Einzeltiere können auch in bestimmter Geometrie in Gallertmassen zusammenliegen. So entstehen Tierstöcke, wie sie die *Botryllus*-Arten darstellen. Bei der oben links und oben rechts abgebildeten Art *Botryllus schlosseri* liegen die Einzeltiere sternförmig zusammen, und alle ihre Ausführöffnungen münden in den mittelständigen Kanal. Bei einer nahe verwandten Art *Botryllus leachi,* der Schleifenseescheide, legen sich die Einzeltiere in ihrer Gallertmasse zu mäanderartigen Bändern zusammen. Beide Arten findet man gar nicht so selten in Pflanzenbeständen mittlerer Tiefe, und man wird bei Fängen mit Bodenschleppnetzen kaum vergeblich nach ihnen suchen.

Synascidie *Aplidium conicum*

Diese Seescheide gehört zu den obligat-koloniebildenden Arten. Es gibt eine große Zahl ähnlicher Formen, die schwer bestimmbar sind. Die hier als Beispiel vorgestellte, kräftig orangerote Art ist in ihrer Färbung und den »gehirnförmigen« Windungen leicht erkennbar. Sie bildet klumpen- oder hutförmige Kolonien, die sich auf festem Untergrund ansiedeln und im wesentlichen im ruhigen und tiefen Wasser vorkommen. Die auf S. 163 abgebildete Wollkrabbe *(Dromia vulgaris)* schleppt gerne solche *Aplidium*-Kolonien mit sich herum. Die Abbildung zeigt einen kleinen Ausschnitt aus der gallertig wirkenden Masse, in der die in Windungen liegenden Einzelindividuen gut erkennbar sind. Im allgemeinen sind die Synascidien nicht so auffällig gefärbt, eher farblos grau, auch bräunlich. Man verwechselt sie beim ersten Anblick leicht mit Schwämmen, da sie wie diese entweder flachgelagerte, Hartgegestände überziehende Krusten bilden oder aber wenig strukturierte Klumpen.

Neben den Seescheiden oder Ascidien gehören noch zwei Klassen zu den Manteltieren, die an dieser Stelle erwähnt sein sollen: die Appendicularien und die Salpen. Für die ersteren ist ein deutscher Name nicht gebräuchlich. Sie sind kleine Tiere des Planktons, besitzen einen regenerierbaren, blasenförmigen Filterapparat und einen langen Ruderschwanz. Die Salpen sind ebenfalls Plankter, doch gibt es unter ihnen auch größere Arten. Sie sehen aus wie ein beidseitig offenes Faß mit »Reifen«, in Gestalt von Muskelbändern. Charakteristisch ist ihr Generationswechsel: auf eine ungeschlechtliche Einzelform folgt die geschlechtliche Kettenform.

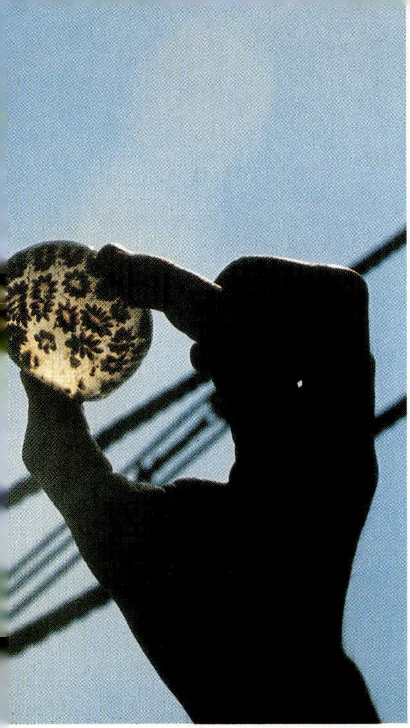
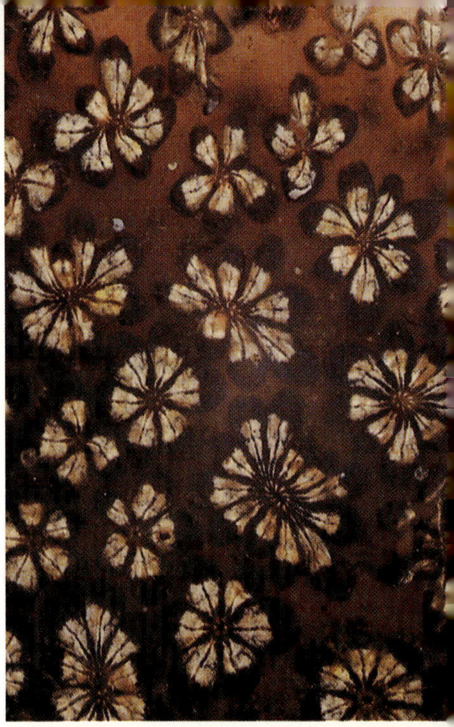
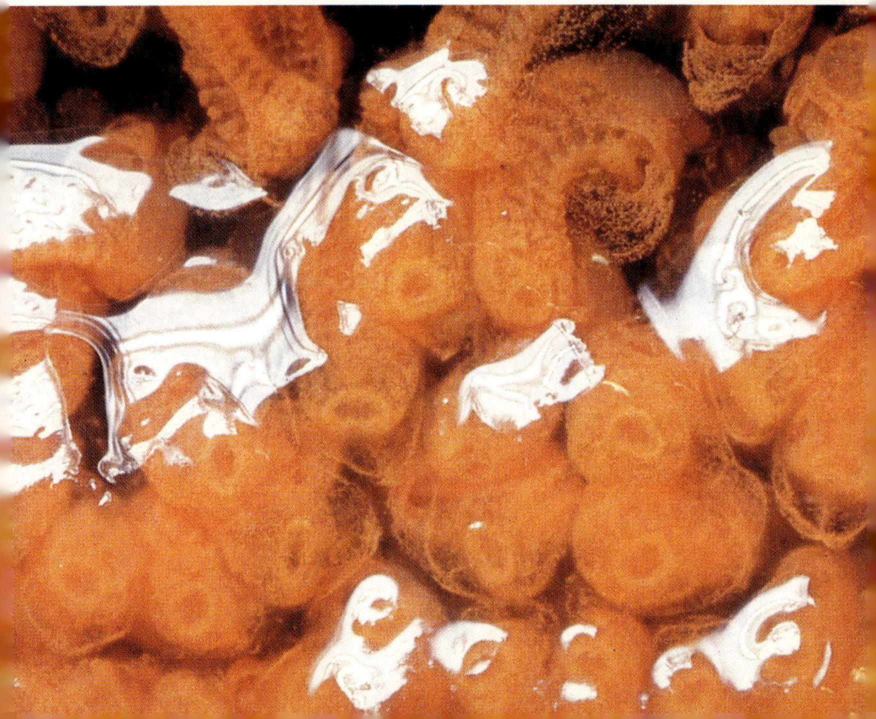

Mikroskopischer Aufwuchs

Neben und mit den Trottoirs der Gezeitenregion ist das verschlungene oder ver-
filzte Gewirr der Wurzelstöcke in den unterseeischen Wiesen die ideale Basis
für ein unerhört vielfältiges Kleintierleben. Der Schnorchler, der für ein paar
Sekunden tief abtaucht in diese schweigende Welt ohne Wellenschlag, um eine
Muschelschale heraufzuholen oder ein Schneckengehäuse, bemerkt nicht viel
von alledem. Man muß schon ein Stück von dem Gewirr abreißen und in einer
Kunststoffschüssel mit Meerwasser ausbreiten, die dann im Schatten stehen
sollte. Nach einiger Zeit strecken sich die kleinen Polypen wieder, zarte Ringelwürmer kommen aus den Ritzen, und die Miniaturreibeisen der Moostierchenkolonien fallen auf. Ohne ein Mikroskop oder doch zumindest eine starke
Lupe bleibt dem Betrachter der Mikrokosmos, die kleine Welt in der großen,
allerdings verborgen. Es kann nicht die Aufgabe dieser Zusammenstellung sein,
hier viele Einzelheiten mitzuteilen. Pars pro toto seien nur zwei stöckchenbil-
dende Organismengruppen beschrieben, nämlich Hydroidpolypen und Moostierchen. Mit kurzen Strichen sei ein Bild skizziert von der Welt im Kleinen aus
dem Großbiotop der Seegraswiesen, eine Welt, für die ein Tennisball schon die
Erdkugel ist.

Hydroidpolypen

Polypenstöckchen werden im Volksmund auch »Seemoos« genannt, weil sie
mit moosartigen Polstern alles überziehen können. Ein System von feinsten
Stämmchen, geschützt durch eine glasartig feste Skelethülle, windet sich am
Boden entlang. Aus ihm erheben sich ästchenartige Ausläufer, meist nur einige
wenige Zentimeter hoch, an denen die einzelnen, oft gerade nur millimetergro-
ßen Polypenköpfchen sitzen. Manchmal ordnen sie sich in ganzen Fiedern oder
Trauben an und sind oft im unteren Teil umgeben von einem Skelettkelch.
Beim Trocknen hält die Skelethülle die Form, so daß der Aufwuchs wirklich
wie feinstes, trockenes Moos wirkt. Jedes Einzelköpfchen fängt mit seinen Tentakeln kleinste Schwebeorganismen heraus und frißt sie für sich; aber die auf-
genommene Nahrung kommt dem ganzen Tierstock zugute. Eigenartig ist der
Vermehrungsvorgang. Umgewandelte, in speziell geformten Hüllbechern sitzende Polypen (»Gonotheken«) beginnen, vom freien Ende aus, nacheinander
Teile abzuschnüren. Mit einem Tentakelkranz versehen, macht sich dann das
frei gewordene Gebilde als Meduse auf die Reise und bildet nach einiger Zeit
des freien pelagischen Lebens Eier oder Spermien. Aus der befruchteten Eizelle
wächst eine Larve heran. Myriaden solcher Larven treiben im Plankton. Nach
einigen Tagen setzen sie sich fest und wachsen zu neuen Polypenstöckchen heran. Eine festsitzende und eine freie, die Art verbreitende Generation wechseln
also ab: »Generationswechsel«. Ein typischer, ursprünglicher Fall findet sich
zum Beispiel bei der häufigen, Algen-, Seegräser- und Treibholz besiedelnden
Obelie (*Obelia geniculata,* Abb. oben rechts). Es gibt bei diesem interessanten
Volk der Polypen und Medusen mancherlei Sonderformen, Übergänge und
Reduzierungen im Entwicklungslauf.

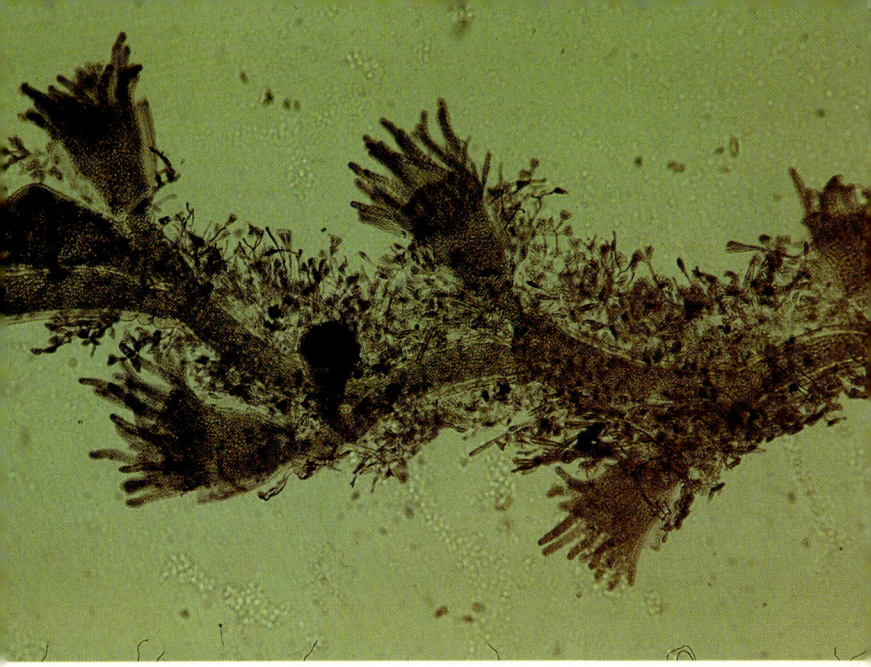

Polypenstöckchen der Art *Obelia geniculata*. Sie sind ihrerseits von zartem Kieselalgen-Aufwuchs bedeckt. (Nach einem gefärbten Mikropräparat).

Die hier als Beispiel genannte Art ist relativ häufig, aber doch nur eine von weit über 100 Mittelmeerarten, die nur der Spezialist bestimmen kann. Am ehesten wird man noch die glitzerndweißen, etwa 10 cm großen Büschel von federartigen Polypen finden, die in der unteren Region der Brandungszone an den Felsen hängen und dem Schnorchler durch ihre grazile Erscheinung und ihr tänzerisches Spiel im Wellenschlag auffallen. Man sollte dann ganz nahe heranschwimmen, etwa 10 cm vom Brillenglas entfernt, und im Gegenlicht peilen, ob man die Polypenköpfchen bemerkt.

Das »Seemoos« überzieht manchmal als dritte oder vierte Schicht des Lebens ein Substrat. Ein Beispiel: Auf einem Felsbrocken sitzt eine Napfschnecke, teilweise überzogen von einer Steinalge. Auf dieser hat sich eine Moostierchenkolonie niedergelassen, halb überzogen von dem zarten Wattegeflecht eines Hydroidpolypen. Alles kann existieren in einem solchen vierstöckigen Etagenbau der Lebensformen, aber nicht an jeder Stelle. Wo sich die Parteien wirklich berühren, machen sie sich gegenseitig den Garaus, bis nur noch eine übrig bleibt. Siedelt sich ein neuer Organismus auf belebtem Substrat an, so wird er entweder umgebracht oder abgestoßen, oder er setzt sich durch und nischt sich ein, stets auf Kosten seiner Nachbarn.

Moostierchenkolonien wachsen mit flächenbedeckenden Algen in Konkurrenz, doch wo diese sich rasch ausbreiten, haben die Moostierchen keine Chance und gehen ein. Auf ihren Kalkskeletten – besonders hübsch sind die Fächer von *Sertella beanina* (S. 189) – siedeln sich Algen an.

Moostierchen

Nicht minder interessant sind die oben schon kurz besprochenen Moostierchen (S. 153). Äußerlich sehen sie ähnlich aus: kleine Polypengebilde mit Miniaturfangarmen, von denen jedes halbverborgen in einem eigenen Kästchen steckt. Die Kästchen können flächig nebeneinander liegen wie die Bienenwaben und alle Unebenheiten eines Substrats überziehen. Dabei leben die Moostierchen beileibe nicht nur auf Steinen. Sie versuchen überall, sich zu behaupten. Selbst auf dem Rücken einer Sepia habe ich sie schon gefunden, angesiedelt auf schleimig weicher Haut. Ähnlich den Polypenstöckchen bilden auch sie Tierstöcke, meist nur einige Zentimeter messende flache Krusten. Die Einzelindividuen sitzen auch einzeln in ihren Kämmerchen, haben aber über Poren gegenseitige Verbindung. Sie sind kaum halbmillimetergroß und stets zweigeteilt: ein Außenteil mit der nahrungsfangenden Tentakelkrone und ein gehäusebildender Innenteil. Bei Gefahr kann das Außenteil blitzartig eingezogen werden, und dann merkt man selbst unter Benutzung eines Mikroskops nicht mehr, daß die unscheinbare gekammerte Kruste voller Leben steckt. Der Löwenanteil lebt im Meer – ca. 140 Arten in der Adria, zarte Krusten, gelegentlich aber auch bis zu einem Meter hohe Stöcke bildend. Die »Seerinde« *(Membranipora membranacea)* sei als typischer, flächiger »Allesbesiedler« herausgestellt. Manche Arten, so *Bugula neritina* und *Schizobrachiella sanguinea* (S. 153), besiedeln Schiffsrümpfe so massiv, daß die stolzen Gebilde der Technik schon nach einigen Monaten ins Trockendock müssen.

Das Übersichtsbild rechts zeigt die zartgrün überwachsenen, abgestorbenen Netzfächer von *Sertella beanina*. Lebende Exemplare sind lachsrot gefärbt (unten).

Zur Ökologie der Seegraswiesen

Die kriechenden Wurzelstöcke der Seegräser binden und verfestigen lockeren Schlick und Sandboden. Auf locker besiedelten Stellen lebt eine Vielzahl von großen Muscheln, halb und ganz im Sand vergraben; auch Röhrenwürmer und Seegurken sind dort anzutreffen. Durch das Sediment graben sich nur zentimetergroße grüne Zwergseeigel *(Echinocyamus pusillus)* und andere irreguläre Seeigel (s. auch S. 117), die von der mikroskopischen Sandfauna leben. Den Sand überziehen die Wurzelstöcke der Seegräser mit einem weiteren Stockwerk und bilden damit sozusagen einen zweiten Boden auf Stelzen. Besonders ist das der Fall bei den *Posidonia*-Wiesen, bei denen die Wurzelstöcke mit älteren, verrottenden Blättern zu einem filzigen Dickicht zusammenbacken können. Zwischen Sandfläche und Wurzelstockgeflecht bilden sich damit sekundäre Hohlräume, die von einer Vielzahl lichtscheuer Kleinlebewesen besiedelt werden, vor allem von kleinen Würmern. In dieser Region hausen auch die Kletterseeigel (*Psammechinus microtuberculatus*, S. 180). Die Oberseite solcher »sekundärer Böden« bildet wieder die ideale Basis für Filtrierer und Strudler, vorzugsweise Polypenstöckchen und Moostierchen, deren Tentakelkronen ins freie Wasser ragen müssen. Hier hausen die possierlichen, knapp zentimetergroßen Gespensterkrebschen der Gattung *Caprella,* die den Polypenwald abweiden. Der vierte Stock nach Sand und Schlick, Hohlräumen und Wurzelstockgefilz ist die Wildnis der Myriaden von dünnen Blättern, die Heimatstatt der Seenadeln, durchstreift von zauberhaft gefärbten Nacktschnecken und durchpflügt von großen Gehäuseträgern und Seespinnen. Auch der seltsame Heuschreckenkrebs (*Squilla mantis*, S. 164/165) ist hier zu finden. Als sechstes Stockwerk kann man die Schicht unmittelbar über den Enden der relativ gleichlangen Seegrasblätter bezeichnen. Hier halten sich die Fischschwärme auf, bei Gefahr nicht selten in der Halmwildnis verschwindend. Halb im Dickicht verborgen lauern die Zahnbrassen der Gattung *Dentex* (S. 146) mit den spitzzahnbewehrten Mäulern, die von unten her blitzartig in die Schwärme hineinstoßen und sich gezielt ein Opfer heraussuchen. Über die ruhigen Posidonienwiesen der tieferen Region ziehen in kleinen Schwärmen die ewig schwimmenden Kalmare (S. 221), hie und da hinabstoßend nach Beutetieren.

Abgerissene und in unterseeischen Kolken zusammengeschwemmte Seegrasmassen bieten den Raspelzungen vieler Schnecken und den Verwertern sich zersetzender Substanz einen reich gedeckten Tisch. Hier haust der Flohkrebs *(Gammarus locusta)* in großen Mengen. Dies gilt im übrigen auch am trockenen Strand: Dort, wo die Brandung die Seegrasmassen zu ganzen Strandwällen zusammenträgt, bildet sich ein eigenes Mikroklima aus. Oberflächlich ist es heiß, in den tieferen Spalträumen aber kühler und stets feucht. Hier lebt neben Strandfliegen der charakteristische Strandfloh *(Talitrus saltator),* der mit den stabförmigen Beinen am abschnicksbaren Hinterleib dezimeterweit springen kann, oder der ähnliche Sandhüpfer *(Orchestia gammarella).* Beide sind Flohkrebse. Wenn das Anschwemmsel austrocknet, graben sie sich in die darunter

liegenden Feuchtsand ein. Manche Flohkrebse sind im übrigen dafür bekannt,
daß sie sich nach dem polarisierten Himmelslicht orientieren können.
So sind die Wiesen der Seegräser in sehr vielfältige Nischen gegliedert und
schaffen sogar nach ihrem Absterben neue Biotope am Spülsaum der Küsten.
Die Seegraswiesen sind hauptsächlich in dreierlei Hinsicht als Biotope ökologisch interessant: Zunächst im ursprünglichen Zustand als flutende Unter-

Der kleine Kletterseeigel *(Psammechinus microtuberculatus)* ist ein typischer Bewohner des
Lückensystems im Wurzelwerk der Posidonienstöcke.

Ein Pärchen eines Flohkrebses *(Gammarus locusta)* in Kopula. Das größere Männchen erfaßt das Weibchen mit den vorderen Brustbeinen. Diese Art ist in Seegrasbeständen sehr häufig.

wasserwiesen. Dann in dem Zusammenschwemmsel ihrer myriadenfach abgerissenen Teile in unterseeischen Kolken. Schließlich als Anschwemmsel, das zu ganzen Strandwällen aufgespült werden kann und einer eigentümlichen Kombination aus Meeresfauna und Landfauna zur Heimstatt wird.

In den Seegraswiesen finden sich aus unerfindlichen Gründen immer wieder helle Blenken mehr oder minder großer sandiger Flächen. Hier leben die Zylinderseerosen, die sich mit ihren langen Röhren gerade im Feinsand verankern können, wo sie kein Wurzelstock eines Seegrases am Eingraben hindert. Hier findet man auch tiefer hinabgehende Borstenwürmer, die ihre U-förmigen Gänge im Feinsand graben, die wiederum von kleinen Erbsenkrabben mitbewohnt werden. Dies gilt auch für die Gänge der Maulwurfskrebse, die die Wattregionen bevölkern. Auch zahlreiche Muscheln graben besonders gerne in diesen wurzelstockarmen Blenken, verfolgt von räuberischen Schnecken, die besonders an der amerikanischen Ostküste große Formen hervorgebracht haben. Diese wiederum werden gejagt von Steinkrabben, die mit ihren massiven Scheren auch dicke Schneckenhäuser aufbrechen können. Fallen unterseeische Wiesen in geringen Tiefen trocken – was wiederum weniger am Mittelmeer als in anderen Gegenden mit größerem Tiedenhub oft der Fall ist – so stellen sich Schwärme von Möwen ein, die den dann hilflosen Schnecken nachstellen. So ist es verständlich, daß die Tiere das Dickicht der schützend übereinander gelegten Seegrasblätter aufsuchen, bevor die Ebbe kommt. Hier ist es auch unter glühender Sonne stets feucht und noch relativ kühl, so daß eine erstaunliche Zahl von kleineren und größeren Organismen problemlos bis zur nächsten Flut überdauern kann.

Tiefengründe und Meeresboden

Charakteriserung

Wer auf einer der kleinen Adriainseln die fast senkrechten Steilabfälle hinab-
taucht, kommt als Schnorchler bald an die Grenze der Beobachtungsmöglich-
keit. Auch in 10 m Tiefe kein Boden zu sehen, geheimnisvoll samtartig blaugrünes Dunkel, über dem die Mönchsfische stehen wie lebende Menetekel. Bis
hierher, Taucher, nicht weiter! Hier beginnt das Reich der Steilabfälle und Tiefengründe, das dem beobachtenden Naturfreund ohne spezielle Hilfsmittel
nicht zugänglich ist. Er braucht ein Preßlufttauchgerät. In Frankreich kann man
damit jederzeit an jeder Stelle einen Tauchgang machen, in Jugoslawien dagegen ist das nicht so einfach. Man benötigt oft eine Tauchgenehmigung, die
bisweilen nur für bestimmte Zeiten und Küstenstrecken an eingetragene Mit-
glieder eines Tauchclubs ausgegeben wird.
Ein Tauchgerät ist eine wunderbare Sache. Man kann damit auch in flachem
Wasser arbeiten und sieht, weil man sich lange Zeit in 3 oder 5 m Tiefe ruhig
halten kann, sehr viel mehr als beim kurzen Hinabtauchen mit dem Schnorchel.
Manche Leute haben aber eine – sachlich kaum begründbare – Scheu, sich
technischen Ausrüstungen anzuvertrauen und tiefer hinabzusteigen in die
schweigende Welt. Ich gehöre auch dazu, obwohl ich mich mit Maske und
Schnorchel gerne und ausdauernd im Meer bewege, früher auch etwas auf Zeit
und Tiefe trainiert habe. So benutze ich Preßluft nur gelegentlich zur »Langzeit-
beobachtung« in den oberen Wasserschichten und kann nicht aus eigener An-
schauung von den Tiefengründen berichten. Aber die Biologischen Stationen
und die Fischer mit ihren Bodenschleppnetzen bringen genügend Organismen
herauf, die man in den Schauaquarien und auf den Fischmärkten sehen kann.
Wo ein Fischmarkt ist, sollte man immer wieder hingehen und stöbern, denn jeder Tag bringt neue Formen, oft überraschende Seltenheiten aus den Tiefengründen und der freien Hochsee. Daß Schauaquarien ein »Muß« sind, braucht
nicht eigens herausgestellt zu werden.
An der Grenze der Erforschbarkeit durch normale Tauchgeräte, in einigen Dutzend bis knapp 100 m Tiefe, besteht der Boden oft aus kleinen, zusammenge-
spülten und abgesetzten Bestandteilen anorganischer und organischer Art, insbesondere kleineren Steinen und abgesunkenen Schalen, verbacken durch
Sand und Schlick. Man nennt die Biotope Geröllgründe. Bodenfische wie
Knurrhahn und Himmelsgucker sind auf diesen Tiefenplateaus zuhause. Hier
wachsen gerne auch kalkabscheidende Organismen, wie Korallen (überwiegen
sie, so spricht man auch von »Korallengründen«) und Kalkröhrenwürmer, kru-
stenbildende Moostierchen und vor allem Kalkalgen, die den Untergrund zu
meterdicken Bänken und Simsen verbacken. Die Kalkalgen brauchen Licht zur
Existenz, und so finden sich die besten derartigen Gründe in Tiefen bis zu 25 m,
wo noch ein wenig blaugrünes Dämmerlicht herrscht. Zwischen den flächen-,
netz- und schlangenförmigen, über- und durcheinanderwachsenden Kalkskeletten, in diesem Wirrwarr biogener Höhlen und Verstecke lebt eine reichhaltige
typische Kleintierfauna von Fischen, Garnelen, Einsiedlerkrebsen, Polypen-

stöckchen, Schnecken, Seeigeln, Schwämmen, Seescheiden und anderen Organismen. Die Rote Seescheide *(Halocynthia papillosa)* ist auf S. 193 abgebildet.
Seescheiden der Gattung *Microcosmus* sind charakteristisch für diese Tiefen.
Im stillen Wasser entfalten sich der Aufwuchs oder die in Sandschlenken eingegrabenen vielen Formen von Steinkorallen und Gorgonien, Lederkorallen und
Seefedern, von Schwämmen und Polypenstöcken zu zarten und doch großen,
bäumchen-, fächer- und palmwedelförmigen Strukturen. Hinterkiemerschnek-
ken ziehen darüber weg. Einsiedlerkrebse klettern darin herum, Lanzenseeigel
stelzen langsam über schlammige Stellen, und Schlangen- und Haarsterne
sitzen wie Blüten im Aufwuchs. In den größeren Höhlungen stehen riesige
Barsche, die sehr ortstreu sind und uralt werden können.
Der Meeresboden kann schwach oder überraschend vielfältig besiedelt sein. In
der Adria schwankt die Tiefe zwischen 25 m im Golf von Venedig und mehr als
1 200 m im sogenannten südadriatischen Becken zwischen Dubrovnik und Bari.
Von den tieferen Seenböden holen die Schleppnetze große rote Garnelen herauf, Lanzenseeigel gehen sehr weit hinunter, und manche Stellen sind über und
über bedeckt mit Haarsternen, andere scheinbar frei von Tierbesatz. Hie und da
ein Grundhai. Die biologischen Stationen haben vor einiger Zeit damit begonnen, die noch recht unvollständig bekannten Lebensgemeinschaften der Mee-
resböden mit versenkten Kameras und speziellen Fanggeräten näher zu erfor-
schen. Besser bekannt sind die Tiefseefische. Charakteristische Tiefsee-Beil-
bäuche werden mit aufsteigenden Strömungen stellenweise in Massen hochgetrieben und sterbend an den Strand gespült. Es sind eigenartige, meist kleinere
Formen, mit relativ riesigen Mäulern und bisweilen furchterregenden Gebissen,
überraschend großen Augen und mit Leuchtorganen ausgerüstet.

Ein kleingefleckter Katzenhai *(Scyliorhinus canicula)* streicht über den Grund.

Fische der Tiefengründe

Mönchsfisch *Chromis chromis*

Diese kleinen, ovalen Fische mit den deutlich zweigeteilten Schwanzflossen gehören nicht eigentlich zu den Tiefengründen, doch stehen sie gerne in kleinen Trupps an den Steilabfällen der Felsküste und signalisieren dem Schnorchler die Grenze seines Vordringens. Die Jugendformen dieser »Seeschmetterlinge« sind leuchtend blau.

Roter Knurrhahn *Trigla hirundo*

Der ganz charakteristische, bis 30 cm lange, rötlich gefleckte Fisch mit dem abgeschrägten Kopfprofil und den schönen blau gefleckten Brustflossen ist ein typischer Bodenbewohner. Er stützt sich gerne mit jeder Körperseite auf drei »Beine«, die freien vordersten Strahlen der beiden Brustflossen. Damit kann er richtiggehend wie auf Stelzen laufen. Da diese Flossenstrahlen am Ende Geschmackssinnesorgane tragen, spürt er auf diese Weise auch seine Beute auf, meist kleine Krebse und Schnecken. Mit seinen segelartig abgespreizten Brustflossen kann er nach kurzem Schwanzflossenantrieb auch sehr elegant durch das Wasser gleiten. Seinen deutschen Namen hat der Fisch nach seiner Fähigkeit erhalten, über seine Schwimmblase Laute zu produzieren, die wie leises Knurren klingen. Diese Art kommt besonders häufig in der nordöstlichen Adria vor und wird gerne in Schauaquarien gezeigt. Es gibt noch andere Knurrhahn-Arten, die meist größer und fast stets rötlich gefärbt sind.

Mit den Knurrhähnen verwandt ist der Panzerhahn *(Peristedion cataphractum)* der Tiefenböden, der mit seiner weit vorgestreckten Schnauze und den riesigen Rückenflossenstrahlen wahrhaft abenteuerlich aussieht. In die nähere Verwandtschaft gehört auch der Flughahn *(Dactylopteris volitans)*. Der halbmeterlange, bräunlich-rötlich gefleckte Fisch kann mit seinen flügelartig ausgestreckten riesigen Brustflossen knurrhahnartig durchs Wasser gleiten, soll aber auch kurze Gleitflüge über Wasser ausführen können.

Roter Fahnenbarsch *Anthias anthias*

Der weitere deutsche Name »Rötling« trifft das Charakteristische dieses höchstens ein viertel Meter langen, rötlichen, unten zartrosa angehauchten und eher etwas bleich wirkenden Fisches recht gut. Er ist ein typischer Bewohner der Tiefengründe, steht gerne nahe Höhleneingängen über Korallinenböden und tritt fast ausschließlich in kleinen Trupps auf. Sehr auffallend sind die außerordentlich langen, segelartig nachgezogenen Beckenflossen. Ebenfalls ungewöhnlich lang, spitz und gebogen ist der dritte Strahl der Rückenflosse. Schließlich ist auch die tief eingebuchtete Schwanzflosse am Ober- und Unterrand in lange, gebogene Fahnen ausgezogen.

Auf den ersten Blick ähnlich ist der ebenfalls rote Meerbarbenkönig *(Apogon imberbis)*. Doch ist er kleiner, trägt zwei getrennte Rückenflossen, keine segelartig-langen Beckenflossen und eine nur schwach gegabelte Schwanzflosse.

Seeteufel *Lophius piscatorius*

Einen Meter lange und 40 cm breite Exemplare dieses abenteuerlichen, breitge-
drückten Fisches werden auf Fischmärkten immer wieder einmal zu sehen sein.
Er soll aber bis 2 m lang werden können! Schuppen trägt er nicht. An den Seiten
und am Unterkiefer des riesigen Mauls hängen zarte Hautfransen. Die vordersten Strahlen der Rückenflosse sind einzeln und tragen absonderliche, lappige
Hautauswüchse. Der erste derartige Flossenstrahl ist der längste. An seinem
Ende schwingt eine kleine Hautfahne. Das Ganze sieht tatsächlich aus wie eine
Angel mit einem Fliegenköder. Der Fisch heißt deshalb auch »Angler«. Der
Seeteufel liegt halb eingegraben auf schlammigem Sandgrund und fällt wegen
seiner schmutzig graugrünen Tarnfärbung und der körperauflösenden Wirkung
der vielen Hautfransen (auch die Brustflossen sind breit ausgestreckt) überhaupt nicht auf. Nähert sich ein kleiner Beutefisch, so wird die Angel zitternd
hin und her bewegt und der Fisch somit angelockt. Dann schnappt das Riesen-
maul blitzartig zu. Zahlreiche spitze, nach hinten abgebogene Zähne verhindern
jedes Entkommen.

Eine ähnliche Jagdmethode findet sich auch bei dem nicht weniger abenteuerlichen **Himmelsgucker** *(Uranoscopus scaber)*. Der ein viertel Meter lange, ok-
kerbraune Fisch mit dem plattgedrückten großen Maul sieht fast aus wie ein
Riesenbrotlaib. Die Augen stehen weit oben, und bis zu den Augen vergräbt
sich der Fisch im Schlamm der Tiefenböden. Aus dem Maul hängt ihm ein
»Angelköder«, ein wurmförmiger, schlängelnd bewegter Teil der Unterkiefer-
schleimhaut. Vergreift sich ein kleiner Fisch oder Krebs an dieser gefährlichen
Attrappe, so wird er mit einem plötzlichen Ruck geschluckt. Die Kiemendeckel
tragen oben zwei gefährliche, kräftige Dornen.

Brauner Zackenbarsch *Epinephelus guaza*

Bis 1,4 m lang soll dieser zentnerschwere große Fisch mit dem »mürrisch« vorgestreckten Unterkiefer und den längsgekielten Kiemendeckeln werden können. Die großen Barsche sind neugierig, sehr ortstreu, können ein biblisches
Alter erreichen und kommen noch in Tiefen von über 100 Metern vor. Sie leben
stets in der Nähe von Höhlen oder Wrackteilen. Als »Zackenbarsche« wurden
Wolfs- und Wrackbarsche von den Unterwasserjägern früher gerne harpuniert;
die Fotos von den aufgehängten Riesenfischen und den strahlenden Harpu-
niers machten sich gut, und die Geschichten über unglaubliche Kämpfe ebenso,
bis sich herausgestellt hat, wie harmlos und schützenswert diese großen Brok-
ken sind. Durch Fernsehfilme sind sie recht bekannt geworden. Mit Tauchern,
mit denen sie gute Erfahrung gemacht haben, können sie sich richtiggehend an-
freunden. A. Fischer berichtet von einem *Epinephelus*-Barsch namens »Wastl«,
der Taucher mit Fotokameras (Blitzlichtbirnen!) mochte, solche mit Filmkame-
ras dagegen nicht.

Der größte Vertreter dieser Fischgruppe ist der berühmte Wrackbarsch *(Poly-
prion americanum)*. Er wird bis 2 m lang, kommt in Tiefen bis um 200 m vor,
wurde aber auch schon bei 1 000 m Tiefe von Tiefseesonden fotografiert.

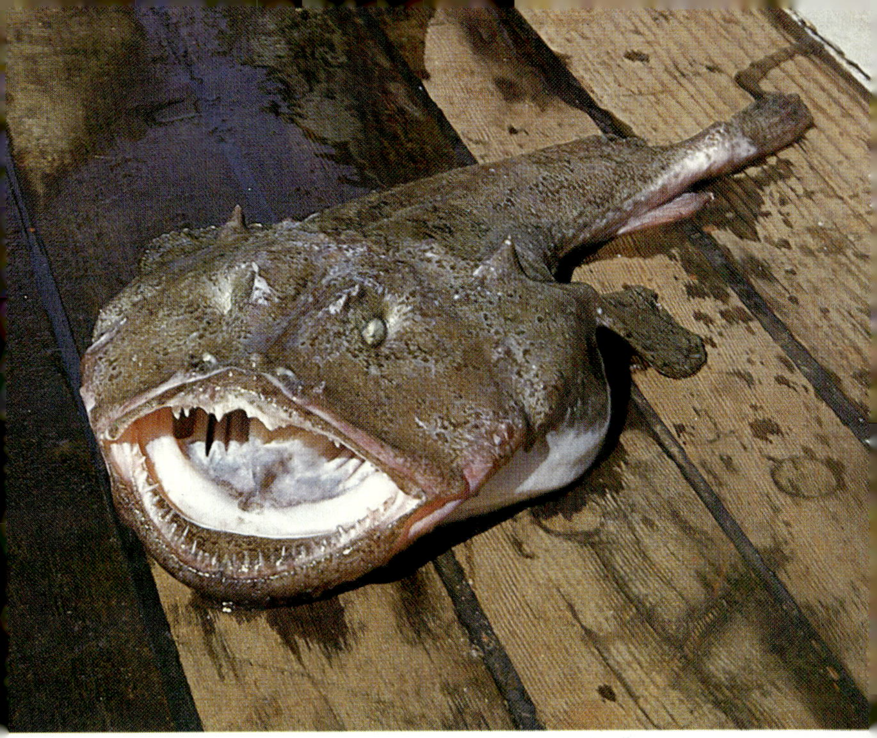

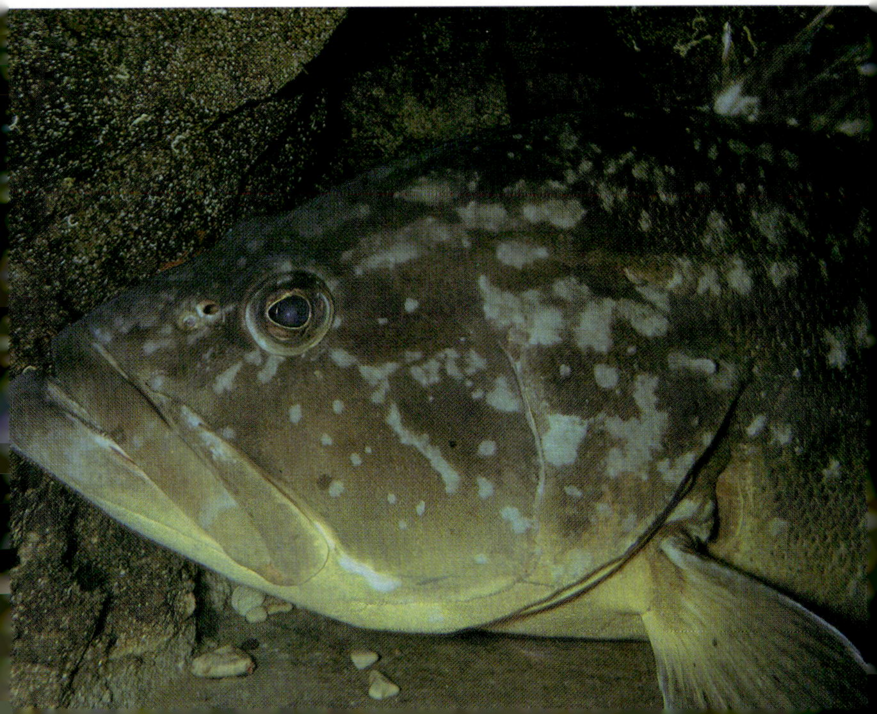

Stachelhäuter des Meeresbodens

Lanzenseeigel *Cidaris cidaris*

Ein typischer Seeigel des tieferen Stillwassers ist diese südadriatische Form mit dem zwar nur 5 cm großen hellbraunen Panzer, der aber durch bis 10 cm lange, violettlich gefärbte Stelzstachein insgesamt viel größer wirkt. In Schauaquarien ist er sehr beliebt, weil er so exotisch anmutet. Bei näherem Hinsehen entdeckt man zwischen den langen Stelzstacheln noch kleinere Nebenstacheln.

Melonenseeigel *Echinus melo*

Diese Tiefenform geht kaum über 25 m hoch und liebt sandig-schlammige Korallinengründe. Die Körperform ist annähernd kugelig. Die grünlichen Primärstacheln bzw. bei stark abgeriebenen Exemplaren ihre Basen, finden sich charakteristischerweise nur auf jeder zweiten der sogenannten »Interambulakralplatten«. Der bis 16 cm Durchmesser erreichende Panzer ist gelblich-braun gefärbt.

Mittelmeerhaarstern *Antedon mediterraneus*

Die Haarsterne gehören zu den Seelilien, die der Naturfreund etwa von den Museumsstücken versteinerter Riesenformen aus früheren erdgeschichtlichen Perioden her kennt. Die Seelilien sind festsitzende Stachelhäuter mit langen, biegsamen, aus einzelnen scheibenförmigen Kalkteilchen zusammengesetzten »Stielen«. Gestielte Formen gibt es im Mittelmeer allerdings nicht. Doch ist der Mittelmeerhaarstern in seiner Jugendzeit festsitzend. Später, wenn er rund 15 cm groß geworden ist, löst er sich ab und klettert im Gewirr der Korallenstöcke herum oder sammelt sich bisweilen auch in Mengen auf dem Meeresgrund an. Zum Klettern benutzt er eine Reihe kurzer, »wurzelartiger« Klammer»beine« um das Mundfeld herum. Er kann aber auch auf ganz feenhaft erscheinende Weise schwimmen, und zwar durch grazile Schläge mit seinen fünf orangerot gebänderten Hauptarmen, die sich ganz an der Basis in zwei lang gefiederte Äste teilen. Die Arme schlagen in abwechselndem Rythmus gestreckt nach unten und »angeschmiegt« wieder nach oben. In Schauaquarien sieht man diese Fortbewegungsweise hin und wieder, wenn *Antedon* den Kontakt mit einer Unterlage verloren hat. Die Arme tragen auch Einrichtungen zum Herausfiltern von Nahrungspartikelchen aus dem Wasser.

Kletterseegurke *Cucumaria planci*

Diese kleine, meist nur 10 cm messende, ockerfarbene Seegurke mit den seitständigen Reihen langer Höcker und dem vergleichsweise mächtigen Tentakelkranz, der allerdings (wie auch auf der Abb.) oft eingezogen ist, kommt hauptsächlich auf Hartgrund der Tiefenböden vor. In Schauaquarien hängt sie stets an den schwächer beleuchtenden Hinterwänden.

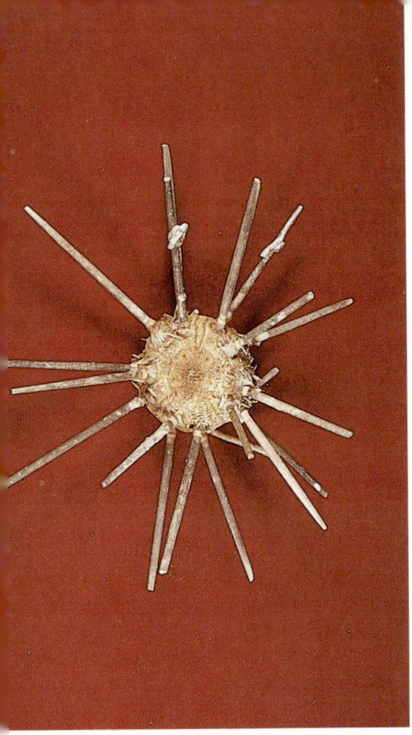

Korallentiere der Tiefengründe

Es gibt eine ganze Reihe sechszähliger Korallentiere im Mittelmeer. Hierzu gehören die einzeln lebenden Seeanemonen, die abweichend gebauten Zylinderseerosen, sowie die koloniebildenden, altertümlichen Krustenanemonen (S. 209) und die (noch am ehesten zu findenden) Steinkorallen. Die allbekannte rote Edelkoralle der Schmuckindustrie gehört dagegen zu den achtzähligen Korallentieren, die acht Fangarme tragen, acht Körpersepten aufweisen und fast stets baum- oder krustenförmige Tierstöcke bilden. Die festgewachsenen Lederkorallen und die Fächerkorallen (S. 203) sowie die frei im Sand verankerten Seefedern gehören ebenfalls in diese Unterklasse.

Ragactis *Ragactis pulchra*

Diese seltene, interessante Art gehört zu den Seeanemonen. Dies sind einzeln lebende, sechsstrahlige Korallentiere, die kein Skelett besitzen. Meist tragen sie viele, gleichartig aussehende Tentakeln, die sie zurückziehen können. Die hier vorgestellte Art mit der zartbraun marmoriert erscheinenden Mundscheibe und den ebenso marmoriert-geringelt gezeichneten Tentakeln, die zu vielen in einer äußeren Reihe und einzeln in einem weiter zentral angelegten Ring stehen, kommt auf tieferen Böden vor. Mit 5–8 cm Größe ist sie relativ ausladend. Sie liebt harte Korallinenböden.

Veretillum *Veretillum cynomorium*

Die eigentümliche, achtstrahlige Koralle gehört zu den Seefedern. Das sind Stöcke von rundlichem Querschnitt, die am unteren Ende eine Art Schwellkörper haben, mit dem sie sich in sandigem oder schlickigem Untergrund verankern können. Der gelbliche Schlauch kann sich stark zusammenziehen. Die unregelmäßig ansitzenden, großen und weißen Polypenköpfchen mit den fein gefiederten Tentakeln sind jedoch nicht kontraktil. Veretillum ist eine typische Tiefenwasserform, wird erst ab 30 m angetroffen und verträgt keine starken Wasserbewegungen.

Schmarotzerseerose *Calliactis parasitica*

Dies ist wohl die bekannteste Seerose. Mit ihrer verbreiterten Fußscheibe sitzt sie auf Schneckenhäusern, die von Einsiedlerkrebsen bewohnt sind. Der bräunliche, dunkel längsgezeichnete Körper trägt halbdurchscheinende, gelbliche Tentakel. Der wissenschaftliche Artname ist nicht sehr gut gewählt, denn diese Seerose ist kein Parasit, sondern nährt sich von den Abfällen des Einsiedlerkrebses – in der Abbildung des Augenfleck-Einsiedlers (*Paguristes oculatus*, S. 137), den sie dafür gegen Räuber, beispielsweise Tintenfische, schützt: eines der bekanntesten Beispiele für eine Symbiose.

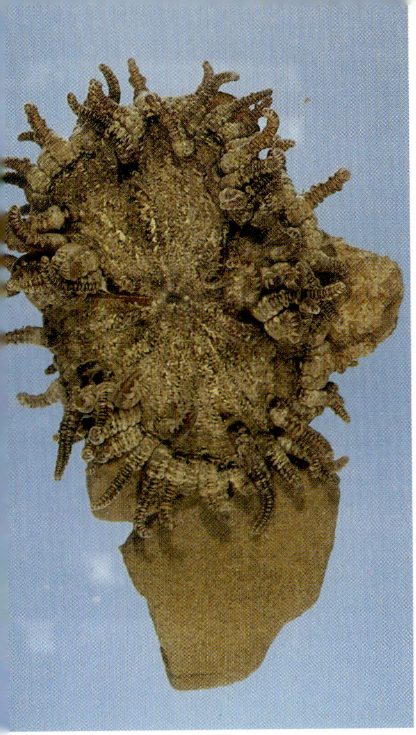
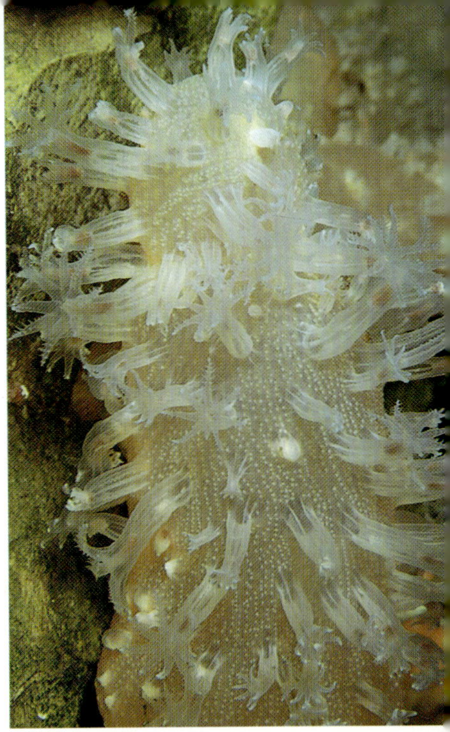
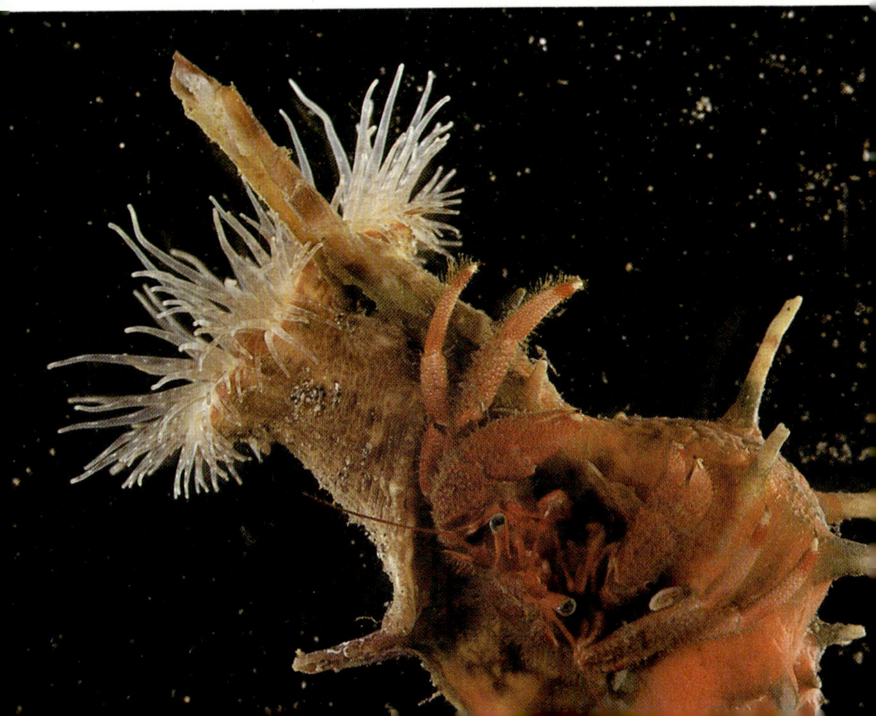

Größere Krebstiere des Tiefenbereichs

Die großen Hummer und Langusten, gepflegte Schaustücke der Aquarien und teure Spezialitäten der Feinschmeckerrestaurants, sind bekanntlich Bewohner der Tiefengründe. Dazu kommen noch andere Krebstiere, beispielsweise die Bärenkrebse, die man in den Becken der Meeresaquarien ausgestellt findet.

Hummer *Homarus gammarus*

Auf tiefen Felsgründen ist der gewaltige, oben oft blaugrau gefärbte (beim Kochen rostrot werdende) Bursche zu finden, mit mehr als 50 cm Körperlänge und massiven, meist unterschiedlich großen Scheren unser größter Krebs. Er ist ein Einzelgänger, der sehr alt werden kann. Tagsüber verbirgt er sich in Felsspalten, des nachts streift er auf Nahrungssuche umher. Da er sich gerne auch von Aas nährt, läßt er sich mit beködertem Reusen relativ leicht fangen. Seine gefährlichen Riesenscheren, mit denen er ohne weiteres einen Finger durchknacken kann, weiß er bei der Nahrungsaufnahme überraschend feinfühlig zu bewegen. Wie viele Krebstiere kann er durch ruckartiges Einwärtsschlagen seines riesigen Schwanzfächers blitzartig rückwärts davonschießen, sich aber auch durch rasches Vorwärtswerfen der Scheren sprungartig vorwärts bewegen. Solange die Scheren, deren Muskelfleisch so gut schmeckt, intakt sind, muß man sich tatsächlich vor ihnen in acht nehmen.

Kleiner Bärenkrebs *Scyllarus arctus*

Die Bärenkrebse, von denen der Große *(Scyllarides latus)* über 30, der Kleine nur 10 cm mißt, gehören zu den Langusten. Der deutsche Name ist nicht gut gewählt. Sie besitzen allerdings nicht die riesenlangen zweiten Antennen wie die großen *Palinurus*-Langusten. Bei ihnen sind diese Antennen vielmehr stark verkürzt, dafür aber lappig verbreitert. Auch der ganze Rumpf erscheint dick und plump. Die große Art wirkt durch ihre charakteristischen seitlichen Hinterleibsanhänge noch breiter. Insgesamt machen diese gerne im Aquarium gezeigten, gemächlich sich bewegenden Tiere einen gemütlich-brummeligen Eindruck. Vielleicht heißen sie gerade deshalb »Bärenkrebse«. Die große Art kann zwei Kilogramm schwer werden und ist der zweitgrößte Krebs des Mittelmeers.

Languste *Palinurus vulgaris*

Mit ausgestreckten zweiten Antennen kann dieses schmackhafte Tier (man verzehrt, wie bei den kleinen Garnelen, die Hinterleibsmuskulatur) noch größer als der halbmeterlange Hummer werden. Es ist aber zarter gebaut und hat keine »Krebsscheren« am ersten Beinpaar, sondern spitzhakenförmige Endglieder. Die braunvioletten bis rostroten großen Langusten mit den rötlich geringelten Antennen leben relativ gesellig in mittleren bis größeren Tiefen der Küstenregion. In Flachmeerbereichen fehlen sie meist völlig.

An der nordafrikanischen Küste wird die rötlich gefärbte Languste durch die Grüne Languste *(Palinurus mauretanicus)* ersetzt.

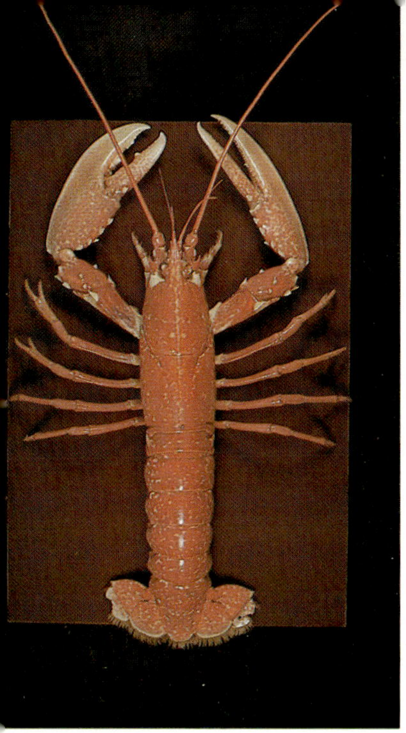
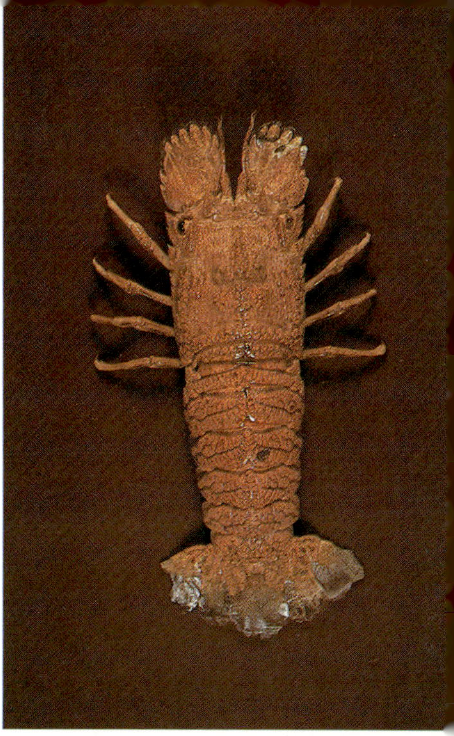
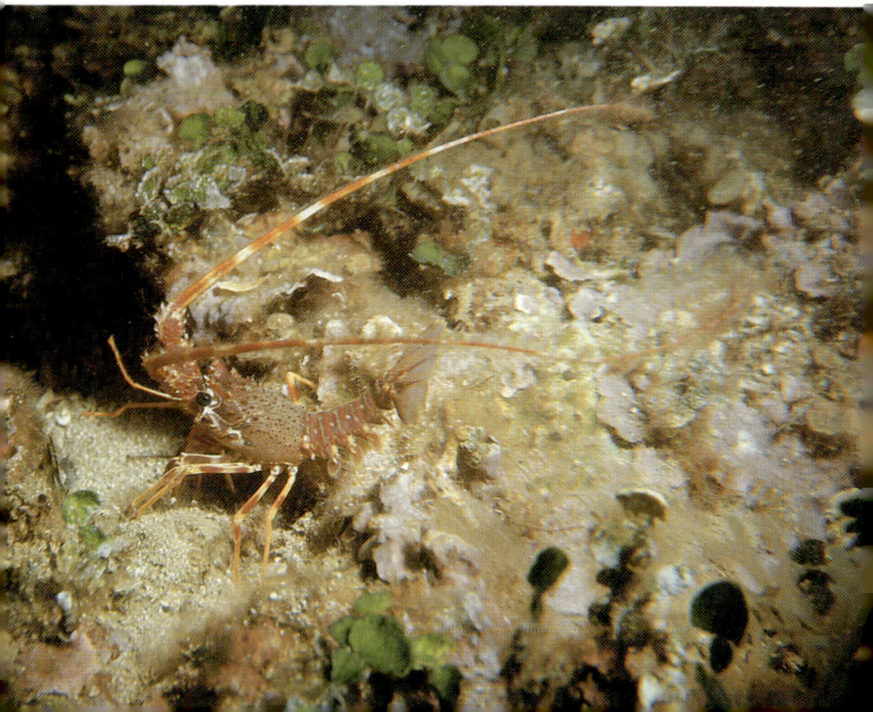

Schwämme der Tiefenregion

Riesenschwamm *Geodia gigas*   (Abb. oben links)

Dieser Schwamm sieht aus wie ein Riesenkürbis. Er soll an die 80 cm Durchmesser erreichen können. Mit Bodenschleppnetzen holt man immer wieder 30 bis 40 cm große Exemplare von Grobsedimentböden aus Tiefen um 20 m herauf. Zerschneidet man den meist schmutziggelblichen Schwamm, dessen hirnwindungsartige Oberfläche oft von Aufwuchs total bedeckt ist, so kommt ein vernetztes System von Gängen und Räumen zutage. Für den Meeresbiologen sind diese Innenräume ein wahres Dorado, enthalten sie doch regelmäßig Kleingetier, insbesondere Würmer, und die kleine rote Borstenkrabbe *(Pilumnus hirtellus)*, die man sonst nur selten findet.

Fingerschwamm *Axinella verrucosa*   (Abb. oben rechts)

Der oft fingerförmig aufgefächerte und auch handgroße, meist satt orangerot gefärbte Schwamm geht auf Tiefenböden bis auf 100 m hinunter. An schattigen Stellen und in Höhlen kann man ihn aber auch in wenigen Metern Wassertiefe finden. Viel größer wird eine nahe verwandte Art, der goldgelbe Geweihschwamm *(Axinella damicornis).*

Seescheiden der Tiefenböden

Microcosmus-Seescheide *Microcosmus sulcatus*   (Abb. S. 208)

Charakteristisch für alle Seescheiden sind die beiden Körperöffnungen, eine oben gelegene Einström- und eine weiter unten seitlich angesetzte Ausströmöffnung. Bei *Microcosmus* sind diese Körperöffnungen hell und charakteristisch rötlich gerandet. Die sackartige Außenwand ist meist über und über bewachsen und bildet eine kleine Welt für sich – einen wahren »Mikrokosmos«. Diese Eigentümlichkeit hat der Gattung offensichtlich den Namen gegeben.

Schlauch-Seescheide *Ciona intestinalis*   (Abb. unten links)

Diese hellgelblich durchscheinende, charakteristisch schlauchförmige Seescheide mit den rötlich gezackten Mündungen kann 10 cm Länge erreichen, sich aber auch auf die halbe Länge zusammenziehen. Sie geht vom Ebbeniveau bis auf 500 m Tiefe hinab.

Rote Seescheide *Halocynthia papillosa*   (Abb. unten rechts)

Auf diese auffallenden Meeresgebilde, die einen bis 10 cm langen und 4 cm dicken, rot gefärbten, gurkenartigen Körper mit charakteristisch abgesetzten, bräunlich beborsteten Ein- und Ausstromöffnungen besitzen, verzichtet kein Schauaquarium. Die Rote Seescheide lebt einzeln auf tieferen Gründen (S. 193) und geht nur an stark beschatteten Stellen höher hinauf.

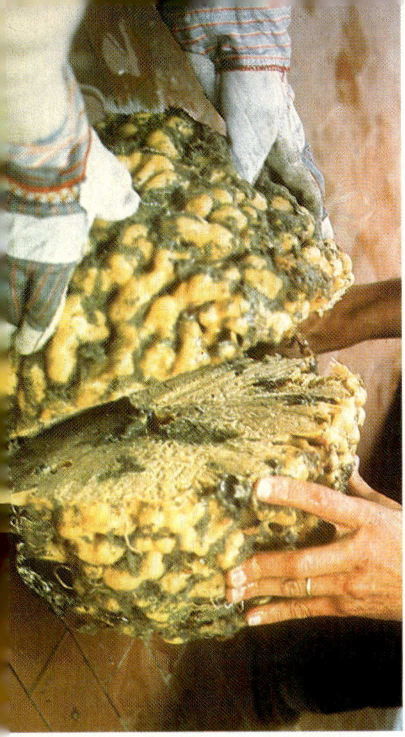
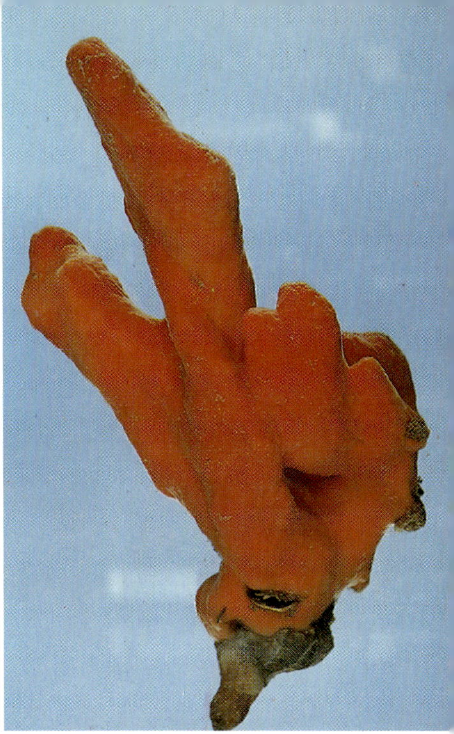
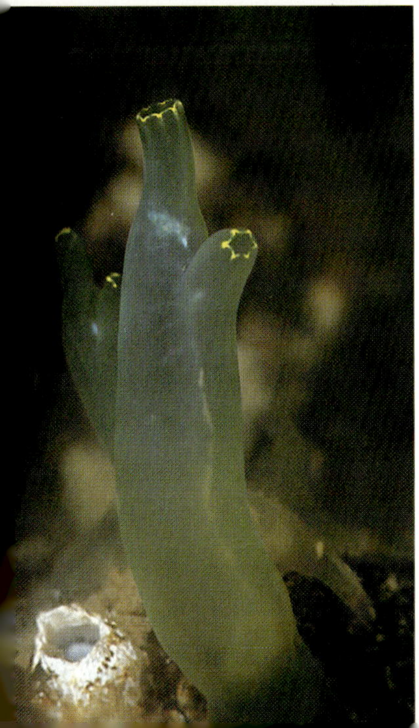
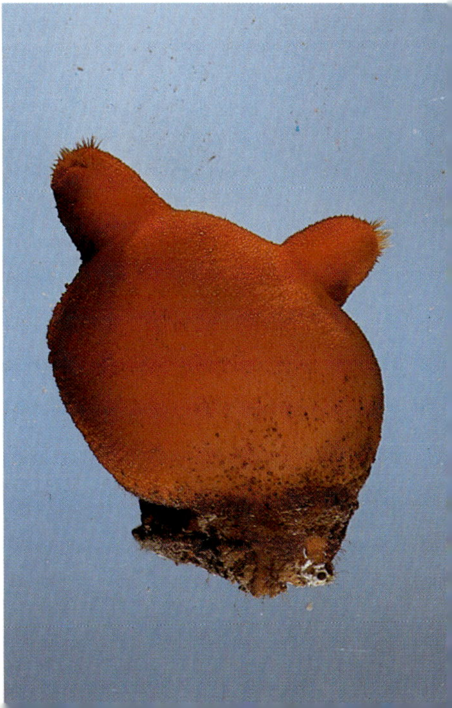

Zur Ökologie der Tiefengründe

Ein wichtiger Faktor ist das Licht. Wo noch kurzwelliges Blau hinabreicht, in Tiefen von etwa 25 Meter, und kalkbildende Krustenalgen wachsen, kann es zur Ausbildung massiver Kalkbänke kommen, an deren Formierung sich Röhrenwürmer, Korallen, Moostierchen und andere Formen mit Kalkskeletten beteiligen. Ansonsten wird der aus Muschelschalenresten und kleinen Steinen bestehende Untergrund höchstens von den letztgenannten Formen locker zusammengebacken. Ein wichtiger Substratverfestiger der tieferen Regionen ist aber auch die Mikrokosmus-Seescheide, die mit wurzelartigen Ausläufern den Untergrund zusammenkrallt.

Wo Hartgrund oder sekundär verfestigter Weichgrund vorliegen, können viele Formen siedeln, die man auch als Bewohner der höher gelegenen Unterwasserfelsen kennt. Ansonsten bilden sich Weichböden aus, worin Muscheln graben, denen wieder die den Sand durchwühlenden Schamkrabben nachstellen. Auch Tierklassen, deren Vertreter im allgemeinen festes Substrat besiedeln, haben

Rechts: Der herabrieselnde Regen abgestorbener organischer Substanz wird am Meeresboden von Partikelverwertern aufgefangen, deren Fangtentakel den Grund bisweilen dicht an dicht bedecken. Neben einer roten, mit weißen Tentakelköpfen besetzten Koralle bedeckt ein gelbbraunes Meer von Köpfchen der Krustenanemone *Parazoanthus axinellae* den Hartboden.

Unten: Die aus dem Untergrund gelösten, zusammenhängenden Exemplare der Seescheide *Microcosmus sulcatus,* über und über mit Aufwuchs bedeckt. Durch Verbindung untereinander und mit dem Untergrund verfestigen diese Tiere mit ihren wurzelartigen Ausläufen den Boden und bilden regelrechte »*Microcosmus*-Gründe«.

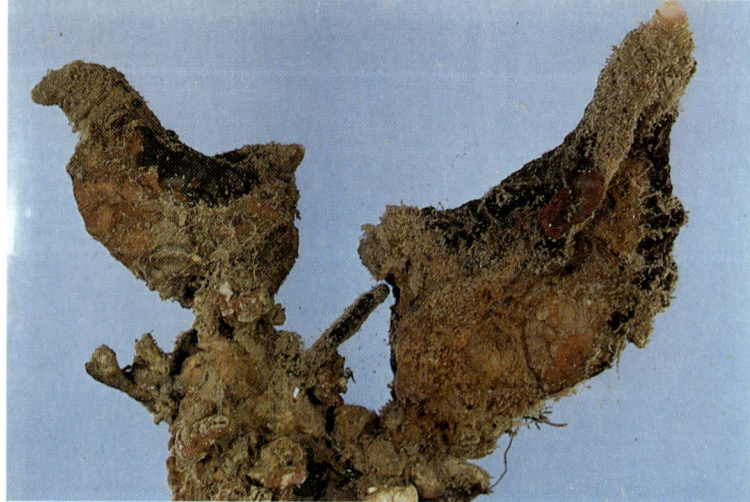

Formen hervorgebracht, die sich im Sand und Schlick ansiedeln können. Darunter gehören unter den Korallentieren die Seefedern mit den *Veretillum*-Polypenstöcken, deren aufblasbares Basalstück als Sandanker dient. Auch die Zylinderseerosen (S. 133) stecken tief im Sand.

In 100 m Tiefe ist es praktisch stockdunkel. Tiere mit Leuchtorganen kommen im allgemeinen erst in noch größrer Tiefe vor. Man fragt sich, wofür Krebstiere und Fische dieser Tiefe ihre wohlausgebildeten Augen brauchen. Da viele Arten saisonbedingte Vertikalwanderungen ausführen, kommen sie – gelegentlich oder auch auf längere Zeiten – höher hinauf in durchlichtete Gefilde. In großen

Links: tropische Putzergarnele *(Hippolsymala bradhami)* mit riesenlangen Tastantennen und -beinen. Rechts: Knurrhahn (*Trigla spec.*) der auf seinen drucksensiblen Flossenstrahlen läuft.

Tiefen aber sind andere Sinnesorgane wichtiger, wie zum Beispiel Strömungssinn und Tastsinn der Antennen, die Geschmacksknospen an den Mundwerkzeugen der Krebse und den Flossenstrahlenden der knurrhahnartigen Fische, Lautempfänger und Lautsender, wie die Schwimmblasen der Knurrhähne, die knackenden Scheren mancher Krebse und die aneinanderraspelnden Antennen der großen Garnelen: eine dunkle, nicht aber schweigende Welt.

Aus den oberen Wasserschichten sinkt ein unablässiger Regen abgestorbenen Planktons auf den Grund. Tiefenströmungen wiederum verfrachten feine organische Sedimentteilchen weiter. Eine große Zahl von Filtrierern seiht diese winzigen Nahrungsteilchen aus oder fängt sie heraus. Dazu gehören die fächerartigen Korallenstöcke, die Haarsterne und die Myriaden pumpender Seescheiden. Nacktschnecken weiden ihrerseits die Korallenpolypen ab, und eine Vielzahl von Parasiten sorgt dafür, daß die Seescheiden, die keine direkten Freßfeinde haben, nicht zu sehr überhandnehmen.

Der Massenaustausch zwischen der durchlichteten Meereszone und der lichtlosen Tiefsee funktioniert nicht nur in die eine Richtung, dergestalt, daß Tierleichen absinken. Insbesondere an Steilküsten können Tiefenströme hochgelenkt werden, mit denen dann umgekehrt typische Tiefenformen an die Oberfläche kommen.

Die freien
Wassermassen
der Hochsee

Charakterisierung

Man muß sich das Meer als »negatives Gebirge« vorstellen, mit seinen Spitzen noch tiefer hinabreichend, als die höchsten Berge der Erde hoch sind. Eine riesige Wassermasse, flächen- und tiefenmäßig so ausgedehnt, daß viele Organismen zeitlebens niemals festem Ufer oder Grund begegnen, angepaßt an das Leben in der Unendlichkeit des freien Wassers. Dies ist ein sehr einheitlicher Biotop. Wühlt ein Orkan einmal die Wellen auf, so gibt es wohl Schaukelbewegungen, die 20 oder auch 30 m hinunterreichen. Aber was ist das gegenüber einem kilometertiefen Becken? Das Licht reicht in Spuren vielleicht 100 m tief, dann beginnt das Reich der ewigen Dunkelheit. Die Temperatur ist zwar von Meer zu Meer stark unterschiedlich, innerhalb der einzelnen Wassermassen aber gleichförmig. Langsame Riesenausgleichsströmungen sind die Regel, werden aber von den mittreibenden Organismen nicht als solche wahrgenommen. Kleinströmungen und Turbulenzen wie in Bächen und Flüssen gibt es nicht. Der Chemismus ist seit Urzeiten außerordentlich gleichartig. Die freien Wassermassen – eine stille, finstere, kühle, salzige, ruhende Welt, die gut trägt, und in der Organismen mit Auftriebseinrichtungen frei schweben können und mangels zerrender Kräfte sehr große und dabei zarte Formen auszubilden vermögen: Man denke an große Staatsquallen oder Salpenbänder. Myriadenfach aber auch die Kleinstlebewesen. Aus den oberen Wasserschichten ergießt sich unablässig ein Regen abgestorbener Kleinstformen, meist Kieselalgen und Strahlentierchen.

Unterschiedliche Formen mariner Kieselalgen (Diatomeen), nach einem Mikropräparat mit optischer Färbung aufgenommen. Die scheibchenartige Form in der Bildmitte mißt noch nicht ½₀ mm im Durchmesser! Die unverrottbaren Kieselschalen der unablässig herabregnenden Mikroformen lagern sich im Verlauf der Jahrhunderttausende auf dem Meeresgrund in viele Meter dicken Schichten ab.

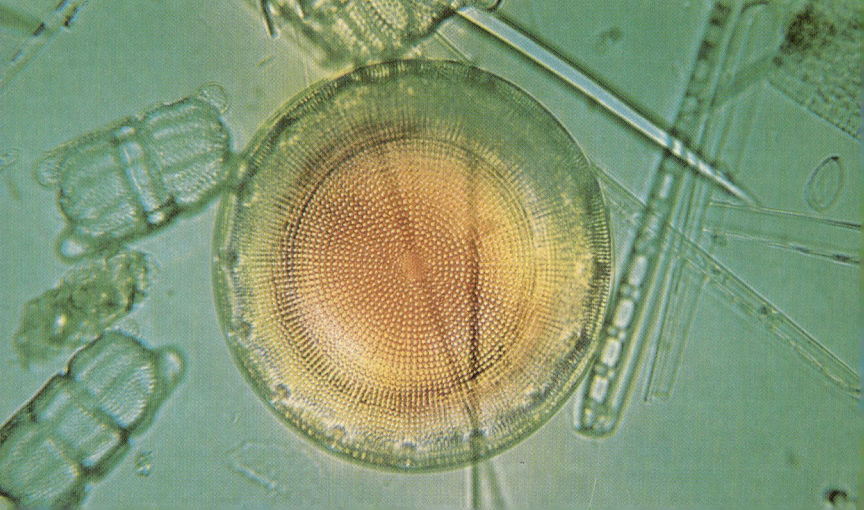

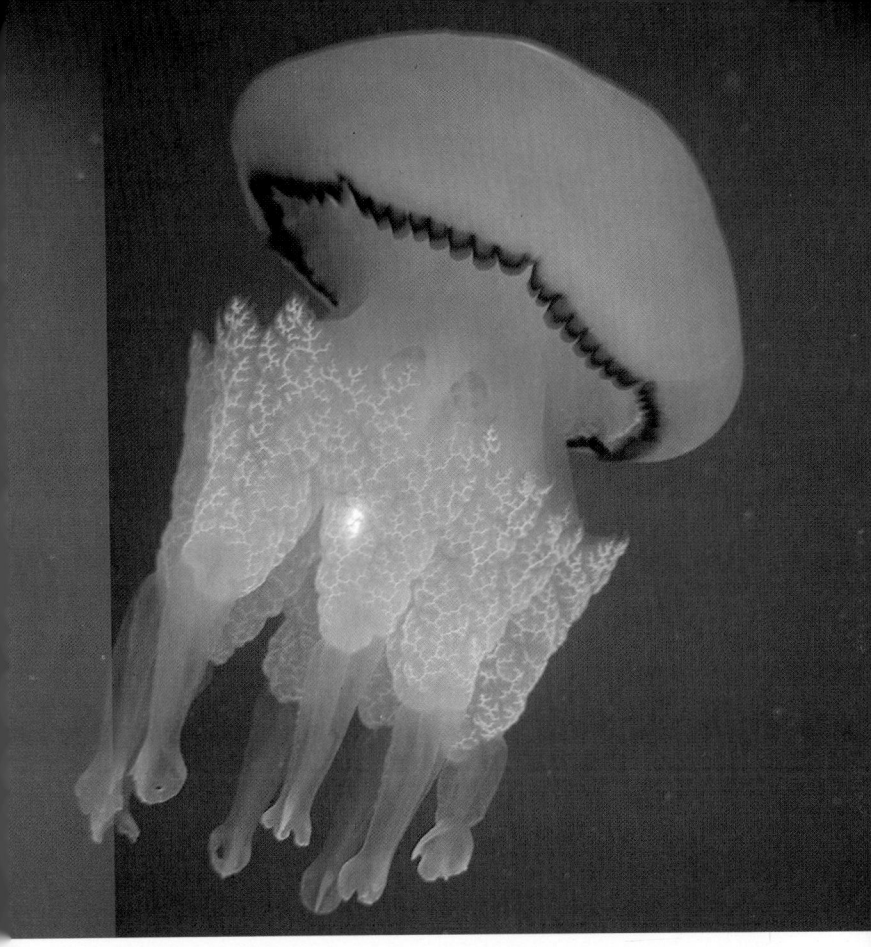

Die zauberhaften, doch verletzlichen Gebilde der großen Quallen – hier eine Wurzelmundqualle *(Rhizostoma pulmo)* mit einem Schirmdurchmesser von ca. 60 cm – finden ihren Lebensraum in den riesigen Wassermassen der freien Hochsee, wo sie nirgendwo anstoßen und ihre bisweilen meterlangen Tentakel und Mundanhänge ungestört entfalten können.

Das eben Gesagte gilt im wesentlichen gerade für die tieferen Bereiche. Die sonnendurchfluteten, bewegten und sauerstoffreichen oberen zehn oder zwanzig Meter sind eine besondere Welt, in der unzählige photosynthetisierende Kleinalgen leben, die Primärproduzenten der Meere und eine Reihe anderer Organismen. Diese Region ist ökologisch so bedeutsam wie sämtliche Regenwälder und Grassteppen zusammengenommen!

Wir unterscheiden hier freilich keine ökologischen Einzelheiten, sondern lernen einige ausgewählte Vertreter kennen, die man gelegentlich angeschwemmt, in Museen präpariert oder in Schauaquarien und auf Fischmärkten finden kann – und die man schließlich in Restaurants serviert bekommt.

Fische der uferfernen Wassermassen

Kleinfleckiger Katzenhai *Scyliorhinus canicula*

Dieser Katzenhai trägt kleine dunkle Flecken (Abb. S.195). Er gehört zu den kleinsten Haien, wird höchstens 70 cm lang. Katzenhaie gehören zwar eher zu den Gründen mittlerer Tiefen als zur freien Hochsee, doch halten gerade sie sich gut in den flachen Schwimmbecken der Schauaquarien, wo man ihre typische Körpergestalt und Schwimmweise studieren kann. Deshalb seien sie hier etwas näher besprochen. Sie sind langgestreckt, mit breitem, dreieckigem Kopf, besitzen ein tiefliegendes, halbkreisförmiges Maul, fünf auffallende Kiemenspalten vor den Brustflossen, zwei Rücken- und zwei Bauchflossen sowie eine kräftige Schwanzflosse mit längerer Oberhälfte, in die der Fortsatz der Schwanzwirbelsäule einzieht. Die Nasenöffnungen halten über geschwungene Rinnen Verbindung mit der Mundöffnung (Abb.). Die Nahaufnahme der Kopfunterseite zeigt weiterhin die Porenlinien des auch den Kopf einbeziehenden Seitenliniensystems, das man als ein »Ferntast-Sinnesorgan« bezeichnen kann.

Ähnlich ist auch der Großfleckige Katzenhai *(Scyliorhinus stellaris)* geformt. Er wird etwa meterlang und besitzt aber eine stumpfere Schnauze sowie größere Flecken.

Blauhai *Galeus glaucus*

Man kann sich keine elegantere Körperform vorstellen als den langgestreckten, schiefergrau-blauen Unterwassertorpedo eines Blauhais mit der charakteristischen, lang vorgezogenen Schnauze (Abb. Mitte). Bis 6 m soll diese typische Hochseeform lang werden, die sich sowohl von kleinen als auch großen pelagischen Fischen nährt (Makrelen, Sardinen, Thunfischen), auch andere Haie angreift und dem Menschen sehr gefährlich werden kann. Durch rasches Hin- und Herschlagen des Kopfes sägen die Haie mit ihren rasierklingenartigen Dreieckszähnen (Abb. unten) richtiggehend Fleischportionen aus ihren Opfern, oder zerteilen es ganz. Die Wunden führen zu großen Blutverlusten und sind meist tödlich.

Haikenner versichern, daß die großen Arten vollkommen unberechenbar sind; von scheuer Flucht beim Anblick eines Tauchers über vorsichtig kreisendes Näherkommen bis zu blitzschnellen Angriffen aus blaugrauem Tiefenwasser reicht das Verhaltensinventar. Somit ist es schon zu empfehlen, die in Abschnitt »Gefährliche Meerestiere« (S.243) genannten Vorsichtsmaßnahmen zu beherzigen.

Hammerhai *Sphyrna zygaena*   (nicht abgebildet)

Unverkennbar durch seine seitlich angesetzten Kopflappen mit den randständigen Augen ist diese bis 4 m lange Art, die ein sehr feines Witterungsvermögen für Blut hat und sofort angreifen soll. In der südlichen Adria tritt der Hammerhai gelegentlich, im griechischen Inselbereich häufiger auf. In Museumssammlungen findet man ihn häufig präpariert.

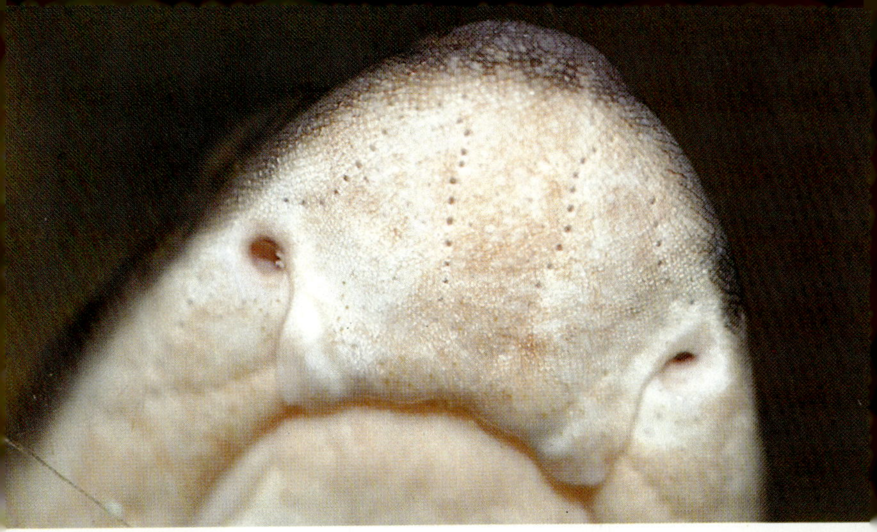

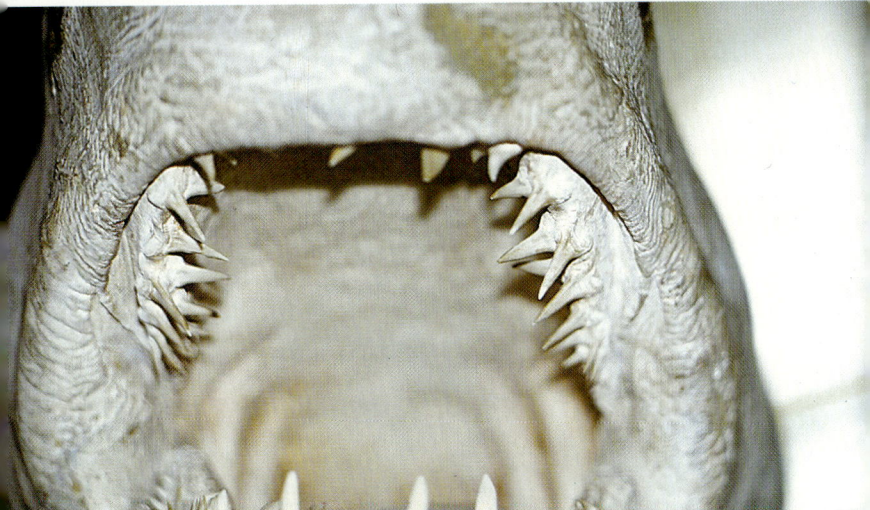

Makrele *Scomber scombrus*

Der Körper dieser bis halbmeterlangen, ausdauernden Schwimmer, die in Schwärmen die Hochsee durchziehen, ist glatt, vorn und hinten zugespitzt, offensichtlich gut strömungsangepaßt. Die tief zweigespaltene Schwanzflosse sitzt an einem deutlichen Schwanzstiel, an dessen Ober- und Unterkante charakteristische miniaturflossenartige Vorsprünge sitzen, die wohl auch eine Rolle bei der Umströmung der hin- und herschwingenden Schwanzregion spielen. Alles ist auf geringen Widerstand und günstige Umströmung eingestellt, jedes Mittel zur Energieeinsparung beim Schwimmen hat die Natur genutzt. Als Folge kann der Fisch (auf der Jagd und bei der Flucht) außerordentlich schnell schwimmen. 60 Stundenkilometer sind eine sehr beachtliche Geschwindigkeit für einen Unterwasserschwimmer.

Die Makrelen jagen nach großen Schwebeformen und kleinen Fischen (Sprotten). Sie haben einen rötlich-hellen Bauch und einen blaugrünlichen Rücken, der durch kräftige, unregelmäßige Querbänderung gezeichnet ist. Daran erkennt man eine Makrele leicht auch auf dem Teller der Küstenlokale – ein billiges, aber recht trockenes Fischgericht.

Die kleinere, bläuliche Blasenmakrele *(Scomber japonicus)* ist unter anderem an der feineren Rückenzeichnung, dem seitlichen Goldstreifen und den seitlichen Reihen zartdunkler Punkte zu erkennen.

Sardine *Clupea pilchardus*

Das ist bei weitem der wirtschaftlich wichtigste Fisch des Mittelmeers, diese höchstens 20 cm messende, grün-blau-silbrige Art mit der schräg nach oben weisenden Schnauze, die bisweilen in Riesenschwärmen auftritt. Des Nachts schwimmen die Fische aufs Licht zu. Man ködert sie auf diese Weise, kreist sie mit Rundnetzen ein. Zwischen Oktober/November und April ruht die Fischerei, weil sich die Tiere dann in tieferes, küstenferneres Gewässer zurückziehen. Als Ölsardine in Oliven- oder Tomatenöl eingelegt, stellt sie einen großen Handelsfaktor dar.

Die Sardelle *(Engraulis encrasicholus)* kann gleich lang werden, ist aber schmallänglich und trägt eine spitze, nach vorne weisende Schnauze mit überstehendem Oberkiefer. Wie die Sardine wird auch sie in Massen gefangen.

Wirtschaftlich bedeutend ist auch die Sprotte *(Clupea sprattus)*. Der kleine Fisch wird meist kaum über 10 cm lang. Er sieht aus wie die Miniaturausgabe einer Sardine und tritt in Riesenschwärmen auf, denen die Fischdampfer mit ihren Echoloten nachspüren, sowohl in der Nordsee (»Kieler Sprotten«), wie auch im Mittelmeer. Kleine Exemplare kann man wie Pommes frites in der Fritture zubereiten und mit Haut und Haaren verspeisen. Eine Handvoll solcher Sprotten, ein Stück Brot, eine Riesentomate, ein Glas Slibowitz – ein bukolisches Mittelmeerlunch, wenn man die kalorienreiche Vollpension scheut.

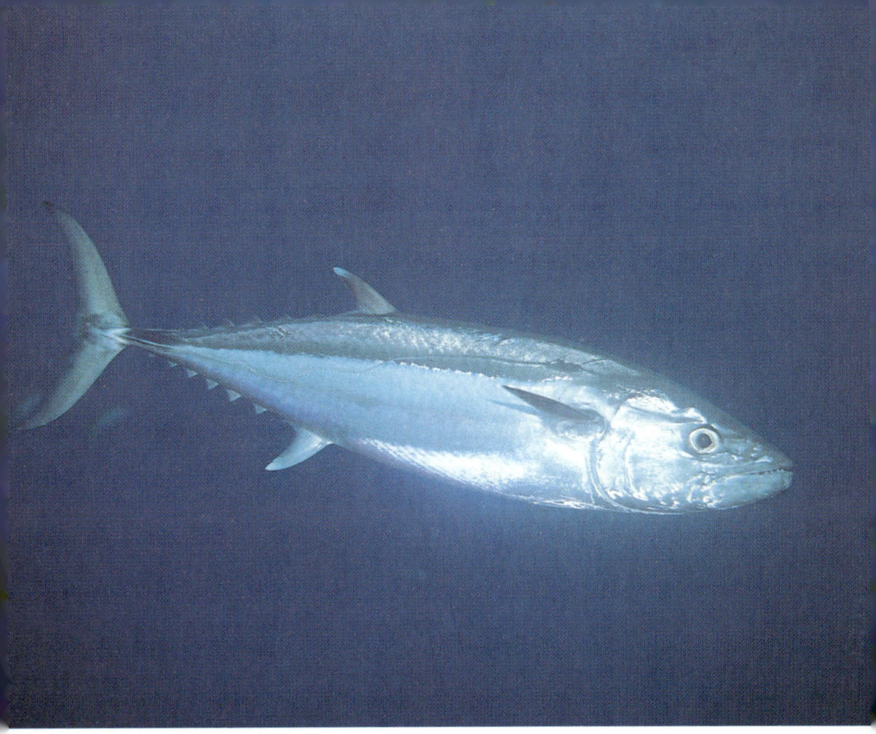
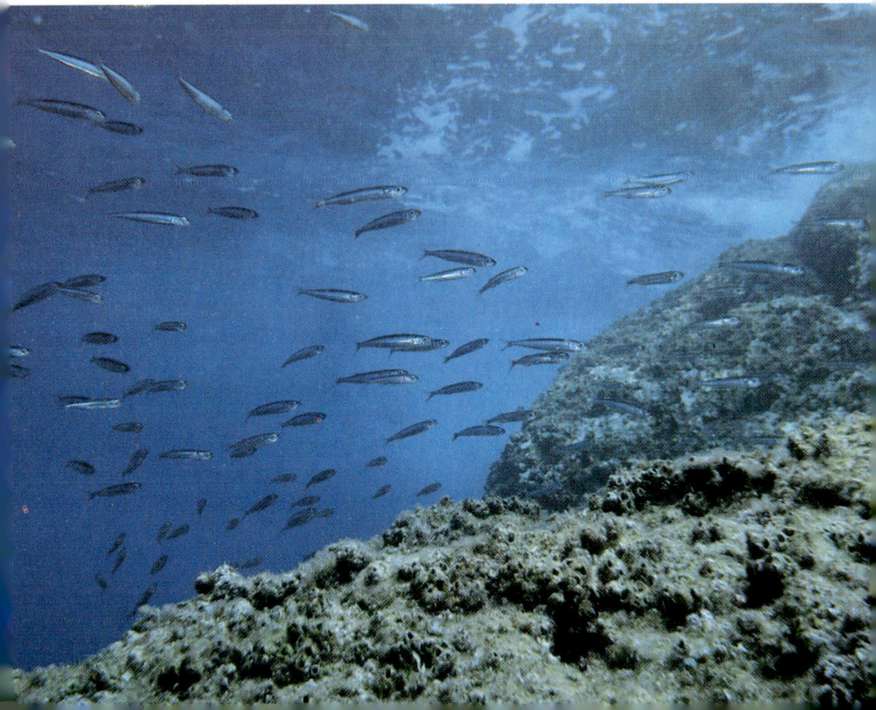

Säuger des freien Wassers

Delphin *Delphinus delphis*

Delphine und Tümmler gehören zu den Zahnwalen; mit Längen bis zu 3 bzw.
4 m stellen sie »kleinere« Formen dar. Sie fressen Fische und Tintenfische. Hin
und wieder wird man die häufigen Delphine vom Schiff aus »springen« sehen
(Abb.), wobei sie sich manchmal in ganzen Schulen fast gleichzeitig wellenför-
mig aus dem Wasser werfen und spritzfrei wieder eintauchen. Dabei atmen sie.
Beim Schwimmen bewegen sie die horizontale Schwanzflosse auf und ab, nicht
hin und her wie die Fische. Die elegante Stromlinienform eines Delphins mit
der lang zugespitzten Schnauze hat nichts ihresgleichen. Geringen Strömungswiderstand erzeugen die Delphine auch durch einen speziellen, elastischen
Feinbau der Haut. So kann der Delphin erstaunlich rasch und ausdauernd
schwimmen und braucht dafür viel weniger Antriebsenergie, als ein gleichgro-
ßer, gleichgeformter technisch starrer Körper benötigen würde. Einen weiteren
Trick beherrscht der Meister der Schwimmkunst. Er kann »Bugwellen reiten«,
läßt sich unter Wasser von der Welle schieben, die ein großes Schiff vor sich her
aufwirft, und spart dadurch eigene Antriebsleistung auf Kosten der Schiffs-
maschine! Daß Delphine sehr hochentwickelte, gelehrige und dressierbare Säu-
ger sind, mit einem akustischen »Sonar« unter Wasser peilen können und über
ein hochdifferenziertes Kommunikationssystem von zwitscherartigen Lauten
verfügen, ist allgemein bekannt.

Der größere Tümmler *(Tursiops tursio)* ist gedrungener gebaut und besitzt eine
kürzere, schräg nach unten weisende Schnauze. Sehr selten kommt in der Adria
auch der größte Zahnwal vor, der Pottwal *(Physeter macrocephalus)* und das
größte lebende Tier der Erde überhaupt, der Blauwal *(Balaenoptera musculus).*

Schildkröten der Hochsee

Unechte Karettschildkröte *Caretta caretta*

In den Bottichen der Fischmärkte wird man ab und zu eine frisch gefangene
Seeschildkröte finden, meist die Unechte Karette. Ihr Knochenpanzer ist mit
bräunlichen Hornschichten überzogen. Sie wird bis 1 m lang und ist eine Hochseeform, die warmes Wasser bevorzugt und sich von Fischen (auch Pflanzen)
nährt. Mit den flügelartig auf- und abschlagenden (nicht paddelförmig vor- und
zurückschlagenden), abgeplatteten Vordergliedmaßen schwimmt sie langsam,
aber stetig. Ihre Eier vergräbt sie an Sandstränden und läßt sie von der Sonne
ausbrüten. Die Panzer kann man, wenn man zu ihrer Ausrottung beitragen will,
für teures Geld in Andenkenläden kaufen, darf sie aber nicht einführen.

Sehr gelegentlich wird auch die ähnliche Suppenschildkröte *(Chelone mydas)*
und die einen lederartigen, längsgekielten Panzer tragende riesige Lederschild-
kröte *(Dermochelys coriacea)* mit Panzerlängen von 1,5 bis über 2 m (!) am Mittelmeer gefangen.

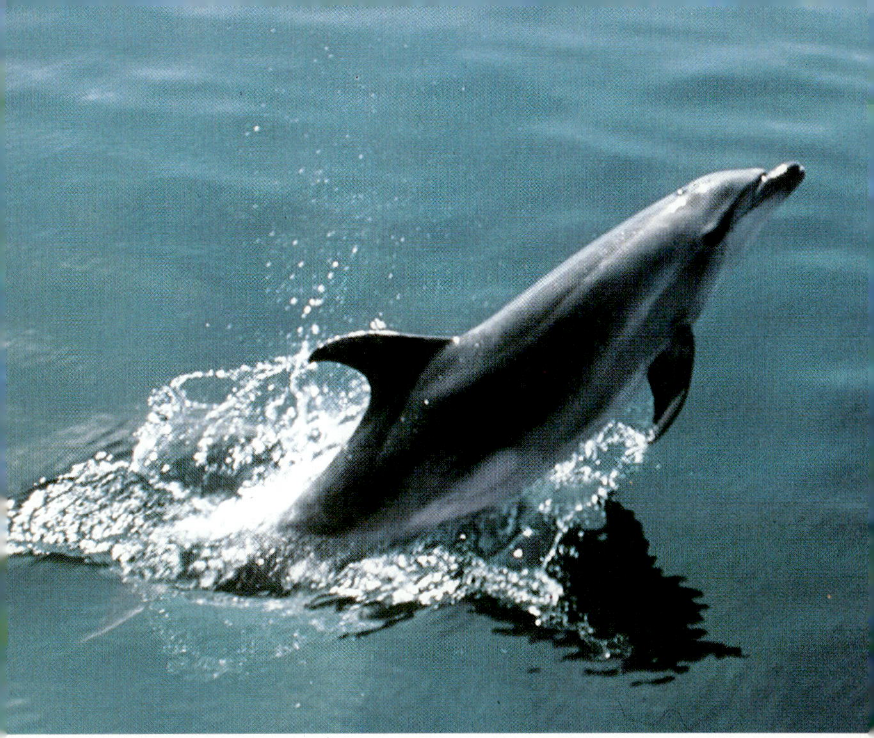
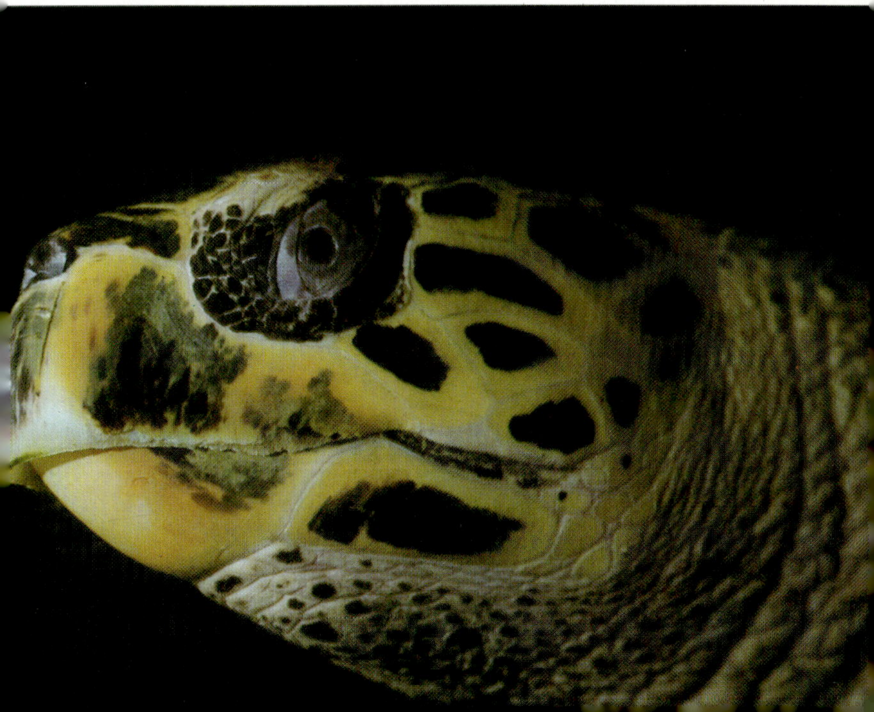

Tintenfische der Hochsee

Kalmar   *Loligo vulgaris*

Neben dem Kalmar ist der Kurzflossenkalmar *(Illex coindeti)* und der Pfeilkalmar *(Ommatostrephes sagittatus)* nicht selten. Beim Schnorcheln wird man diese drei, die weiten Wasserflächen der Hochsee bewohnenden Tintenfische allerdings kaum einmal sehen, obwohl sie auch nahe ans Ufer kommen und manche in ganzen Formationen über die tiefer gelegenen Seegraswiesen ziehen. Auf Fischmärkten aber findet man sie regelmäßig und sollte sie einmal genauer ansehen: Halbmeterlang sind die langgestreckten, fast drehrunden Rümpfe der beiden erstgenannten Arten; einen Meter mißt die letztere. Vom bloßen Anblick her vermutet man in ihnen die dauerhaften Schwimmer, die sie sind. Niemals ruhen sie auf dem Boden aus, wie die weniger spezialisierte Sepia. Ihr Schulp ist frei von festem Kalk und leicht.

Zu den Kalmarverwandten, zehnarmigen Tintenfischen mit acht Kopftentakeln und zwei sehr langen Fangtentakeln, gehören auch wahrhaft gigantische Formen. Die Riesentintenfische der Gattung *Architeuthis* sollen Rumpflängen bis 7 m, Fangtentakellängen bis 14 m (!), Saugnapfdurchmesser an die 20 cm und Augendurchmesser über 40 cm aufweisen! Sie werden von Pottwalen gejagt. Im Mittelmeer kommen sie nicht vor. Rund 20 m lange Südseexemplare haben schon Dampfer angegriffen, wohl weil sie das Schiff für ihren Feind, den Pottwal, gehalten haben.

Quallen der Hochsee

Feuerqualle   *Pelagia noctiluca*

Die zauberhaft rosarot überhauchten, bis 4 cm im Durchmesser erreichenden Quallen mit der geringen Zahl von Randtentakeln (nur 8) und den länglichen, gefransten Mundlappen können nachts leuchten. Es sind Medusenformen eines Polypen. Da sie schneidend-schmerzhaft nesseln – die gereizten Hautstellen können aufeitern und heilen langsam! – sind sie bei den Badegästen auch als »Feuerquallen« gefürchtet. In der Adria treten sie manchmal in Schwärmen auf, und es empfiehlt sich dann sehr, nur mit der Maske ins Wasser zu gehen um ihnen ausweichen zu können.

Als »Qualle« wird entweder eine Form der freilebenden Medusengeneration der Wechselfolge Polyp → Meduse bezeichnet oder aber eine eigene, dann meist größere Tierform. Die Quallen leben fast ausnahmslos pelagisch, als treibende Lebewesen des freien Wassers. Der überwiegende Teil bevölkert die oberen Wasserschichten und ist – da er von bodenbewohnenden Polypen stammt – besonders in Ufernähe zu finden. Einige sind reine Hochseeformen. Manche ragen blasenförmig über die Wasseroberfläche und besitzen richtiggehende Segel, mit denen sie der Wind passiv verdriften kann. Die meisten sind aber aktiv beweglich, durch rhythmische Pulsationen ihres Schirms. Dieser

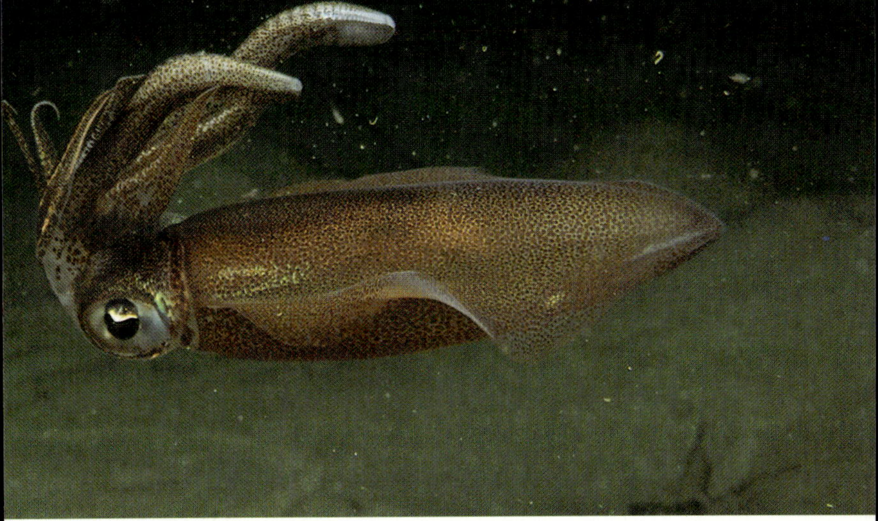
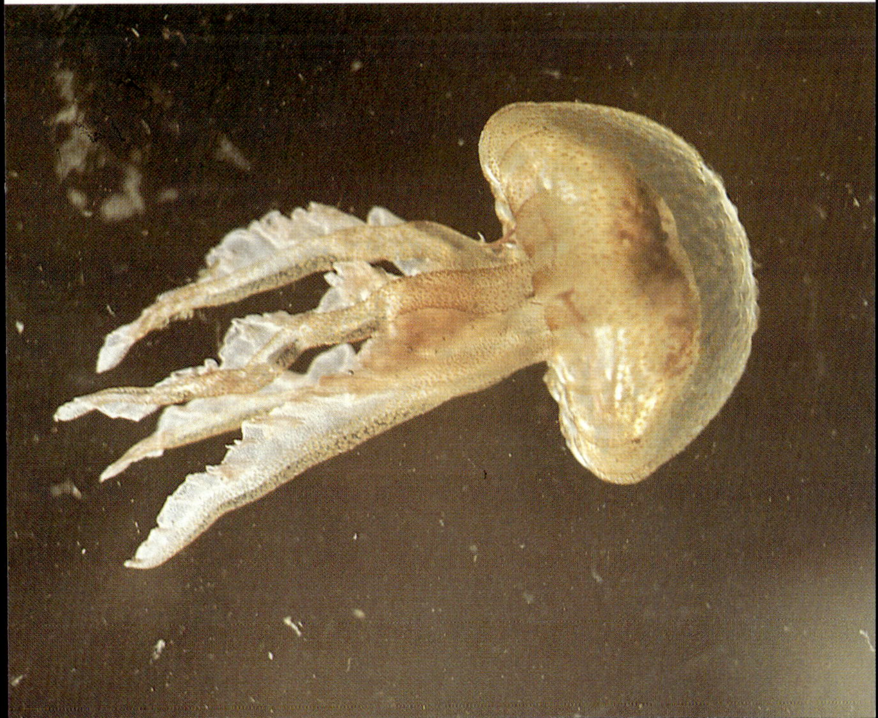

langsam eingezogen und dann durch rasche Kontraktion der Schwimm-
muskulatur ruckweise ausgestoßen, wobei das Velum wie eine Drüse wirkt. Es
entsteht ein ringförmiger wegwandernder Wasserwirbel, und entgegengesetzt
zur Laufrichtung des Wirbels eine Reaktionskraft, die die Qualle vorwärts
treibt. An der Unterseite befindet sich die oft mit Nesselkapseln bewehrte, lap-
penumstellte Mundöffnung, die über einen sogenannten Magenstiel in den zentralen Magenraum mündet. Von dort aus ziehen wiederum Radiärkanäle seitlich weg, die in einen ringsherum laufenden Ringkanal einmünden. Am Rand
sitzen – meist viele – nesselkapselbewehrte, kontrahierbare Tentakel. Mit diesen und den Mundlappen fangen die Quallen ihre Beutetiere, zum Beispiel
Plankter oder kleine Fische.

Außer den bisher genannten Formen gibt es große, frei schwebende Tierstöcke
mit Polypen und Medusen an ein- und demselben Organismus, die Staatsquallen. Schließlich wird auch noch ein eigener Tierstamm mit dem Beinamen
»… quallen« belegt, der Stamm der Rippenquallen. Das sind zarte, kugel- bis
gürtelförmige, irisierende Gebilde, die sich mit aus Wimpern verschmolzenen
Schlagplättchen vorwärts bewegen, und die mit einem Wassergehalt von über
99% zu den empfindlichsten Formen der Meereslebenwelt gehören (s. u.).

Wurzelqualle *Cotylorhiza tuberculata*

Wenn man im Hochsommer an der Küste schnorchelt, wird man immer wieder
einmal diesen großen Formen begegnen, die wie eine überdimensionierte
bräunliche Untertasse aussehen (Schirmdurchmesser bis 40 cm), unter der ein
krauses Gewirr von Mundlappen mit vielen kleinen, bläulich endenden Tentakeln hängt. Der riesige, gewölbte Schirm pulsiert nur schwach. Diese große
Qualle ist die häufigste größere Schirmqualle der Adria, wenn auch nicht die
größte. (Das ist die 80 cm im Durchmesser erreichende Wurzelmundqualle,
Rhizostoma pulmo, S. 213). Die vergleichsweise riesigen Wurzelquallen sind
dem Schwimmer weniger gefährlich als die Feuerquallen. Sie nesseln nur wenig. Zwischen den Mundlappen sieht der Schnorchler Jungfische der Bastard-
makrele oder anderer Arten schwimmen, die dort Schutz suchen. Kaum eine
große Qualle ist ohne ein derartiges Gefolge.

Rippenqualle *Ctenophora*

Die kaum erbsengroßen, bis einige Zentimeter langen, meist kugelig-eiförmi-
gen, zart durchscheinenden Gebilde bewegen sich mit acht längenkreisartig
umlaufenden Reihen irisierend flirrender Cilienblätter durch das Wasser. Sie
ziehen meist zwei längere, fadenförmige Tentakel hinter sich her. In Schauaquarien sieht man sie manchmal, zufällig mitgefangen, die Glasscheibe entlang streichen, aufwärts schwimmend, dann hart umbiegend und wieder abtau-
chend.

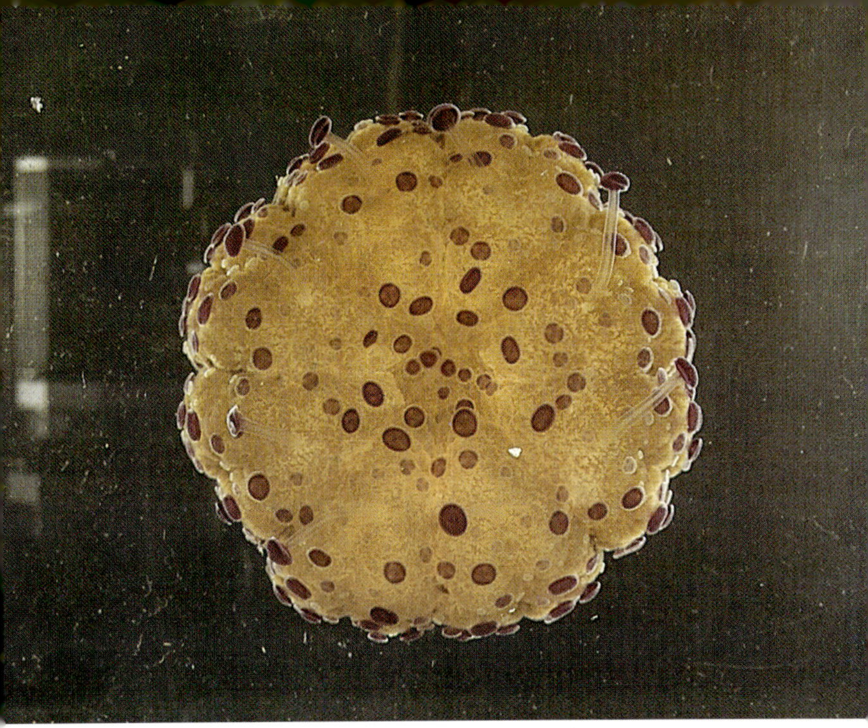
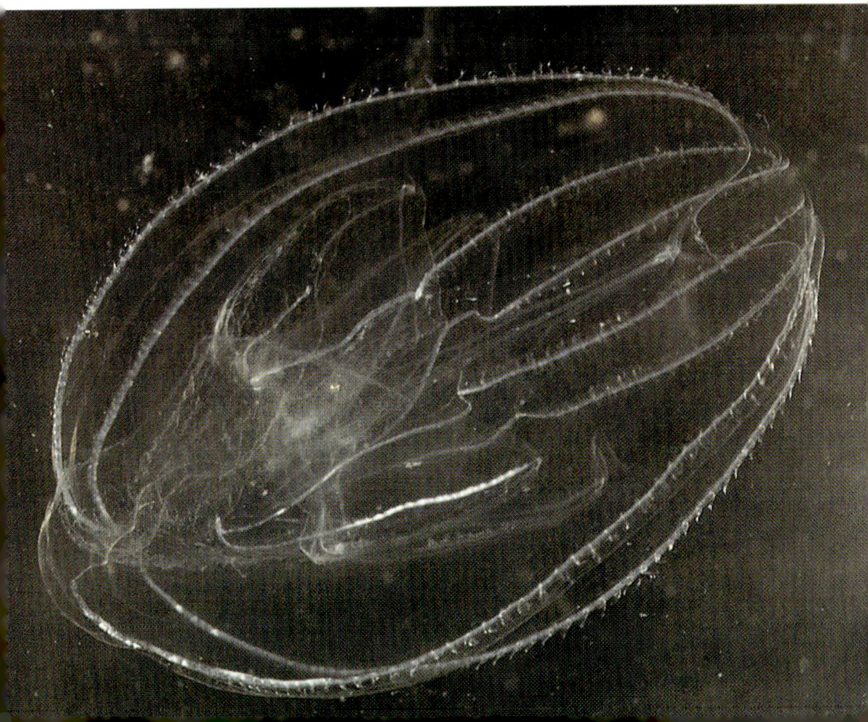

Die treibende Welt des Planktons

Als Pankton bezeichnet man das Heer der pflanzlichen oder tierischen Formen, die entweder unbewegt im freien Wasser flottieren, oder deren Eigenbewegung so gering ist, daß sie ein Spielball der Meeresströmungen bleiben. Meist sind Plankter mikroskopisch klein. Es gibt aber auch Riesenformen wie den 1,5 m langen Venusgürtel *(Cestus veneris),* eine Rippenqualle, und die zwei Dutzend Meter messenden Bänder mancher Kettensalpen. Die Kleinheit der meisten Plankter hat auch physikalische Gründe. Wegen des relativ großen Reibungswiderstands sinken sie dann weniger rasch ab. Vielfältig ausgebildete Borsten, Fächer, Lamellen, Zirren dienen der Oberflächenvergrößerung und damit der Vergrößerung des Reibungswiderstands und der Verlangsamung des Absinkens. Die Myriadenwelt des Planktons ist die »Ursuppe«, von der sich eine Riesenmenge von Organismen ernährt, die alle Wasser durchseihen, -strudeln und -filtrieren und auf diese Weise gerade die kleinsten Lebensformen des Meeres herausfischen, festkleben, einschleimen. Es gibt Dutzende von Spezialmechanismen, mit denen ein Heer von Planktonfängern ausgestattet ist, vom kleinsten Polypenköpfchen bis zu den riesenhaften Bartenwalen.

Für den Beobachter am Mikroskop bietet das Plankton eine unerschöpfliche Fundgrube an Organismen und eine wahre Augenweide an Formen und Mechanismen dazu. Zur Untersuchung werden Plankter mit konisch geformten Netzen gefangen, die man hinter einem Boot herzieht. Man kann Horizontalfänge an der Oberfläche oder in bestimmten Wassertiefen durchführen oder Vertikalfänge, indem man ein bis zu einer vorgewählten Tiefe abgesenktes Netz langsam hochzieht. Am Ende des trichterförmigen Planktonnetzes ist ein Fanggläschen eingebunden, dessen Inhalt sofort in eine gekühlte Thermosflasche kommt. Und auch dann muß man die Untersuchung alsbald vornehmen, wenn man Plankter lebend beobachten will. Sie gehören zu den empfindlichsten Formen, die es überhaupt gibt und halten sich nur kurz. Die Untersuchung erfolgt in einigen Millimeter hohen Wasserschichten, die man durch Ausgießen in Petrischalen gewinnt, gegen dunklen oder hellen Untergrund. Man benötigt dazu unbedingt ein Binokular. Für Feinuntersuchungen braucht man ein gutes Mikroskop. Die Artenbestimmung ist aber eine Wissenschaft für sich.

Zwergformen des Planktons

Ein feinmaschiges Planktonnetz wurde über eine halbe Stunde hinter einem Boot hergezogen. Das Plankton, das sich im Fanggefäß angesammelt hatte, wurde dann in ein Beobachtungsgefäß ausgekippt. Im schrägen Gegenlicht der Mikroskopierlampe sind die Formen nun gut erkennbar (Abb. oben). Die dunklen Gebilde sind knapp millimeterlange Kleinkrebse und planktische Larven von Krebstieren, die im ausgewachsenen Zustand Bodenbewohner sind. Das zarte Gewirr feiner Nadeln stellt meist pflanzliches Plankton dar; in der Hauptsache sind es Kieselalgen. Die Planktonkonzentration ist hier freilich vielhundertfach größer als im freien Wasser: Die Abbildung unten zeigt einen planktischen Ruderfußkrebs von ca. 1 mm Länge in stärkerer Vergrößerung.

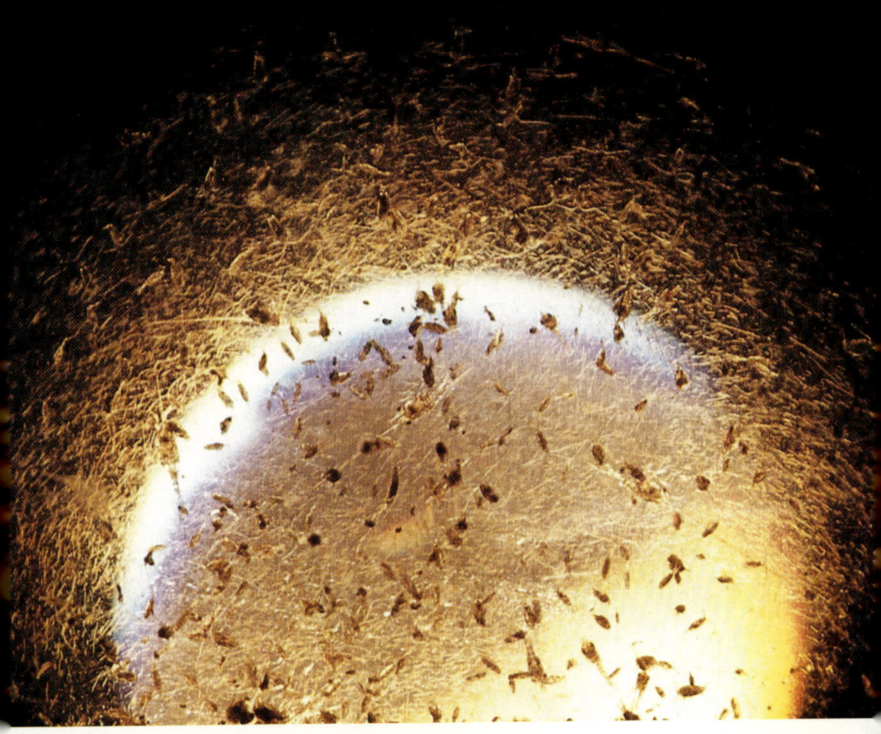

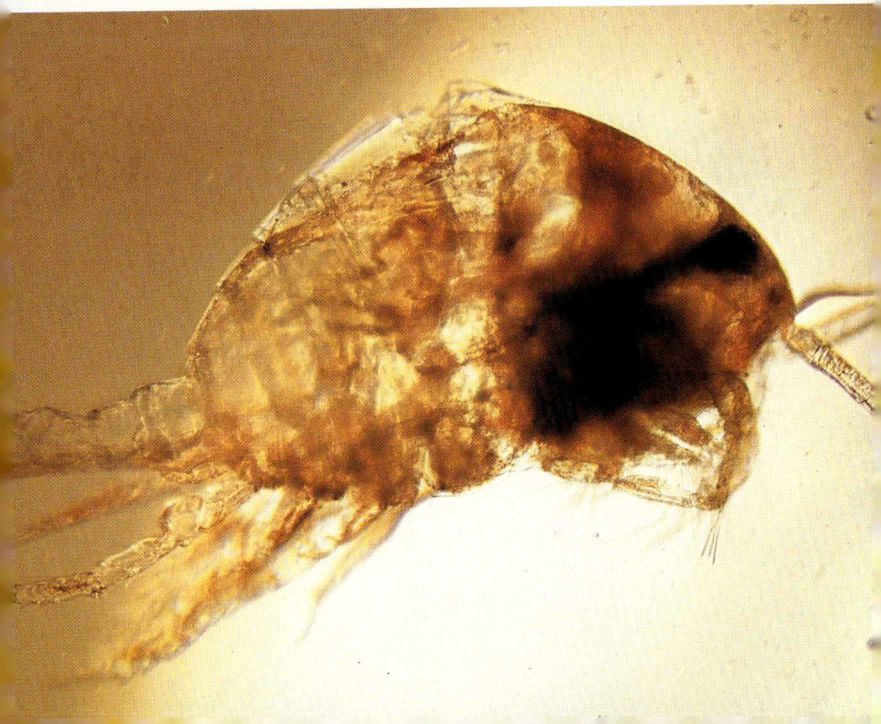

Zur Ökologie der freien Hochsee

Die Devise heißt: Schwimmen oder Untergehen – das letztere im wörtlichen und im übertragenen Sinn. Die allermeisten Bewohner des Pelagials, wie man die freien Wassermassen nennt, vertragen ein Absinken auf den Meeresgrund nicht. Freilich können manche – gerade winzige Planktonformen, aber auch die vergleichsweise riesenhaften Delphine oder gar Pottwale – tief abtauchen und führen regelrechte periodische Vertikalwanderungen durch. Im allgemeinen aber müssen die Organismen versuchen, oben zu bleiben. Das kann passiv oder aktiv geschehen, ohne Energieaufwand oder aber unter Einsetzung einer beträchtlichen Stoffwechselenergie. Im ersteren Fall spricht man von Schweben. Fische, die Schwimmblasen besitzen, haben es in dieser Hinsicht einfach. Sie regulieren die Blasenfüllung über eine Gasdrüse auf die bevorzugte Wassertiefe ein und können dann ohne den geringsten Flossenschlag stehen. Es sei hier erwähnt, daß Haie diesen Mechanismus aber nicht besitzen. Sie gehören zu den Fischen, die ihren Auftrieb aktiv erzeugen und ausdauernd in Bewegung sein müssen, wenn sie nicht absinken wollen. Doch bedienen sich noch ganz andere Organismen des Schwimmblasenprinzips, die Staatsquallen beispielsweise. Sie hängen an »gasgefüllten Ballons«, speziell für den Zweck der Auftriebserzeugung umgewandelten Einzelindividuen des Tierstocks. Auch die Blasentange besitzen kugelförmige, gasgefüllte Schwebeeinrichtungen.

Ein besonders »raffiniertes« Regelsystem haben diejenigen zehnarmigen Tintenfische ausgebildet, die einen Schulp besitzen. Dieser besteht aus gegeneinander

Der Schulp der Tintenfische ist ein Innenskelett und zugleich ein Schwebeapparat.

abgestützten schrägstehenden Kalklamellen, deren Zwischenräume zum Teil gasgefüllt sind. Will der Tintenfisch sinken, so wird etwas Gas resorbiert und in der Körperflüssigkeit gelöst. Diese dringt dann weiter in die Zwischenräume ein, und das Ganze wird spezifisch schwerer. Zum Aufsteigen läuft der Vorgang umgekehrt ab. Das geht recht langsam, ist aber ein feines Lageregulans und erspart auf die Dauer viel Energie.

Es gibt noch andere Mittel zur Erhöhung der Schwebefähigkeit. Sie beruhen alle darauf, daß das spezifische Gewicht des Körpers herabgesetzt und möglichst dem des umgebenden Seewassers angeglichen wird. So können Fetttröpfchen ausgeschieden werden, die spezifisch leicht sind – bei manchen pflanzlichen Mikroorganismen – oder sich Gasblasen ausbilden. Der Körper kann auch zum allergrößten Teil (über 99%) oder doch überwiegend selbst aus Wasser bestehen, wie bei den Quallen, Salpen, Flügelschnecken, Sandgarnelen und anderen. Doch gelingt im letzteren Fall die Kompensation nicht ganz; vollständig aus Wasser kann kein Tierkörper bestehen, und auch Quallen sinken bekanntlich langsam ab und müssen dem durch ihren Düsenantrieb andauernd entgegenwirken.

Wenn das Absinken in vielen Fällen nicht vermieden werden kann, so läßt es sich doch wenigstens verlangsamen, und man braucht dann auch weniger Stoffwechselenergie, um die kleine Restabdrift zu kompensieren. So bilden viele Planktonformen Schwebefortsätze aus, die bisweilen zu geradezu abenteuerlichen Körpergestaltungen führen. Das Extrem findet sich bei dem planktischen Ruderfußkrebs *Calocalanus pavo,* der mit seinen vielen gefiederten Borsten und Fortsätzen wie ein lebender Fallschirm aussieht. Die Tiere sinken sehr langsam ab, müssen aber doch gelegentlich durch einen raschen Schlag ihrer Ruderbeine einen kurzen Aufwärtssprung machen. Die sonst langgestreckten Schwebeantennen erschlaffen dabei und bremsen somit nicht übermäßig. Dann brauchen die Tiere wieder einige Zeit, bis sie über die Sprungstrecke abgesunken sind; es erfolgt der nächste Sprung und so fort. Durch solches periodisches Absinken und kurzes Hochschnellen halten sich viele Plankter im Mittel auf konstanter Höhe.

Eine große Anzahl von Hochseeformen schwimmt aber aktiv, und manche wandern mit beachtlichen Geschwindigkeiten, die denen kleinerer Fische nicht nachstehen, über Hunderte, ja Tausende von Kilometern. Bei Hai, Makrele, Thunfisch, Schwertfisch, Delphin, Tümmler und Kalmar wurden einige Mechanismen vorgestellt, die alle den Zweck haben, ein möglichst energiesparendes rasches Schwimmen zu ermöglichen: hydrodynamisch günstige »stromlinienförmige« Körpergestalt mit fließendem Übergang in die Flossen, spezielle, turbulenzdämpfende Hautstrukturen, wirkungsvolle Schwanzflossen, die seitlich schwingen können wie bei den Fischen oder auf und ab wie bei den Walen, ein langer, dünner Schwanzstiel, der die weit ausladende Flosse im freien Wasser arbeiten läßt, unbeeinflußt von der Umströmung des eigenen Körpers. Dazu kommen Hilfsstrukturen an der Schwanzregion in Gestalt kleiner Flösselchen wie bei den Makrelenartigen oder die Absonderung eines speziellen, widerstandsvermindernden Schleims wie bei den Barracudas und anderen schnellen Hochseeschwimmern. Und nicht zuletzt: die hochspezialisierte, auf sehr eigen-

Querschnitt durch das hintere Drittel eines Schwertfisches *(Xiphias gladius),* in der Schnitt-
region die Körperform und die viergeteilte kräftige Antriebsmuskulatur der Schwanzflosse
zeigend. Durchmesser ca. 25 cm.

tümliche Weise ineinanderverschachtelte Muskulatur der Fische, die nicht einheitlich ist, sondern mechanisch und biochemisch unterschiedliche Züge und
Fasertypen aufweist. Manche arbeiten optimal bei durchschnittlicher Dauerbe-
lastung, andere bei kurzseitiger Höchstbelastung, manche brauchen eine stete
Versorgung mit sauerstoffreichem Blut, andere können kurz eine Sauerstoff-
schuld eingehen und so fort. Die Bewegungsphysiologen und Biomechaniker
beschäftigen sich ausführlich mit solchen Fragen.
Wasser hat keine Balken und damit auch keine Siedlungsplätze für festsitzende
Tiere – abgesehen von driftendem Gut und den freischwimmenden Formen
selbst. Und diese sind denn auch Ziel von Myriaden kleiner Larven, die sich
später zu großen Parasiten auswachsen. Auf ihnen siedelt sich wieder kleiner
Aufwuchs an, und so schleppt so manche Meereschildkröte auf ihrem Panzer,
ja sogar so mancher Delphin auf seiner Haut einen ganzen zoologischen Garten
an parasitischen Krebstieren, Algen, Polypenstöckchen und tausenderlei kleinem Aufwuchs mit sich herum. Diese Außenparasiten können nicht nur lästig
sondern auch gefährlich werden. Manche dringen mit saugwurzelähnlichen Organen tief in die Haut ein und nähren sich von den Körpersäften der Wirtstiere.
Auch der Schiffstechnik macht dieser Aufwuchs großen Ärger.
Bekannt sind die oft vielgliedrigen Nahrungsketten im Meer. Ein Beispiel:
Plankton → Schwebegarnele → Sardine → Drückerfisch → Schwertfisch →
Blauhai. Das vernetzte System der Nahrungsketten im freien Wasser der Weltmeere näher zu kennen, ist von größter praktischer Bedeutung für den Menschen, der ja gezielt Teilglieder aus dem großen, hochvernetzten Geschehen
entnimmt und somit das vorher dynamisch ausgeglichene Gleichgewicht stört.
Es wird für die Zukunft der Menschheit viel davon abhängen, wie genau wir
das Gesamtgeschehen durchschauen, ob wir lernen, es vorsichtig zu nutzen und
es nicht durch Schadstoffe und ökosystemwidrige Eingriffe unwiederbringlich
zerstören.

**Beobachten
und
Foto-
grafieren
von
Meeres-
organismen**

Beobachten mit und ohne Taucherbrille

Wenn man sich müdegeschwommen und lange genug in der Sonne geaalt hat, kommt unweigerlich eine gewisse Langeweile auf. Man beginnt dann, auf die kleineren Dinge in der Nähe zu achten – man hat ja Zeit dazu! – eine Krabbe beispielsweise, die über die Wasserlinie steigt und nach kurzem Verweilen in die nächste Spalte hastet. Das ist die richtige Situation zum Beobachten. Man lege sich nur einmal nahe der Wasserlinie auf den Bauch und verfolge, was sich in unmittelbarer Nähe so tut! Ideal sind kleine Gezeitentümpel. Eine halbe Stunde muß man schon investieren, oder eine Stunde. Auf jeden Fall wird sich eine neue Welt auftun, und man wird tausend Dinge entdecken, die man beim flüchtigen Darüberhinsehen nicht bemerken kann: Felseneinsiedler, die ihre Schneckenhäuser hinter sich herschleppen, spielende Fangarme der Seerosen, schnicksende Garnelen, blasende Maulwurfskrebse, gleitende Schnecken, flottierende Algen.

Wenn man mit der Taucherbrille schwimmt, gleitet der Untergrund zu rasch dahin. Zum Beobachten ist es besser, an Ort und Stelle zu verharren. Man breitet die Arme aus, um nicht zu kippen, und läßt die Beine schräg herabhängen. Ideal ist ein Felsblock, der sich auch noch über Wasser erhebt. Mit den Händen sucht man sich zwei Feststellen, und während der Körper im leichten Wellenschlag auf- und abschwingt, kann man sich praktisch auf Nasenspitzennähe an den Felsen heranziehen und da unter Wasser sowieso alles größer wirkt, noch millimeterfeine Organismen erkennen, von denen gerade die oberflächennahe Gezeitenzone so reich ist: Hydroidpolypen, Moostierchen, flottierende Algenbüschel, kleine Schnecken und Würmer, Schleim- und Grundfische und was es da alles gibt. Aus eigener Erfahrung kann ich sagen: Man vergißt die Zeit und holt sich mit tödlicher Sicherheit einen Sonnenbrand. Also vorher gut den Rükken eincremen, besser dazu noch ein altes, helles Hemd anziehen. Ein guter Tip ist auch: Im knietiefen Wasser auf den Bauch legen, so daß der Schnorchel gerade noch über Wasser ragt, und flache Steine umdrehen. Erstaunlich, was da alles herumhuscht: Porzellankrebschen, kleine Krabben, Schlangensterne, Schnecken, Einsiedlerkrebse, Würmer, Seeigel.

Kleinaquarien

Rasch wird man den Wunsch verspüren, das ein oder andere Kleingetier mit an den Strand zu nehmen und dort länger anzuschauen. Ein sehr praktisches Kleinaquarium – das vor allen Dingen immer zur Hand ist – ist die umgekehrte Taucherbrille! Also Wasser schöpfen, ein Büschel Algenwatten darin ausschütteln oder Tiere hineinsetzen, das ganze etwas vom Boden entfernt lagern und gegen eine untergelegte helle Fläche, beispielsweise ein Hemd, anschauen. Die vorsichtig-tastende Art, wie Einsiedlerkrebse ihr Vorderende herausstrecken, wie sie laufen, wie Felsgarnelen flirren oder schnicksen und dabei über den Brillenrand hinausspringen, wenn man sie mit dem Finger anrührt, wie kleine Seesterne ihre Füßchen bewegen, Seeigel den Brillenrand hinaufkrabbeln, Röhrenwürmer ihre Tentakelkrone aus den Kalkröhren schieben, Krabben einen Atemwasserstrom produzieren, Seepocken mit ihren Fangarmen, die sie aus den Gehäusen schieben, das Wasser durchseihen. Wasserströmungen kann man im übrigen gut sichtbar machen, wenn man ein paar Tropfen Milch ins Wasser eintropft. Nach kurzer Zeit wird allerdings das Wasser zu warm, und die Tiere sterben dann rasch ab, wenn man ihnen nicht vier- bis fünfmal in der Stunde frisches Wasser schöpft.

Ein probates Kleinaquarium ist aber auch eine simple weiße Kunststoffschüssel von etwa 20 cm Durchmesser. Nach dem Beobachten schüttet man die Welt im Glase selbstredend ins Meer zurück.

Meeresaquarien

In vielen Küstenstädten gibt es Meeresaquarien, und man sollte sie unbedingt besuchen. Nicht selten mag man etwas enttäuscht sein, da manche Aquarien vergammelt wirken, doch gibt es andererseits auch wunderschön gepflegte. Auch hier gilt wieder: Zeit nehmen, sich lange vor den kleinen Glasscheiben aufhalten und zusehen. Beim raschen Vorübergehen wird man außer ein paar auffälligen Fischen und bunten Wirbellosen kaum etwas sehen. Fische lassen sich, aus der Nähe besehen, im übrigen bisweilen schlechter ansprechen als mit der Taucherbrille unter Wasser. Man sieht einfach zu viele Details und kann das abstrakte, allgemeine Schema nicht so leicht erkennen. Meine Empfehlung für Aquarienbesucher: Es nicht bei einem Besuch belassen, öfters einmal hingehen. Man wird immer wieder Neues entdecken.

Fischmärkte

Ein wahres Dorado für den biologisch interessierten Mittelmeerurlauber! Die Beschickung ist zwar geringer, ärmlicher geworden als noch vor 10 oder 15 Jahren. Doch was kann man dort nicht alles sehen! Das ganze zoologische Lehrbuch liegt da ausgebreitet: die großen Tintenfisch-Kalmare, Rochen, Sterngukker und andere Tiefenfische, große Garnelen, Schnecken der Seegraswiesen und natürlich Fische in Mengen, auch lebende Tintenfische, gelegentlich einmal eine Seeschildkröte. Auch die gefährlichen Drachenköpfe kann man aus der Nähe anschauen, falls sie die Fischer nicht schon beim Fang zurückgeworfen haben. Gerade »Beifänge«, die mehr oder minder zufällig mit hochgebracht worden sind, erweisen sich als besonders interessant. Man kann Beifänge billig erwerben oder auch nur auf einen vorbereiteten Farbuntergrund legen (Wachspapier o. ä.) und mit dem Blitz fotografieren. Ich erinnere mich, auf dem wahrhaftig nicht sehr großen Fischmarkt in Rosas (Katalanien) bei mehreren Besuchen praktisch alle mittelgroßen Meerestiere einmal gesehen zu haben, die in den gängigen Führern abgebildet sind. Auf meeresbiologischen Exkursionen werden die Studenten immer gerne auf die Fischmärkte geschickt, und sie schleppen all das an, was man mit eigenen Bootsfängen nicht bekommt. Ein

Tip: Sehr früh aufstehen und hingehen! Oft beginnen die Märkte schon um fünf Uhr früh, und die besseren Sachen sind bald weg. Wenn man zugelassen wird, kann man auch am frühen Abend warten, was die einlaufenden Fischer mitbringen.

Meeresbiologische Institute

Es gibt an den Mittelmeerküsten eine ganze Reihe meeresbiologischer Institute, in Südfrankreich beispielsweise in Banyuls-sur-mêr, an der östlichen Adria in Piran, Rovigny und Split. Für den Publikumsverkehr sind sie geschlossen, von den teils recht hübschen Schauaquarien abgesehen, die manche Institute zu bieten haben. Doch gibt es immer einmal wieder eine kleine Ausstellung, und speziell interessierte Besucher werden sicher nicht abgewiesen werden, wenn sie um einen Blick in die Laborräume bitten.

Sammeln von Meeresorganismen

Zwei Tips kann ich guten Gewissens geben: Sammeln Sie angeschwemmte Muschel- und Schneckenschalen oder Tange. Das letztere ist allerdings eher für die Besucher der Atlantikküsten interessant, weniger für die Mittelmeerurlauber. Wenn im Gezeitenrhythmus weite Wattflächen trockenfallen, ist die Welt der festgewachsenen Algen und Tange zugänglich. Man legt sie auf ein Blatt ungeleimtes Papier, das an den Küsten in speziellen Geschäften überall zu erhalten ist, und dort trocknen die Pflanzen zu einer zarten, festklebenden Folie ein. Man kann die Blätter mit den Grün-, Braun- und Rotalgen beschriften und aufbewahren wie Herbariumsblätter. Gerahmt sind sie auch ein unkonventioneller Wandschmuck.

Ansonsten empfehle ich nicht, Meeresorganismen zu sammeln. Was man so an trockenen Seesternen etc. mitnehmen möchte, das vergammelt doch bald, und man wirft es weg. Geschrumpelte und ausgetrockente Fische (gar aufgeblasene tropische Kugelfische) sind auch nicht gerade schön. Man sollte das lassen, und auch nicht in Geschäften nachfragen, denn das fördert nur den Raubbau an den sowieso schon selten gewordenen dekorativen Korallenstöcken, großen Schnecken, Seesternen und Fischen. Wer schöne Einzelstücke sucht, um sie zu Hause auszustellen, kann auf Fischmärkten große Langusten erstehen.

Fotografieren an Land

Angespülte Muscheln und Schnecken am Strand, freipolierte Seeigel, bei Ebbe herabhängende Tange, abgekugelte Pferdeseerosen und andere Lebewesen sind dankbare Objekte für die Makro-Kamera. Man kann nicht eindringlich genug raten: **Nahe herangehen** mit Makroobjektiv, Vorsatzlinsen oder Zwischenringen, bis das Objekt wirklich das Bildfeld füllt.

Gerade bei der harten südlichen Sonne empfiehlt sich sehr ein kleiner Aufhellblitz oder aber auch das Umgekehrte: der Blitz als Hauptlicht, und die schräg einfallende Sonne oder das Gegenlicht als Effektbeleuchtung (Abb. S. 235). Wer einen Größenvergleich möchte, kann einen Bleistift, ein Zehnpfennigstück oder ein Linealstückchen mitfotografieren.

Interessant sind immer wieder Teilausschnitte. Bei extremen Makroaufnahmen wirken angebrochene Seeigelgehäuse, das Hinterbein einer Schwimmkrabbe, das Schalenschloß einer Herzmuschel besonders gut. Wer gerne mit dem Teleobjektiv umgeht, kann in Naheinstellung Jagd auf Strand- und Rennkrabben machen, die, immer wieder einmal stillstehend, gerne auch über Land huschen.

Unterwasserfotografie

Es gibt heute eine Überfülle an Bild- und Prachtbänden mit den schönsten Unterwasseraufnahmen. Gegen die auf großformatigem Film aufgenommen, stark vergrößerten, perfekt reproduzierten Farbwunder, die oft mit teurer Spezialausrüstung unter Verwendung von mehreren Blitzen im tiefen Wasser fotografiert worden sind, hat der Amateur sowieso keine Chance. Mein Rat: Gar nicht erst versuchen! Ob man nun eine Plastikhülle mit eingeschweißtem Handschuh (sehr praktisch!) für seine Kamera kauft oder ein spezielles, drucksicheres Unterwassergehäuse, oder aber eine wasserdichte Kamera selbst (Nikonos o. ä.) – man wird von den Ergebnissen wahrscheinlich tief enttäuscht sein. Bereits in 2–3 m Tiefe verschwinden die Farben und machen einem fahlen Bläulich-Grün Platz, wie die Abbildungen auf S. 129 zeigen. Auch ist das Wasser heutzutage fast überall so trübe, daß man Dinge in 1–2 m Entfernung schon nicht mehr befriedigend aufnehmen kann (die Kamera läßt sich nicht so täuschen wie das Auge). Ein weiterer Punkt kommt dazu: die Bewegungsunschärfe. Wenn man mit Maske und Schnorchel abtaucht, muß man entweder kopfstehend strampeln, um nicht hochgetrieben zu werden, oder zügig über dem Boden dahinschwimmen. Die Aufnahmen werden daher im Regelfall verrissen.

Wer trotzdem unbedingt unter Wasser aufnehmen will, sollte vielleicht zur Super-8-Filmkamera greifen, für die es teils recht billige allgemeinverwendbare Unterwassergehäuse zu kaufen gibt. Hier ist die Bewegung ja erwünscht.

Für den fotobegeisterten Naturfreund, der unbedingt unter Wasser fotografieren will und nicht nur frustrierende blau-grün-verrissene Bildchen mit nach Hause bringen möchte, gibt es nur eines: eine Unterwasser-Kamera mit Makroeinstellung anschaffen, 1–2 Elektronenblitze mit langen Schwanenhälsen benutzen, die nahes Seitenlicht ermöglichen und – vor allem – den Tauchschein machen, eine ordentliche Preßluftausrüstung kaufen und sich auf Nahaufnahmen weniger fotografierter Tiere und Pflanzen spezialisieren. Das A und O liegt darin, daß man nicht strampeln muß, sondern, durch Bleigürtel austariert, im Wasser schwebt, sich in Ruhe vor seinem Objekt niederlassen kann, ganz nah herangehen, ruhig halten, scharfstellen, den Bildausschnitt wählen, lange beobachten und Serien schießen kann.

Man sieht, das ist eine Sache für sich, und wer hier einsteigen will, dem steht eine Flut von Spezialliteratur und spezieller Ausrüstung zur Verfügung. Der »durchschnittliche« Mittelmeerurlauber allerdings wird die Unterwasserfotografie wieder lassen, nachdem er seinen ersten entwickelten Film in den Papierkorb geworfen hat.

Aquarienfotografie

Überraschend hübsche Aufnahmen kann man bereits mit dem »**Taucherbrillen-Aquarium**« (s. S. 235) machen. Voraussetzung ist natürlich eine Naheinstellung; günstig ist beispielsweise halbe natürliche Bildgröße. Man fotografiert am besten so, daß die Taucherbrille etwas hochgelagert wird und am Boden als Hintergrund ein einfarbiges Hemd oder etwas ähnliches ausgebreitet wird. Sehr gut macht sich auch ein auf den Boden gelegter Spiegel, mit dem man den hellen Himmel als Hintergrund hereinholen kann. Das gibt kurze Belichtungszeiten und verringert die Verwacklungsgefahr. Doch empfiehlt sich auch hier ein kleiner Blitz (Abb. S. 235). Man sollte ihn nur möglichst schräg halten, damit das von der Wasseroberfläche reflektierende Bild der Blitzröhre nicht mit auf den Film kommt und alles überstrahlt. Ein kleiner, durch Streuscheiben intensitätsgeschwächter Taschenblitz mit Kabel aus etwa 60 cm Entfernung unter 45 ° oder flacher seitlich gehalten, ergibt erfahrungsgemäß etwa bei Blende 8 gut durchgezeichnete Bilder, wenn man einen hellen Hintergrund dazunimmt.

In den **Meeresbiologischen Aquarien** darf man im allgemeinen fotografieren; gelegentlich muß man einen meist billigen Fotoschein lösen. Hier geht es nicht ohne Blitz und Naheinstellung. Man kann freilich jeden Versuch gleich lassen, wenn die Scheiben nicht blitzblank sind (oft sind sie auf der Innenseite mit Mikroalgen besetzt) oder wenn das Wasser zu trübe ist. Einige Tips:

- Nahe herangehen, kleine Tiere bildfüllend nehmen und keine Objekte fotografieren, die weiter als 10–20 cm von der Scheibe entfernt sind.
- Einen Blitz (besser zwei, von beiden Seiten) in etwa 30 cm Entfernung schräg gegen die Glasscheibe halten und zwischen Blitz und Kamera ein Blatt Papier o. ä. so an die Scheibe halten lassen, daß das Blitzlicht zwar das Tier trifft, aber keine Reflexe entstehen lassen kann, die ins Objektiv treffen. Bei Blende 8 und 18-DIN-Film kommt man mit einem kleinen handelsüblichen Batterieblitz aus etwa 30–40 cm Entfernung gut hin.
- Noch besser sind extreme Nahaufnahmen, etwa im Verhältnis 1:1 von Tieren, die nahe an der Glaswand sitzen.
- Immer genau senkrecht zur Scheibe fotografieren! Die geringste Schrägsicht gibt bereits starke Bildverzerrungen.

Köpfe von Bodenfischen, Muscheln mit geöffneten Schalenrändern, Augen von Tintenfischen, kleine Manteltiere, Haarsterne und alles mögliche lassen sich auf die Weise recht befriedigend aufnehmen. Für solche Fälle nützt im übrigen die Automatik nicht sehr viel; man sollte lieber etwas Filmmaterial investieren und später die besten Bilder aussuchen.

Vorschläge für Fotoaufnahmen

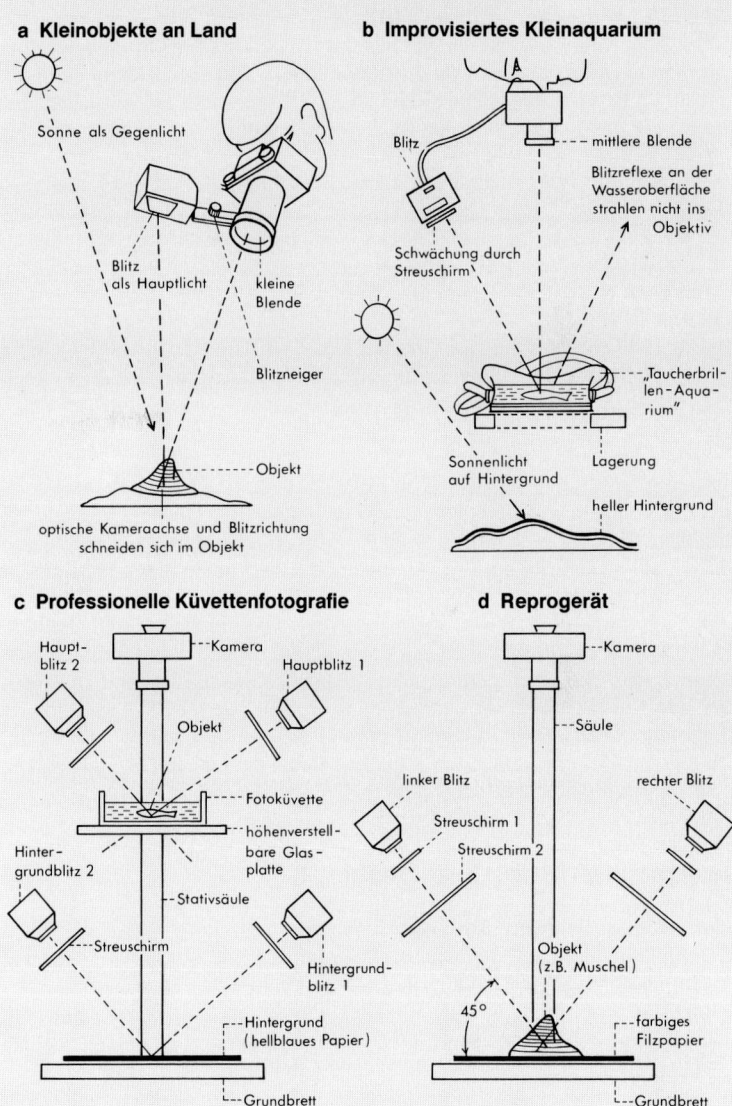

a Kleinobjekte an Land

Sonne als Gegenlicht

Blitz
als Hauptlicht

kleine
Blende

Blitzneiger

Objekt

optische Kameraachse und Blitzrichtung
schneiden sich im Objekt

b Improvisiertes Kleinaquarium

Blitz

mittlere Blende

Blitzreflexe an der
Wasseroberfläche
strahlen nicht ins
Objektiv

Schwächung durch
Streuschirm

„Taucherbril-
len-Aqua-
rium"

Sonnenlicht
auf Hintergrund

Lagerung

heller Hintergrund

c Professionelle Küvettenfotografie

Haupt-
blitz 2

Kamera

Hauptblitz 1

Objekt

Fotoküvette

höhenverstell-
bare Glas-
platte

Hinter-
grundblitz 2

Stativsäule

Streuschirm

Hintergrund-
blitz 1

Hintergrund
(hellblaues Papier)

Grundbrett

d Reprogerät

Kamera

Säule

linker Blitz

Streuschirm 1

Streuschirm 2

rechter Blitz

Objekt
(z.B. Muschel)

45°

farbiges
Filzpapier

Grundbrett

Küvettenfotografie

Auf unseren meeresbiologischen Exkursionen stellen wir immer eine Küvetteneinrichtung auf: Eine über Träger an einer Säule verschiebbare dicke Glasplatte, auf der kleinere oder größere Flachaquarien gestellt werden können. Das Tier im Aquarium wird von schräg oben mit zwei Elektronenblitzen beleuchtet; zwei weitere Elektronenblitze strahlen den Untergrund an, für den man unterschiedliche Farbpapiere wählen kann (Abb. S. 235 c). Sehr hübsch macht sich ein zartes Blau. Viele Bilder dieses Buches sind auf diese Weise entstanden. Der Vorteil:

• Man kann die Tiere längere Zeit beobachten und im richtigen Moment auslösen.

• Es läßt sich weiter die Helligkeit der Tiere gegen die des Untergrundes abstimmen (durch Veränderung des Abstandes der Blitze).

• Man kann mit flach eingestrahlten Blitzen Schlaglichter setzen und anderes mehr.

Dies ist freilich etwas für den Spezialisten, doch kann auch der begeisterte Amateurphotograph mit einer Schuhschachtel voll Bastelzeug mit dieser Technik zu schönen Resultaten kommen.

Fotografie von Präparaten

Muscheln, Schnecken, Krabben wird der Mittelmeerurlauber viel eher ausgetrocknet am Strand finden, als in lebendem Zustand unter Wasser beobachten können. Ich habe deshalb für dieses Buch eine Reihe von Sammlungs-Trockenpräparaten fotografiert, die für das Vergleichen wohl nützlicher sind als Bilder von lebenden Organismen, die noch dazu oft getarnt und damit weniger leicht anzusprechen sind. Auf derartige Weise entstandene Bilder sind in diesem Buch leicht zu erkennen: Ihr Untergrund ist eine purpurrote Fläche aus Papierfilz. Fotografiert sind sie in einem Repro-Gestell mit je einem von links und rechts unter 45° einstrahlenden Elektronenblitz, dem zwei aus Transparenzpapier gefertigte Streuscheiben vorgeschaltet waren (Abb. S. 235 d).

Gesichtspunkte des Naturschutzes

Wenn ich im vorliegenden Buch nur an einer Stelle auf diesen Gesichtspunkt zu sprechen komme, so um so dringender. Werfen Sie keine Abfälle weg, weder an den Strand noch ins Meer; harpunieren Sie keine Fische. Trocknen Sie keine Krabben oder Seesterne. Geben Sie Tiere, die Sie an den Strand geholt und beobachtet haben, wieder dem feuchten Element zurück.

Schnorcheln und Tauchen

Schnorcheln an der Oberfläche

Wer am Mittelmeer Urlaub macht und noch nie geschnorchelt hat, sollte diese Kunst unbedingt lernen. Der erste Blick unter Wasser durch die Taucherbrille, das erste Entdecken eines kleinen Fischschwarms, einer im grünen Algenbelag einherstolzierenden Krabbe, gehört zu den unvergeßlichen Erlebnissen. Das Erlebnis des Beobachtens unter Wasser können sich auch Leute gönnen, die unsicher im Schwimmen sind oder sich eigentlich als zu alt für diesen Sport einschätzen. Für diesen Leserkreis einige Tips:

- Kaufen Sie eine Maske mit Sicherheitsglas, möglichst mit einer einheitlichen, ungeteilten Fläche (keine Taucher»brille«!). Diese muß exakt passen. Beim Kauf testen Sie den richtigen Sitz der Maske so: Legen Sie die Maske auf Ihr Gesicht und saugen sie Luft durch die Nase ein, die Maske muß dann von selbst halten. Sie darf zur Haut hin keine undichte Stelle haben. (Bartträger werden jedenfalls immer Schwierigkeiten haben). Wenn Sie die Maske jedoch zum Abtauchen benutzen, muß sie an der Unterseite zwei Einstülpungen haben, damit Sie von außen mit Daumen und Zeigefinger die Nase zudrücken und somit für den Druckausgleich sorgen können.
- Kaufen Sie keine der auch heute noch angebotenen Masken mit eingebautem Schnorchel. Diese können lebensgefährlich werden. Erstehen Sie vielmehr einen getrennten, ganz einfachen Schnorchel, der am oberen Ende offen ist, also keinen Korb mit Bällchen oder ähnlichem besitzt. Solche Bällchen schließen zwar beim Abtauchen die Luft-und Wasserzufuhr, beim Auftauchen kann es aber passieren, daß der Mechanismus nicht funktioniert und Ihnen buchstäblich die Luft wegbleibt – ein gefährlicher Moment! Man läßt beim Abtauchen vielmehr Wasser durch den Schnorchel bis zur Mundregion eindringen und bläst dieses nach dem Auftauchen wieder aus. Sie müssen also immer soviel Luftreserve haben, um Ihren Schnorchel kräftig ausblasen zu können.
- Schwimmflossen sind in jedem Fall anzuraten, weil man sich damit im Wasser besser und sicherer bewegt, auch wenn man nur an der Oberfläche herumpaddeln will. Taucheranzüge sind nicht zu empfehlen, es sei denn kurzbeinige »Overalls«, wie sie die Surfer benutzen. Wenn man länger im Wasser ist und beobachten will, können diese dünnwandigen Anzüge, die ja nicht so sehr behindern wie die klassischen festeren Taucheranzüge, sehr gut helfen, den unausweichlichen Wärmeverlust niedrig zu halten.
- Um zu vermeiden, daß die Maske unter Wasser beschlägt und Sie in der Sicht stark beeinträchtigt, gehen Sie so vor: Verreiben Sie etwas Speichel auf der Innenseite der Maskengläser, spülen Sie dann die Maske kurz aus und setzen Sie sie sofort auf.
- Gehen Sie am Anfang nie mit Maske und Schnorchel direkt ins tiefe Wasser, sondern stellen Sie sich in brusttiefes Wasser und machen Sie sich mit den Geräten erst einmal vertraut. Stecken Sie den Schnorchel durch das rechte herausragt. Der Schnorchel darf nicht flach nach vorn zeigen, denn dann läuft Wasser ein, wenn Sie den Kopf nach unten drehen. Atmen Sie langsam und regelmäßig, dabei aber nicht zu tief: Sie müssen immer so viel Reserve-

Informationen zum Schnorcheln und Tauchen

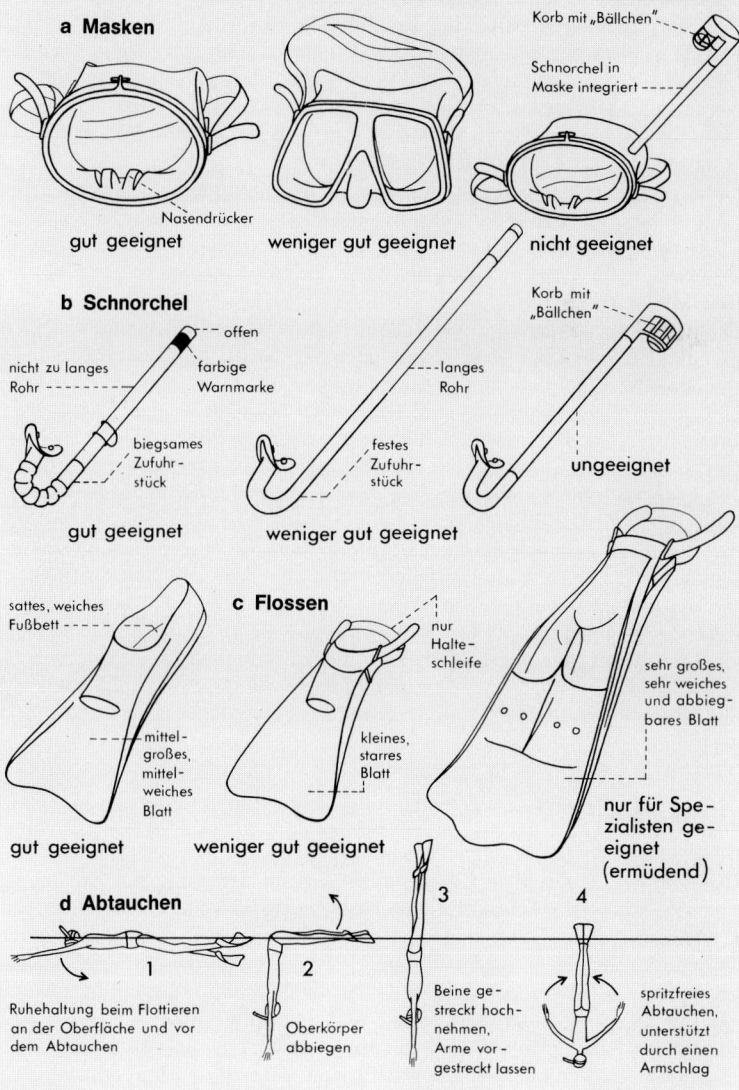

a Masken

Korb mit „Bällchen"

Schnorchel in Maske integriert

Nasendrücker

gut geeignet   weniger gut geeignet   nicht geeignet

b Schnorchel

offen

nicht zu langes Rohr

farbige Warnmarke

langes Rohr

Korb mit „Bällchen"

biegsames Zufuhrstück

festes Zufuhrstück

ungeeignet

gut geeignet   weniger gut geeignet

c Flossen

sattes, weiches Fußbett

nur Halteschleife

sehr großes, sehr weiches und abbiegbares Blatt

mittelgroßes, mittelweiches Blatt

kleines, starres Blatt

nur für Spezialisten geeignet (ermüdend)

gut geeignet   weniger gut geeignet

d Abtauchen

1   2   3   4

Ruhehaltung beim Flottieren an der Oberfläche und vor dem Abtauchen

Oberkörper abbiegen

Beine gestreckt hochnehmen, Arme vorgestreckt lassen

spritzfreies Abtauchen, unterstützt durch einen Armschlag

luft haben, daß Sie eingedrungenes Wasser noch auspusten können, bevor Sie den nächsten Atemzug machen. Die Taucherbrille muß fest sitzen, und es darf kein Wasser an ihren Rändern eindringen.

• Beim Schwimmen an der Wasseroberfläche werden Sie feststellen, daß Sie nicht untergehen können, wenn Sie den Kopf ganz ins Wasser eintauchen: Die eingeschlossene Luft in der Taucherbrille erzeugt Auftrieb. Strecken Sie Arme und Beine ab und liegen Sie ganz ruhig. So können Sie Ihre Beobachtungen unter Wasser vornehmen. An der Oberfläche soll der Schnorchel senkrecht nach oben gerichtet sein. Tauchen Sie aber einmal absichtlich den Schnorchel unter Wasser und üben Sie so das Abfangen des eingedrungenen Wassers und das Ausblasen.

• Schließlich nehmen Sie unter Wasser die Taucherbrille ab und erleben Sie das nicht gerade erhebende Gefühl, wenn Wasser in den Nasenraum schießt. Das hilft Ihnen aber später einmal, nicht zu erschrecken oder in Panik zu geraten, wenn Ihnen beispielsweise ein anderer Schwimmer versehentlich die Maske herunterreißt.

All das üben Sie anfangs im Flachwasser, in dem Sie stehen können. Riskieren Sie nichts und – eine wichtige Regel – **üben Sie nie allein!** Diese eherne Regel gilt vor allem dann, wenn Sie später abtauchen.

Auch das Flossenschwimmen muß erst einmal eingeübt werden. Die Flossen dürfen nicht zu groß sein, sonst kostet die Bewegung zu viel Kraft, und die Flossen rutschen ab. Wählen Sie Flossen aber auch nicht zu klein, denn drücken dürfen sie auch nicht (Krampfgefahr). Ein Fachgeschäft wird Sie beim Kauf der Geräte sicherlich beraten.

Platschen Sie nicht unter Donnergetöse von oben aufs Wasser, sondern bewegen Sie die Flossen zunächst mit kleiner Hubhöhe im Gegentakt relativ langsam und mit ziemlich gestrecktem Bein und Fuß. Stoßen Sie sich nicht mit senkrecht gestellten Flossen vom Wasser ab wie ein Frosch; dafür sind die Flossen nicht gebaut, sondern arbeiten Sie mit der Muskelkraft der Oberschenkel. Bald werden Sie den richtigen Rhythmus heraushaben, der nicht zu schnell und mit nicht zu großen Ausschlägen »fließend« gestaltet sein soll.

Abtauchen

Auch die hier mitgeteilten Tips wenden sich an den »blutigen Anfänger«. Wenn Sie mit Maske, Schnorchel und Flossen vertraut sind, werden Sie das erste Mal von der Oberfläche abtauchen wollen. Versuchen Sie's! Wahrscheinlich kommen Sie trotz fürchterlicher Strampeleien nicht tief und schlucken Wasser, das durch den Schnorchel einläuft. Üben Sie deshalb (wiederum in nicht zu tiefem Wasser und keineswegs alleine!) die Abtauchtechnik:

• Legen Sie sich flach ins Wasser und atmen Sie ein paarmal ganz normal (niemals forciert!) durch, halten Sie den letzten Atemzug nach normalem oder nur wenig gesteigertem Einatmen an.

• Kippen Sie dann den Oberkörper im rechten Winkel nach unten, bis er senkrecht im Wasser steht. Durch eine kräftige Gegenbewegung mit den Händen läßt sich das gut bewerkstelligen.

- Beginnen Sie schon während dieser Abknickbewegung, die Beine hochzustrecken, und zwar schön aneinandergelegt und schön gestreckt. Das wird am Anfang nicht gelingen, doch stellt sich die richtige Bewegung nach einiger Übung ein. Wichtig ist, daß Sie letztlich senkrecht im Wasser stehen, mit dem Oberkörper unter Wasser, mit den gestreckt aneinandergelegten Beinen über Wasser.
- Dann brauchen Sie gar nichts weiter zu machen, als vielleicht die Arme pfeilartig nach vorne zusammenzustrecken: Das Übergewicht Ihrer Beine drückt Sie ohne den geringsten Spritzer und Plantscher unter Wasser, und sobald die Flossen im Wasser sind, können Sie beginnen, damit zu arbeiten und sich tieferzudrücken.

Nach einiger Übung wird die Bewegung ganz fließend gehen, und Sie werden spritzfrei und ohne Kräfteverschleiß abtauchen. Unterstützen können Sie das, indem Sie kurz nach dem Eintauchen der Flossen die vorne zusammengelegten Arme kräftig nach hinten schlagen. So kommen Sie mit einem einzigen Schwimmzug ohne weiteres zwei bis drei Meter tief.

Beim Abtauchen ist es notwendig, den **Druckausgleich** durchzuführen. Mit Daumen und Zeigefinger drückt man durch die Maskenmanschette beide Nasenflügel zusammen und preßt gleichzeitig Luft in den Nasenrachenraum. Dadurch wird Luft über die Eustachischen Röhren ins Mittelohr gedrückt, und das vom Wasserdruck nach innen gewölbte Trommelfell erfährt so von innen einen Gegendruck. Unterläßt man den Druckausgleich, so kommt es zu schmerzhaftem Ohrendruck und kann bereits ab wenigen Metern Wassertiefe Trommelfellrisse ergeben. Diese sind sehr gefährlich, da man dabei die Orientierung verliert. Bereits in einem Meter Wassertiefe kann der Ohrendruck unangenehm sein, so daß ich empfehle, schon im Moment des Abtauchens den ersten Druckausgleich zu machen. Bei manchen genügt in diesen geringen Tiefen auch eine kräftige Schluckbewegung. Den erfolgten Druckausgleich merkt man an leichtem Knacksen im Ohr und daran, das eventuelle Druckgefühle verschwinden.

- Bei Schnupfen, Erkältung oder gar Ohrenentzündung darf man im übrigen **niemals** abtauchen!

Eine Tiefe von 2 bis 3 Metern ist nun die Region, die für den Naturbeobachter schon sehr interessant sein kann. Man kann zwar mit einiger Übung ohne weiteres 10 Meter und mehr abtauchen, doch bieten sich die interessantesten Beobachtungen tatsächlich im Bereich zwischen 1 und 3 Metern Tiefe, wo das Licht noch hell und die Farben noch nicht zu stark verblaut sind.

Unter Wasser kann man sich auf drei Weisen halten:

1. Man taucht rasch ab und hält sich unten an einem Stein fest. Dann kann man eine halbe Minute oder länger beobachten und ist anschließend, wenn sich leichte Atemnot einstellt, in zwei bis drei Sekunden wieder oben, wobei man gar nichts tun muß. Man steigt wie ein Korken auf. Durchbricht der Kopf die Wasseroberfläche, so wird das in den Schnorchel eingedrungene Wasser ausgeblasen. Dafür müssen immer genügend Luftreserven bleiben!

2. Man hält sich in der gewünschten Tiefe mit Schwimmbewegungen der Hände und Schlagbewegungen der Beine schwebend, etwa vor dem Versteck einer Krabbe. Das kostet aber viel Energie und damit Sauerstoff und ist nur ein paar Sekunden lang durchzuhalten.

3. Man schwimmt ein Stückchen nach außen, dreht sich zur Küste zurück, taucht ab und benutzt den Schwung, dicht über dem Untergrund hingleitend der aufsteigenden Halde zu folgen, bis man wieder im Flachwasser ist. Mit dieser energiesparenden Technik kann man eine ganz hübsche Strecke unter Wasser schwimmen bevor man wieder auftauchen muß. Es empfiehlt sich, sich dabei mit den Händen auszutarieren bzw. Gegenschläge zu machen, die den Auftrieb kompensieren, so daß man knapp über dem Boden dahingleitet. Auf diese Weise sieht man auch etwas. Nach einiger Übung bringt man es fertig, mit ganz feinen Paddelbewegungen knapp und langsam über dem Boden zu schwimmen, wobei man praktisch mit der Nasenspitze, sprich mit der Scheibe der Taucherbrille, »am Objekt« ist.

Beherrschen Sie das freie Tauchen in der geschilderten Weise, so kommt unweigerlich der sportliche Ehrgeiz, und Sie wollen möglichst lange und möglichst tief tauchen. Hierzu will ich allerdings keine Ratschläge geben. Schon ab 2 Meter (evtl. schon eher) müssen Sie Druckausgleich machen, und das müssen Sie beim Tieftauchen mehrfach wiederholen. Die Atemtechnik muß verändert werden, und man muß den Luftbedarf fürs Auftauchen mit einkalkulieren, das sich, wenn man nicht aufpaßt, quälend lange hinziehen kann. Wenn Sie auf Zeit oder auf Tiefe tauchen wollen, üben Sie das am besten unter Anleitung, entweder in einem Schwimmklub oder mit in dieser Hinsicht erfahrenen Freunden.

Beherzigen Sie auf jeden Fall den Rat: »**Tauche nie allein**«!

Gerätetauchen

Beim Gerätetauchen gibt es keinen Kompromiß. Entweder man lernt es richtig, oder man läßt es gleich von vornherein. Gelernt wird es in Tauchklubs, wobei ein strenges Ausbildungsprogramm verbindlich ist, zu dem beispielsweise auch Ausblasen der Maske unter Wasser, Üben von Notfällen durch Weiterreichen des Mundstücks unter Wasser an einen Tauchkameraden und andere Dinge gehören. Wer also Gerätetauchen will und die Umständlichkeit der Technik mit Tauceranzügen, Flaschen und Atemgeräten nicht scheut, muß sich unbedingt einem Tauchklub anschließen.

Gefährliche
Meerestiere

»Gefährlich« ist ein relativer Begriff. Es haben schon Leute Haiangriffe über-
standen, und es sind andere Leute an Blutvergiftungen gestorben, die sie sich
im Anschluß an eine scheinbar harmlose Verletzung durch Seeigelstacheln geholt haben. Genauso wie das Hochgebirge seine Gefahren hat, die dem un-
informierten und schlecht ausgerüsteten Alpenwanderer zum Verhängnis werden können, haben auch die Meeresküsten einige Gefahrenmomente zu bieten.
Dazu gehören gefährliche, vom Land wegführende Strömungen, insbesondere
an Halbinseln, die sich weit ins Mittelmeer hinausschieben, der Orientierungs-
verlust in den prieldurchzogenen Wattlandschaften der Nordsee oder die unglaublich kräftige, meerwärts gerichtete Strömung beim Eintreten der Ebbe an
Atlantikküsten mit hohem Tidenhub. Gefährlich können aber auch manche
Lebewesen werden.

Biß- und Stichverletzungen

Haiunfälle werden am Mittelmeer der Touristen wegen totgeschwiegen. Doch
sei klar festgestellt: Es gibt Haie im Mittelmeer, die dem Menschen gefährlich
werden können (schon solche mit 1,50 m Länge können riskant werden!), es gab
immer wieder gräßliche Haiunfälle, teils mit tödlichem Ausgang. Es soll hier
keine Angstmacherei betrieben werden, aber einige Vorsicht walten zu lassen,
kann nicht schaden! Man sollte vor allem ins Tiefe abfallende Steilabfälle an
Inseln und Landzungen meiden oder das Baden in der Nähe von Schiffahrts-
straßen oder Hafenbecken. Haie ziehen oft hinter Schiffen her und nähren sich
vom Abfall; sie kommen auf diese Weise auch in Hafenbecken. Einen sicheren
Schutz gegen Haie gibt es nicht, allen Versicherungen zum Trotz. Haie sind unglaublich empfindlich gegen Spuren von Blut. Bei Verletzungen sollte man so-
gleich das Wasser verlassen, auch wenn man noch keine Haie sichtet. Nicht in
Panik geraten und herumplantschen, weil auch das ihre Aufmerksamkeit er-
regt! Doch sei zum Trost gesagt, daß Haiunfälle prozentual sehr selten sind.
Viel größer ist die Chance, daß man sich an stechenden Tieren verletzt, die gar
nicht so groß zu sein brauchen. Bei der Besprechung der Fische wurden giftige
Stechrochen und Petermännchen angeführt, die halb vergraben im Sand der
Flachufer vorkommen können. Deshalb niemals ohne Badeschuhe ins Wasser
gehen! Auch wegen des vielen herumliegenden Kulturschmutzes sind Badeschuhe geboten; an einem rostigen Konservendosendeckel oder einer Glas-
scherbe kann man sich leicht eine Blutvergiftung holen.
Beim Tauchen sollte man sich nie auf einen planzenüberzogenen Felsen setzen
oder mit bloßen Händen im Pflanzengewirr herumtasten; zu leicht kann man
einen gefährlichen Drachenkopf übersehen, dessen Gift zu Atemlähmungen
führen kann.
Gefährlich können auch manche scheinbar harmlose Schnecken sein, die der
Gattung *Conus*. Sie besitzen richtiggehende Giftspritzen (umgewandelte Mundwerkzeuge). Auch bei zufälligen Beigaben auf Fischmärkten ist Vorsicht geboten; niemals eine solche Schnecke mit der bloßen Hand aufheben! Auch über-
lebende Himmelsgucker und Leierfische können noch gefährlich werden, und

erst recht die großen roten Drachenköpfe, die manchmal mit heftigen Schwanzbewegungen noch aus den Verkaufskästen springen.

Bei jeder Stichverletzung eines giftigen Tieres gilt: Sofort zum Arzt! Das ist natürlich an einsameren Stränden oft leichter gesagt als getan.

Zur Frage der Selbsthilfe schreibt Wendel (1971): »Die Behandlung wie bei Schlangenbissen, nämlich festes Abbinden und Umschneiden der Einstichstelle, um eine kräftige Blutung zu erreichen, wird wohl nur selten in Frage kommen, weil sie zu gefährlich ist. Gängiger ist, die Wunde mit heißem Wasser möglichst lange zu berieseln und sie zwischendurch auszudrücken. Dabei erfolgt eine kräftige Nachbehandlung mit Salmiakgeist. Zur medikamentösen Behandlung eignet sich Vitamin B_1 wegen seiner günstigen Wirkung auf die Nerven; die Erscheinungen am Nervensysten (Krämpfe) werden gelindert. Herz-Kreislauf-Schwäche kann man mit starkem schwarzen Kaffee beeinflussen, falls Spezialmedikamente nicht greifbar sind. Einem fast oder ganz Ohnmächtigen darf jedoch keine Flüssigkeit gegeben werden, weil die Gefahr der Erstickung besteht.

Befindet sich die Stichstelle an Körperteilen, die man nicht abbinden kann, (z. B. im Gesicht) muß man versuchen, die Wunde auszusaugen. Allerdings besteht die Gefahr, daß man sich selbst vergiftet, wenn Mund und Schleimhäute nicht intakt sind. Ist abzusehen, daß ärztliche Hilfe erst nach längerer Zeit erreicht werden kann, sollte man die von Halstead zur Diskussion gestellte Methode anwenden: Sofort kräftig abbinden genauer gesagt: eine »Stauung« anlegen – der Puls muß noch fühlbar sein; nur der Rückfluß des Blutes wird verhindert (d. Aut.) – keinen Einschnitt machen, dafür das betroffene Glied bis zur Höhe der Bandage in Eiswasser legen und alle 5–10 Minuten die Bandage lockern. Die Behandlung müßte mindestens 2 Stunden andauern. Das Wasser sollte wegen der erhöhten Erfrierungsgefahr dann allerdings kein Salz enthalten.« Der genannte Autor schreibt selbst, daß diese Darstellung den Laien nicht ermuntern sollte, etwa »auf die fachmännische medizinische Hilfe länger als unbedingt erforderlich zu verzichten«!

Gefährlich können auch harmlos erscheinende Seeigelverletzungen werden, weil die Einstichstellen nach einiger Zeit eitern und die Gefahr der Blutvergiftung besteht. Sieht man nach einigen Stunden einen roten Streifen von der Einstichstelle hochziehen, so ist allerhöchste Zeit, einen Arzt aufzusuchen. Auch die Bisse von kräftigen Fischen, insbesondere Muränen, sind nicht nur wegen der Fleischwunden gefährlich, sondern auch wegen der Gefahr einer sekundären Infektion und ferner deshalb, weil manche Tiere eiweißzersetzende Gifte beifügen. Auch nur armlange Tintenfische können mit ihrem Hornschnabel gewaltig beißen, wenn man nicht aufpaßt. Die Gefahr der Verletzung an Saugnäpfen ist dagegen nicht gegeben; dafür sind *Octopus*-Vertreter des Mittelmeers und ihre Verwandten zu klein.

Vorsorglich sollte man Seeigelstachel immer herausziehen und den Stichkanal desinfizieren. Ich erinnere mich an eine Studentin auf einer unserer meeresbiologischen Exkursionen, die in einen Seeigel getreten war. Wir legten sie auf einen Labortisch und präparierten ihr in zweistündiger, geduldiger Arbeit unter dem Binokular-Mikroskop einen Stachel nach dem anderen heraus. Nach Desinfektion und einem Tag Badeverbot war das zunächst schlimm aussehende Problem bereits behoben.

Nesselwirkungen

Nicht unriskant ist auch die Berührung mit manchen Quallen, so mit *Pelagia noctiluca,* die nicht umsonst den Namen »Feuerqualle« führt. Die Nesselzellen an ihren langen Tentakeln können nicht nur gewaltig brennen – eine Berührung fühlt sich an wie ein Messerschnitt – sondern tatsächlich auch gefährlich werden, weil sie die Haut zerstören können und bisweilen zu schlecht heilenden Stellen mit zerfallendem Gewebe führen. Wer mit der Taucherbrille schwimmt, sollte gelegentlich einen Rundumblick machen; man wird die Feuerqualle häufiger sehen, als einem lieb ist. Daß Leute ohne Taucherbrille hinausschwimmen, kann ich selber überhaupt nicht verstehen. Ebensosehr muß ich mich über Leute wundern, die ohne Badeschuhe oder zum mindesten Schwimmflossen ins Wasser platschen. Gegen die Nesselwirkung von Quallen ist am besten ein Antihistamin-Gel geeignet, wie es unter verschiedenen Verkaufsbezeichnungen im Handel ist. Man trägt die Salbe **sofort** dick auf die nur oberflächlich abgetrocknete, verletzte Stelle auf, die sofort unter Rotfärbung anschwillt. Eine solche oder ähnliche Salbe sollte tatsächlich jede Familie in ihrem Strandgepäck dabeihaben, ebenso eine Desinfektionstinktur für Stichverletzungen durch Seeigelstachel und Schnittverletzungen durch scharfkantige Felsen oder – was besonders häufig vorkommt – durch kleine Miesmuschelbänke, die man beim Schwimmen im flachen Wasser oder beim Hinaufhangeln an Felsen übersieht. Auch Seepocken können einem die Haut ganz schön abschürfen, wenn man beim Verlassen des Wassers nicht aufpaßt.

Zur »Erste-Hilfe-Ausrüstung« für den Strand gehört neben etwas Watte und einigen Leucoplaststreifen eine Pinzette zum vorsichtigen Herausziehen abgebrochener Seeigelstacheln: sie besitzen Widerhaken und sind deshalb schlecht herauszukriegen; man darf auch nicht drücken, weil sie sehr spröde sind und leicht zerfallen.

Apropos Strand: Quallen sollte man auch dann vorsichtshalber nicht anrühren, wenn sie an den Strand gespült werden, erst recht nicht große Hochseequallen mit langen Tentakeln.

Fisch- und Muschelvergiftungen

Eine recht gefährliche Vergiftungsmöglichkeit, an die man kaum denkt, besteht im Genuß verdorbenen Fisch-, Muschel- oder Krebsfleisches. In der Hitze der Mittelmeersonne verdirbt Fisch unter Umständen schon nach weniger als einer Stunde! Wenn ein gekaufter Fisch nicht mehr frisch ist (Kehldeckel abbiegen und die Kiemen besichtigen: Sie müssen tief rot sein!), sollte man ihn wegwerfen. Wenn die Kiemen nur noch blaß rot sind, ist bereits Vorsicht geboten, und wenn sie eher ins gelbliche spielen, ist das Risiko, sich eine Fischvergiftung zu holen, mit Krankenhausaufenthalt, Magenauspumpen etc. nahe 100%. Krebsen und Garnelen sieht man ihren Frischezustand nicht so leicht an. Wenn sie nicht vom Eis weg verkauft werden, läßt man besser die Finger davon. Wer solche Krebstiere kaufen will, tut das am besten gleich nach dem Einlaufen der Fischdampfer.

Einen Spezialfall stellen Muscheln dar. Auch frische Miesmuscheln können zu Vergiftungserscheinungen führen, wenn sie – was man ihnen gar nicht ansieht – schadstoffbeladen sind. Sie seihen ja das Wasser durch und nehmen auf die Weise Unmengen an Schadstoffen auf. Man sieht den Muscheln wie gesagt leider nicht an, woher sie der Händler hat. Niemals kaufe man von Gelegenheitshändlern Muscheln, die von Felswänden nahe von Hafenmündungen u. ä. herstammen! Öffnen sich Muscheln nach dem Kochen nicht, sollte man sie wegwerfen. Im übrigen ist es nicht verboten, seine Nase einzusetzen und an jedem Fischgericht im Lokal erst einmal kräftig zu riechen. Lassen Sie Fischgerichte zurückgehen, wenn der Geruchstest nur die leisesten Zweifel bringt!

An sich harmlose Tiere können auch Fremdgifte aufnehmen und dann für den Genuß gefährlich werden. So gibt es bestimmte mikroskopisch kleine Algen, die bei Massenvermehrung das Wasser rötlich färben. Sie sind extrem toxisch. Kommen sie bei Austerbänken vor, so können diese Schalentiere so viel giftige Mikroorganismen herausseihen, daß selbst der Genuß einer einzigen Auster zu schweren Vergiftungserscheinungen führen kann!

Nach dem Genuß vergifteten Fleisches von Fischen, Muscheln oder Krebstieren ist eines der ersten Alarmzeichen eine allgemeine Übelkeit. Dann sollte man keinen Kompromiß machen, sondern mit allen Mitteln versuchen, den Magen durch Erbrechen zu leeren, also Finger in den Mund und am Zäpfchen kitzeln, Rhizinusöl trinken oder ein Brechmittel aus der Apotheke zu sich nehmen, das ganze mehrmals wiederholen, bis nichts mehr kommt, und sofort zum Arzt!

Weiterführende Literatur

Es gibt heute eine größere Zahl von Lehr- und Bestimmungsbüchern über die Meeresfauna und -flora auf dem Markt. Angeführt ist hier lediglich eine Auswahl von taschenbuchartigen Bestimmungsbüchern, die für ein näheres Eindringen in die Tier- und Pflanzenwelt der Meere und ihrer Küsten geeignet sind. Mit aufgeführt ist auch das wissenschaftliche Standardwerk über das besprochene Gebiet, »der Riedl«. Er enthält eine ausführliche Zusammenfassung, setzt aber zoologische Spezialkenntnisse voraus. Besonders viel weiterführende Literatur (vor allem auch englischsprachige) findet der Interessierte im »Campbell« zitiert, nämlich nicht weniger als 85 Werke, die mit kurzen Kommentaren vorgestellt werden.

Arrecgros, J. (1958): Muscheln am Meer. Hallwag Reihe, Nr. 57

Campbell, A. D. (1977): Der Kosmos Strandführer. Franckh, Stuttgart

de Haas, H. und F. Knorr (1965): Was lebt im Meer an Europas Küsten? Franckh, Stuttgart

Entrop, B. (1977): Muscheln und Schnecken an Europas Küsten. Franckh, Stuttgart

Garms, H. (1969): Pflanzen und Tiere Europas, DTV, Braunschweig

Gutmann, W. F. und G. Mandahl-Barth (1967): Meerestiere am Strand in Farben. Maier, Ravensburg

Grandjot, W. (1974): Reiseführer durch das Pflanzenreich der Mittelmeerländer. Schroeder, Leichlingen

Huxley, O. u. A. (1981): Blumen am Mittelmeer. 5. Aufl. BLV Verlagsgesellschaft, München, Bern, Wien

Janus, H. (1964): Muscheln, Schnecken, Tintenfische. Franckh, Stuttgart

Luther, W. und K. Fiedler (1961): Die Unterwasserfauna der Mittelmeerküsten. Parey, Hamburg, Berlin

Lythgoe, J. u. G.: Meeresfische. BLV Verlagsgesellschaft, München, Bern, Wien

Matthes, D. (1976): Die Felsenküste der Adria. Franckh, Stuttgart

Möhres, F. P. (1964): Welt unter Wasser. Belser, Stuttgart

Paccalet, Y. (1981): Mittelmeerflora, Belser, Stuttgart und Zürich

Rackl, H. W. (1969): Tauchen in Meeren, Seen, Tümpeln und Flüssen. Bertelsmann, Gütersloh

Riedl, R. (1970): Fauna und Flora der Adria. Parey Hamburg, Berlin

Sauer, F. (1977): Strand und Küste. BLV Verlagsgesellschaft, München, Bern, Wien

Schönfelder, P. und J. (1975): Das blüht am Mittelmeer. Franckh, Stuttgart

Tardent, P. (1979): Meeresbiologie (Eine Einführung). Franckh Stuttgart

Vedel, H. (1978): Bäume und Sträucher im Mittelmeerraum. Franckh, Stuttgart

Wendel, K. H. (1971): Meerestiere, Meerespflanzen. Die Unterwasserwelt der Mittelmeerküsten. Herford.

Register Kursiv gedruckte Zahlen bedeuten Abbildungshinweise.

Deutsche Namen und Sachbegriffe

Wissenschaftliche Namen

Weitere BLV Bücher für Liebhaber der Mittelmeerküste

BLV Bestimmungsbuch 12

Oleg Polunin/Anthony Huxley

Blumen am Mittelmeer

Für jeden, der sich nicht nur über die Blütenpracht am Mittelmeer freuen, sondern auch die einzelnen Arten bestimmen und kennenlernen will, ist dieses Bestimmungsbuch genau richtig. Auf 311 meisterhaften Farbfotos und 148 Zeichnungen stellt es rund 600 Pflanzen vor und informiert über Standort, Verbreitung und Blütezeit, Bedeutung und Verwendung.

5. Auflage, 240 Seiten, 311 Farbfotos, 148 Zeichnungen

BLV Bestimmungsbuch 16

Gerd Lindner

Muscheln + Schnecken

der Weltmeere – Aussehen, Vorkommen, Systematik
Mit 1257 Abbildungen, davon 1072 farbig

In diesem Bestimmungsbuch sind auf 1072 Farbfotos die Schalen und Gehäuse der wichtigsten Schnecken und Muscheln der Weltmeere abgebildet. Exakte Angaben über Aussehen, Größe, Vorkommen und Systematik sowie Hinweise für das Sammeln, Aufbewahren und Erwerben vervollständigen dieses praktische Handbuch.

2. Auflage, 256 Seiten, 1072 Farbfotos, 185 s/w-Fotos

In unserem Verlagsprogramm finden Sie Bücher zu folgenden Sachgebieten:

Garten und Zimmerpflanzen · Natur · Haus- und Heimtiere · Angeln, Jagd, Waffen · Sport · Wandern und Alpinismus · Automobile Bavarica · Essen und Trinken · Basteln und Handarbeiten.

Wünschen Sie Informationen, so schreiben Sie bitte eine Karte an:
BLV Verlagsgesellschaft, Postfach 40 03 20, 8000 München 40

**BLV Verlagsgesellschaft
München**

Übersicht der Tier- und Pflanzengruppen

Lebewesen (mit Seitenzahlen für die Abbildungen) / Lebensräume (mit Seitenzahlen)	Blütenpflanzen	Algen	Schwämme	Quallen	See-scheiden
Macchia 9	10 11				
Küsten-garrigue 13	15, 17 19, 21, 23, 29, 30				
Sand-strand 31	32, 35 37, 39 40				
Felsküste 41	42, 43, 45, 47 48, 49, 50				
Spritzwasser-region und Gezeiten-tümpel 51		52, 55 83			
Gezeitenzone der Fels-küsten 87		86, 88, 105 107, 108	93		
Sand-küsten 111					
Steinküsten und Block-gründe 127		129	133, 153		
Unterseeische Wiesen und Schlamm-flächen 157	157, 159		183	183	185
Tiefengründe und Meeres-boden 193			207		193 207 208
Die freien Wasser-massen der Hochsee 211				213 221 223	225